U0799485

中关村电子商务产业和发展模式

周　鸿　著

北　京
冶金工业出版社
2017

内 容 提 要

本书从中关村电子商务产业发展现状调研着手，对中关村电子商务产业链和新技术环境下各行业电商进行分析，重点对中关村电子商务产业链进行了整体调研和分析，阐述了其中主要环节的典型企业和运作模式；对服装、生鲜农副产品、泛家居、医药、汽车、旅游、教育培训这七个传统产业在中关村及其他地区的代表性电子商务企业发展情况做了较为详细的分析和比较；整理了近年来电子商务发展的创新模式，对电子商务模式的发展状况和模式进行了总结，并对电子商务未来一段时期内的运营模式进行了展望，总结出中关村电子商务在模式发展方面值得借鉴的经验。

本书可供从事电子商务的工程技术人员、管理及研究人员使用，也可供大专院校有关师生参考。

图书在版编目(CIP)数据

中关村电子商务产业和发展模式/周鸿著．—北京：冶金工业出版社，2017.11

ISBN 978-7-5024-7590-1

Ⅰ.①中… Ⅱ.①周… Ⅲ.①电子商务—产业发展—发展模式—研究—北京 Ⅳ.①F724.6

中国版本图书馆 CIP 数据核字(2017)第 258767 号

出 版 人 谭学余

地　　址 北京市东城区嵩祝院北巷 39 号 邮编 100009 电话 (010)64027926

网　　址 www.cnmip.com.cn 电子信箱 yjcbs@cnmip.com.cn

责任编辑 郭冬艳 美术编辑 吕欣童 版式设计 孙跃红

责任校对 郭惠兰 责任印制 牛晓波

ISBN 978-7-5024-7590-1

冶金工业出版社出版发行；各地新华书店经销；三河市双峰印刷装订有限公司印刷

2017 年 11 月第 1 版，2017 年 11 月第 1 次印刷

787mm×1092mm 1/16；13.5 印张；327 千字；207 页

74.00 元

冶金工业出版社 投稿电话 (010)64027932 投稿信箱 tougao@cnmip.com.cn

冶金工业出版社营销中心 电话 (010)64044283 传真 (010)64027893

冶金书店 地址 北京市东四西大街 46 号(100010) 电话 (010)65289081(兼传真)

冶金工业出版社天猫旗舰店 yjgycbs.tmall.com

（本书如有印装质量问题，本社营销中心负责退换）

前　言

电子商务已经成为我国战略新兴产业与现代流通方式的重要组成部分，是实现科技和文化创新的重要抓手和实现途径。近年来，国家也制订并出台了系列政策来鼓励支持电子商务的发展，为我国电子商务发展营造了良好的政策环境；电子商务已经成为经济可持续发展，特别是扩大消费需求、汇集城市高端资源、重组产业链条和技术创新等的重要支撑，是转变经济发展方式、促进产业转型升级、提高经济运行质量和效率，更好地实现市场在资源配置中的决定性作用的重要举措。

近年来我国电子商务市场已逐渐规范，相关政策法规相继出台以及相关部门协作机制初步形成，电子商务服务平台、信用保障、电子支付、物流配送和电子认证等体系得到了迅速发展，全社会电子商务应用意识的不断增强使其应用范围和交易规模不断扩大。随着国民经济的持续增长和互联网的普及，电子商务作为一种新型的交易模式在我国已经得到了迅速发展，市场规模快速扩大，目前已成为我国现代市场体系的重要组成部分，其发展前景广阔。北京市的电子商务整体规模居全国前列，总部型电子商务快速发展。中石油、中石化、国家电网、国电集团、中航集团等一批年交易额100亿元以上的国家级企业电子商务平台蓬勃发展，李宁、曲美等一批企业通过电子商务扩大市场份额，积极带动产业链上下游企业协同发展。其次是全国领先的B2C企业大批涌现，成为电子商务产业发展的一大亮点。京东商城、当当网等一批全国排名前十位的网商企业在北京设立总部，年均增产率普遍高达200%。北京市电子商务服务企业集聚，综合服务能力在全国领先。第三方电子商务服务平台交易规模不断扩大，涌现出慧聪、金银岛、敦煌等一批高速成长的龙头电子商务公共服务企业。

中关村作为全国最早、资源最丰富、最具竞争力和创新优势的科技创新发展中心，北京市科技创新、文化创新的“双轮驱动”发展战略落实的重要承载地，中关村是促进科技与现代服务业融合、发挥科技对现代服务业产业扩张发展支撑作用的关键区域。近年来中关村电子商务产业聚集了京东商城、当当网、慧聪网、敦煌网等一大批电子商务企业；同时产业规模连年保持快速增长，据相关数据显示，2015 年北京市电子商务交易规模达到 1.8 万亿元，同比增长 20.6%，占全国的 8.4%；技术和商业模式的创新不断涌现，产业结构显著升级，构建了身份认证、网络支付、供应链管理等安全可信的电子商务环境和关键技术解决方案，率先出现了基于电子商务的大数据分析、云计算服务等新兴服务业态，呈现出信息技术高附加值的发展态势，形成了整体性比较优势，在我国电子商务发展中发挥着示范引领作用。

本书以中关村为载体，以我国电子商务产业发展先进地区为参照，借鉴国外先进经验，总结出具有中国特色的电子商务发展新业态和新模式，同时促进传统行业与电子商务深度融合；对国内外电子商务和物流产业发展状况进行调研和总体分析，摸清电子商务行业市场结构、产业链条和重点电子商务企业的发展现状；总结中关村电子商务发展的主要模式、发展特点，分析国外政府引导行业的政策制定、相关机制建设的状况；多方调研电子产品、快销品、生鲜产品等各类型电子商务发展的现状并结合我国现有政策、机制建设的现状对中关村电子商务和物流的发展提出建议和对策。

本书作者根据在中关村电子商务与现代物流产业联盟的长期工作经验和实际调研情况，对中关村电子商务产业发展情况进行了总体分析研究，对巩固和推进中关村电子商务产业持续、高速、健康发展具有积极意义。中关村电子商务与现代物流产业联盟在中关村管委会的指导下成立于 2012 年，拥有会员企业 69 家，包括京东商城、当当网、慧聪网、敦煌网、凡客诚品、拉卡拉、普天物流、宅急送、EMS 等重点企业，北京物流协会、国际电子商务中心等行业相关机构为联盟副理事长单位，京东商城为理事长单位，秘书长单位为北京物资学院，联盟依托北京物资学院成立了电子商务研究所，为本书的编写提供了研究基础和人员保障，有利于本书中的资料调查、数据搜集。

本书总结了四百多个详实的国内外知名电子商务企业情况，提及相关企业一千余家，详尽描绘和分析了中关村电子商务产业现状和发展趋势。与时俱进地选择了政策、产业链、行业电商和创新发展模式四个切入点，对当代电子商务的热点问题进行了详尽的分析，为不同的读者提供了借鉴。

由于作者水平所限，不妥之处，恳请广大读者批评指正。

著　者

2017 年 5 月

目　　录

1 绪　论

作为总领全书的绪论部分，本章主要介绍了电子商务的发展背景、内涵以及本书编写组的研究思路与方法。在国家新政推动、产业急速增长和产业在中关村高度集聚的背景下，电子商务的界定、分类、作用等方面都发生了改变。对此，编写组深入研究了新时代的电子商务产业及创新发展模式，并在本章叙述了主要研究思路与方法。

1.1 电子商务发展背景

1.1.1 国家新政推动电子商务产业发展

2012 年 3 月，工业和信息化部发布的《电子商务“十二五”发展规划》中明确提出：以邓小平理论和“三个代表”重要思想为指导，深入贯彻落实科学发展观，立足全面建设小康社会的战略目标，以科学发展为主题，以服务于加快转变经济发展方式为主线，以创新发展为动力，以普及和深化电子商务应用为重点，以营造良好的制度环境和社会环境为保障，不断提高产业组织化程度和资源配置能力，进一步发挥电子商务在经济和社会发展中的战略性作用。

截止 2016 年，电子商务进一步普及深化，对国民经济和社会发展的贡献显著提高。电子商务在现代服务业中的比重明显上升。电子商务制度体系基本健全，初步形成安全可信、规范有序的网络商务环境。电子商务交易额突破 23 万亿元。其中，B2B 市场交易规模 16.7 万亿元，生活服务 O2O 交易规模 9700 亿元。大型企业的网络化供应链协同能力基本建立，部分行业龙头企业的全球化商务协同能力初步形成。经常性应用电子商务的中小企业达到中小企业总数的 60%以上。网络零售交易额突破 5 万亿元，占社会消费品零售总额的比例超过 9%。移动电子商务交易额和用户数达到全球领先水平。电子商务的服务水平显著提升，涌现出一批具有国际影响力的电子商务企业和服务品牌。

党的十八大报告中提出，“以经济建设为中心是兴国之要”，“到 2020 年，中国经济在发展平衡性、协调性、可持续性明显增强的基础上，实现国内生产总值和城乡居民人均收入比 2010 年翻一番。”按照党的十八大报告提出的要求，未来十年中国 GDP 和城乡居民人均收入的年均增长率将保持在 7.2%以上，而 GDP 的增长和人均收入的增加不但能够拉动传统销售行业，更大程度地促进了电商零售市场的发展空间。每年的“双十一”购物狂欢节对于电商行业和网民来说就是期盼已久的“盛宴”，从这一点上看，电子商务行业必将迎来新一轮的快速发展。

1.1.2 爆炸式增长是国内电子商务产业的基本趋势

随着国民经济的持续增长和互联网的普及，电子商务作为一种新型的交易模式在我国也得到迅速发展，市场规模快速扩大，发展前景广阔。新世纪以来，我国电子商务市场规模连续保持高速稳定增长，电子商务已成为国民经济发展的亮点之一。

2011 年，全国电子商务交易额达 6 万亿元，同比增长 33%。其中，B2B 电子商务交易额达到 4.9 万亿元，同比增长 29%。整体保持稳定增长趋势。

2012 年，全国电子商务市场交易规模达 7.85 万亿元，同比增长 30.83%。其中，B2B 电子商务交易额达 6.25 万亿元，同比增长 27%。网络零售市场交易规模达 1.32 亿元，同比增长 64.7%。间接带动的就业人数，已超过 1500 万人。

2013 年截止到 6 月，全国电子商务交易额达 4.35 万亿元，同比增长 24.3%。其中，B2B 交易额达 3.4 万亿元，同比增长 15.25%。网络零售市场交易规模达 7542 亿元，同比增长 47.3%，间接带动就业人数已超过 1600 万人。

1.1.3 中关村电子商务产业高度聚集引领发展

北京市的电子商务整体规模居全国前列。由“2012 年中国电子商务十强榜单”可知综合电子商务交易量、网上市场吸引力、基础设施建设、零售业发展、创新、行业活力与垄断六项指数，北京以总分最高位居第一。据中国电子商务研究中心监测数据显示，2013 年在电子商务企业区域的分布上，北京市以 10.3%紧跟广东省和浙江省，排在全国第三。

中石油、中石化、国家电网、国电集团、中航集团等一批年交易额 100 亿元以上的国家级企业电子商务平台蓬勃发展；李宁、曲美等一批企业通过电子商务扩大市场份额，在带动产业链上下游企业协同发展方面起到了较好的引领作用。其次，全国领先的 B2C 企业大批涌现，成为网络购物发展的一大亮点。京东商城、当当网、卓越网、凡客诚品等一批全国排名前十位的网商企业在北京设立总部，年均增产率普遍高达 200%。全市上网人数达到 1218 万，网购人数超过 864 万。北京市电子商务服务企业集聚，综合服务能力在全国领先。2010 年，第三方电子商务服务平台交易规模达 2680 亿元，涌现出慧聪、金银岛、敦煌等一批高速成长的龙头电子商务公共服务企业。全市专业化物流企业超过千家，第三方支付企业几十家，电子认证服务企业 7 家，以北京为核心、服务全国的电子商务支付结算中心、信息安全中心和诚信管理与投诉服务中心正在形成。与此同时新型电子商务应用不断涌现，新兴业态快速兴起。慧聪、敦煌等推出了免费建站和深度行业服务，百度正在建设打造生活类服务电子商务平台，凡客、京东、当当大力推广移动电子商务等。

中关村作为全国最早、资源最丰富、最具竞争力和创新优势的科技创新发展中心，北京市科技创新、文化创新的“双轮驱动”发展战略落实的重要承载地，中关村将是促进科技与现代服务业融合、发挥科技对现代服务产业扩张发展支撑作用的关键区域。

1.2 电子商务的内涵

1.2.1 电子商务产业的界定

广义的电子商务是指使用各种电子工具从事商务活动；狭义的电子商务是指在互联网、企业内部网和增值网上以电子交易的方式进行交易活动和相关服务活动，是传统商业活动各环节的电子化、网络化。

相关国际组织及国内学者对电子商务的定义如下：

（1）联合国经济合作和发展组织：电子商务是发生在开放网络上的包括企业之间、企业和消费者之间的商业交易。

（2）全球信息基础设施委员会电子商务工作委员会：电子商务是运用电子通信作为手段的经济活动，通过这种方式人们可以对带有经济价值的产品和服务进行宣传、购买和结算。

（3）世界贸易组织：电子商务是基于电子信息技术、网络技术和现代通信技术的商务整体运作的电子化。

随着电子商务发展和信息技术进步，国内外在横向各个行业新兴业态的总结、挖掘形成的新的商业模式，基于新技术带动的技术创新形成的新的商业模式，以及基于众筹、众包、P2P 等未来整个供需生态过程形成的新的商业模式不断涌现，电子商务的内涵逐渐丰富，传统意义上的电子商务发生了新的改变，根据相关部门和专家的建议，对电子商务产业界定如下：在新技术背景下，电子商务定义延伸为以互联网思维为指导，依托多样化、便利化的服务平台，利用互联网、移动终端、下一代互联网，以智能物流、计算机、大数据和云计算等技术为载体，在农产品、制造加工、商贸流通等传统领域开展的交易行为，包括教育、医疗、旅游、汽车、文化娱乐等行业和涉及 O2O、互联网金融等新兴业态的现代服务业活动。

1.2.2 电子商务模式分类

随着电子商务产业向纵深发展，电子商务产业模式也日益丰富：

（1）B2B 模式：如阿里巴巴、慧聪网、生意宝等。

（2）网络零售模式：包括 B2C、B2B2C、C2C，如天猫商城、京东商城、淘宝网等。

（3）团购模式：如拉手网、百度糯米、特优团等。

（4）O2O 模式：Groupon、大众点评、格瓦拉生活网、58 同城等。

（5）其他电子商务新模式新领域：包括区域性行业电子商务交易平台、众包、C2B 等。

1.2.3 电子商务产业主要功能和影响

电子商务已经成为经济可持续发展，特别是扩大消费需求，汇集城市高端资源、重组产业链条和技术创新等的重要支撑；转变经济发展方式，促进产业转型升级，提高经济运行质量和效率，更好地实现市场在资源配置中的决定性作用的重要举措；推动信息技术在经济社会各领域应用，增强企业参与国际合作和竞争能力的必然要求，其主要功能和影响有：

（1）改造企业供应链的管理模式和运营方式，支撑传统工业升级改造。电子商务的发展，促进了原材料、价格、社会物流、金融、质检等各种信息资源的整合，传统工业的商品设计、制造、销售和流通等诸多环节逐步引入线上平台，形成了更加公平、公正、公开、高效的市场环境，全面快捷的综合信息服务缩短了商品流通周期，有效降低了企业在各环节的运营成本，为其创造了巨大的经济效益和社会效益，提升了我国传统工业的整体水平和国际竞争力。

（2）成为拓展消费领域、促进国内消费、扩大内需的有效途径。

统计显示，2013 年电子商务零售交易总额超 1. 8 万亿元，其中 40%是新增消费，电子商务带来的新增消费达到了 7000 亿元，说明电子商务在促消费、拉内需方面起到重要作用。目前，电子商务已经渗透到社会经济各个领域，为广大消费者提供了更多消费选择和消费机会，释放了市场消费潜能，成为企业开拓市场的重要途径和政府促进经济发展、推动产业转型升级的重要抓手。

（3）衍生并促进相关产业加速发展。在巩固和发展公平、公正、公开的商业环境中，电子商务产业逐渐形成了以电商平台为核心，以物流、支付、IT 支撑等基础服务企业，软件、搜索、安全等技术服务企业和诚信评估、安全认证等衍生服务企业为支撑的产业体系。同时，电子商务对信息技术、物流服务等方面的综合性需求极大地带动了相关企业在基础设施、技术创新、模式创新等方面的建设和完善。

（4）促进传统产业转型升级。近年来电子商务在传统产业中的应用得到不断深化，农村电子商务应用不断推进，围绕农产品加工企业逐步形成现代化的农产品生产流通服务体系，围绕特色农产品逐步形成一批跨区域、专业化的农产品交易平台，农村新型产业模式逐步形成；制造企业全过程业务得以协同运作，中间流通环节逐步减少，直接面向消费市场的服务能力得到强化，生产性制造逐步向服务性制造转变；传统商贸流通业中催生了数字音乐、在线电影、电子图书、网络教学和课件共享等数字内容的无物流网上交易模式，文化、旅游、会展等行业的票务、营销、展示等业务也逐步转移线上，传统贸易流通业逐步向现代服务业转变。

（5）引导产业要素聚集，推动区域经济发展。在电子商务产业快速发展的带动下，各生产类企业及其配套上下游企业逐步围绕电子商务企业汇聚，特别是在产业园、创新基地、产业带等中集聚，改变了过去单一片面的产业要素聚集方式，从而更快更全面地发挥区域经济资源优势。形成辐射和带动作用，最终导致更多企业、人才等产业要素的进一步集聚，进一步激发各种商业模式和技术的创新，反过来又加快区域电子商务的发展，这样的循环机制最终推进了城市区域经济的发展。

（6）改变人们传统生产生活方式。电子商务产业为买卖双方提供了便捷的交易平台、快捷的物流配送、安全的支付等服务。用户可以足不出户完成包括商品采购、投资理财、票务预订、税费缴纳、文化娱乐等活动，商家借助电子商务开展原材料采购、产品展示、交易结算、投融资等活动，极大节省了运营成本。

1.3 研究思路与方法

1.3.1 总体研究思路

1.3.1.1 调研国内外电子商务整体发展现状及产业政策

要促进电子商务健康、有序、快速发展，必须提供一个公平规范的法律环境。近年来中关村管委会及相关部门制定了一系列电子商务政策，使北京市电子商务的政策法律环境有了一定的改善。但是在电子商务飞速发展的背景下，电子商务技术、安全、标准、人才以及诚信等问题日益成为电子商务发展的制约因素。只有深刻认识国内外电子商务已经制定的政策执行效果，政府及相关部门才能更好地对已有的电子商务政策体系进行评估，进而科学地制定和执行符合北京经济发展目标的相关政策。

首先，对支撑电子商务发展的国内外现行政策、机制进行调研分析。通过调研美国、日本、西欧发达国家以及国内重点省市区域的电子商务政策，重点分析各国家或地区在市场机制建设、环境和体系建设、法律法规和标准规范建设、企业创新引导等方面的政策制定和机制建设；总结其中促进产业发展及创新的经验和政策服务体系，研究相关政策的立足点以及实际效用，为中关村电子商务产业及创新发展模式提供借鉴。

然后，对国内外电子商务产业发展现状进行调研分析。通过调研国内外电子商务产业的产业规模、发展格局、技术和商业模式创新情况、重点企业发展情况，总结出国内外电子商务产业发展特点、面临的问题以及发展趋势。

1.3.1.2 调研中关村电子商务产业链的现状

在传统概念中，电子商务产业链是指在电子商务活动中，相关产业部门基于电子商务活动内在的技术经济关联形成的环环相扣、首尾相接的链条式关联关系形态，其以技术产品或技术服务为实物构成，以产品链、价值链、供应链为统一的链接内容，以各种技术资源的供应和配置过程为重点的经济关系，以价值增值为核心的价值形态，实物构成、链接内容、经济关系和价值形态四者之间以不同的形式共同作用于电子商务产业链上的各个环节，构成电子商务产业链的存在和发展。

依据从事电子商务工作的实践经验和相关理论的支撑，概括中关村电子商务产业链如下：以价值增值为导向、以企业为主体、以上下游供需为依托、以先进技术为支撑、以信息流、资金流、物流为实现载体，由互为关联、价值累加的相关产业整合、产业集群等活动所构成的价值链。目前，中关村企业已覆盖电子商务产业链各个环节，主要包含：供应商、电子商务服务企业以及消费者。

在这一部分首先，对中关村电子商务物流产业链梳理，就电子商务产业链中的供应、交易、支付、信用、安全认证体系、配送、衍生服务等环节展开调研，对市场结构、供应链条进行分析和梳理，探讨中关村电子商务物流产业链结构、增值空间及上下游之间的关联性，总结产业主要模式和特点。

然后，调研分析新技术对各行业电子商务发展的影响，包括调研云计算、大数据、物联网等新兴信息化技术对服装、工业品、农产品等行业电子商务产生的影响，分析新技术与各行业电子商务相结合的市场前景、发展趋势、制约因素及发展关键问题，提出电子商务产业链上下游各个环节的发展需求。

最后，调研分析服务业电子商务的最近出现的新业态，包括生活服务、金融服务、生产服务、科技服务等各个现代服务行业在电子商务方面的应用，分析其与电子商务结合的市场前景、发展趋势以及制约因素，提出新型服务业发展所需的政策环境。

1.3.1.3 调研电子商务创新发展模式

电子商务是企业利用 Internet 技术将自身的劳务和产品在网络上实施交易活动，而与交易活动相关的运行机制和规律以及各个环节，就是我们所说的电子商务模式。企业的电子商务模式能够反映出该企业创造价值的全过程。为了对电子商务做出更加合理的理解，就必须仔细研究电子商务模式。

编写组调研和整理国内外可借鉴的电子商务发展的创新模式，研究如何利用这些新型模式助推跨行业的电子商务生态圈的整体发展，然后对中关村电子商务生态服务圈的构建进行研究，并研究生态服务圈的运行机制，以及如何完成共同进化并提升生态圈竞争力。

电子商务模式创新本质上是对新技术、新平台、新流程、跨行业的整合和优化。在创新模式研究部分，本章计划分营销、物流、支付、融资、平台建设、衍生服务等几个方面详细调查电子商务领域的创新模式，针对国内外已有的成功案例进行调研分析，总结电子商务产业链各环节中存在的创新需求、创新环境、创新模式和创新效果。在网络经济环境下，电子商务没有固定统一的创新模式，需要用创造性的思维根据行业、企业资源动态地改变策略。

在电子商务生态圈构建研究部分，将就如何构建这样一个完整的生态系统进行深入的分析，研究如何通过系统成员整合力量和资源，促进电子商务和其他行业的结合，推动中关村电子商务产业集群创新发展。

1.3.1.4 研究探索中关村电子商务产业发展的政策手段

电子商务模式的创新需要政府、企业和行业的共同推进。依据市场变化和需求，结合中关村电子商务物流产业集群发展的优势，从宏观和微观两个层面为推动中关村电子商务产业及创新发展提供建议，优化电子商务产业环境，构建电子商务生态系统。通过在国内外政策、产业链及行业电子商务、创新模式调研的基础上，对相关扶持政策需求进行总结，为相应政策的制定提供建议。

（1）创造需求：科技创造/模式创新，关注和鼓励大家创新的需求。

（2）扩充产业：当需求得到市场证实之后，通过政府引导，采取手段加快扩充产业。

（3）培育市场：在产业扩张过程中，注重市场的培育。

（4）促进盈利：在市场规模形成之后，关注盈利模式的回收渠道的多样化。

1.3.2 研究路径及工作流程

1.3.2.1 研究路径

研究路径见图 1-1。

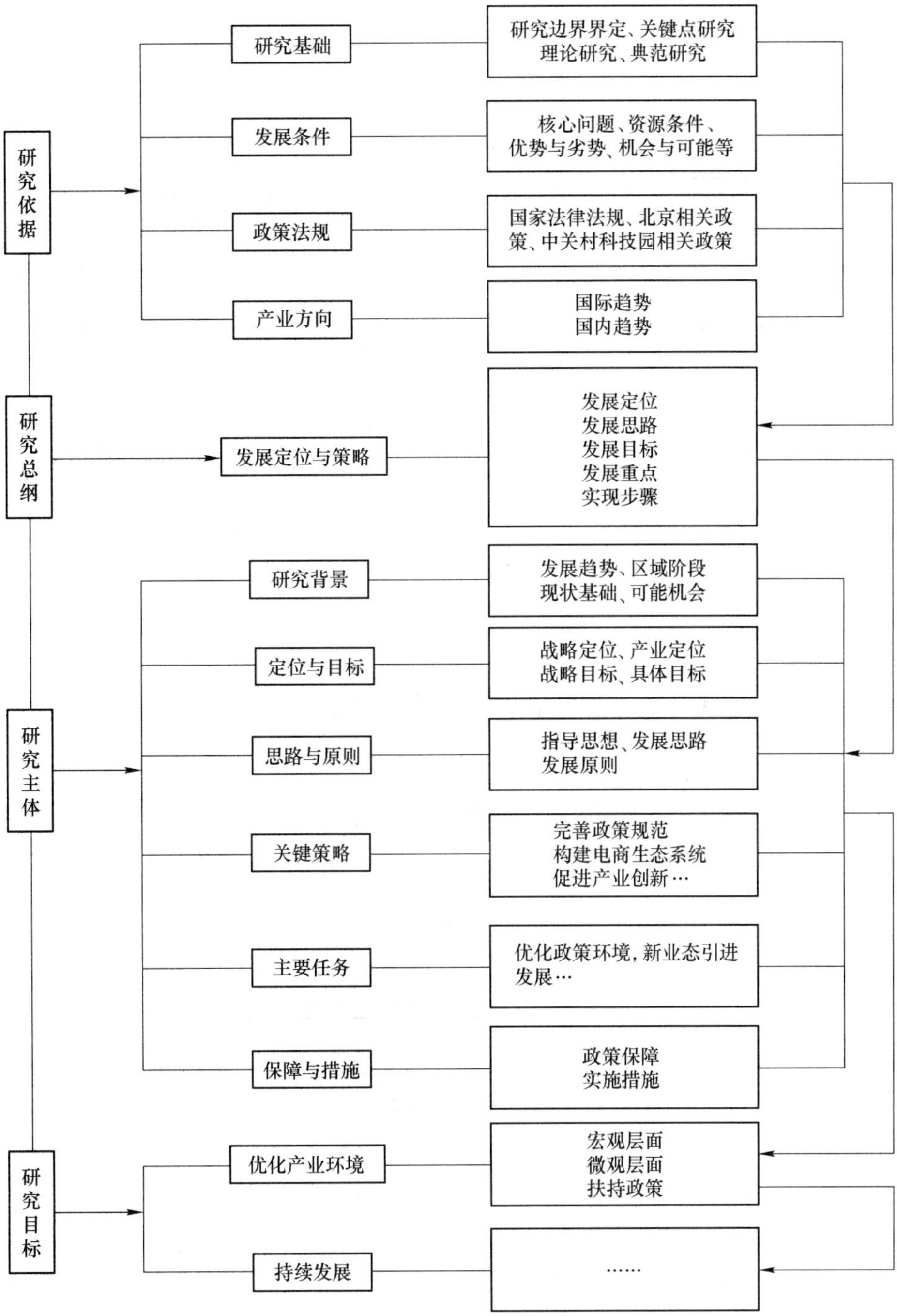

图 1-1 研究路径

1.3.2.2　工作流程

工作流程见图 1-2。

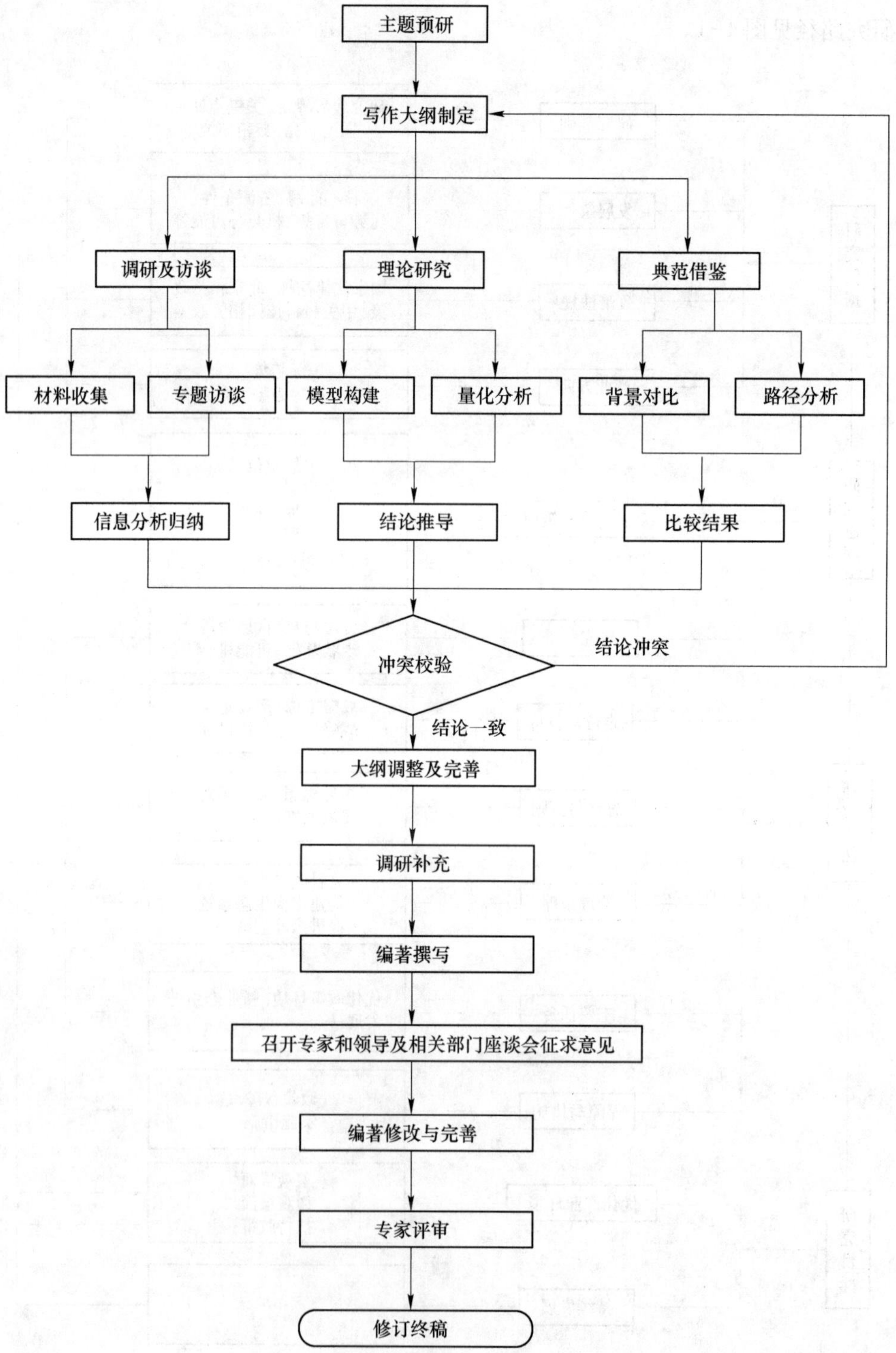

图 1-2　工作流程

2 国内外电子商务产业政策及发展

本章主要使用资料搜集法和比较分析法，调研国内外电子商务发展现状，明确中关村电子商务产业发展形势，分析中关村电子商务发展的趋势。首先，调研了国内外重点区域的电子商务政策，归纳了各国家或地区在市场机制建设、环境建设、法律法规和标准规范建设、企业创新引导等方面的政策；其次，对国内外电子商务产业发展现状进行调研分析，概括了国内外电子商务产业的产业规模、发展格局、重点企业发展情况；再次，分析了中关村电子商务产业相关政策和发展现状，总结中关村电子商务产业目前面临的主要问题并加以说明。

2.1 国外电子商务产业政策及发展

从全球来看，电子商务的发展始于20世纪90年代，随着信息技术的突破性进展，电子商务不仅向各类商务活动深入渗透，同时也诱发了新型商业模式和依托移动互联网的掌上生活方式。面对电子商务这一新的经济增长点，各国政府出台了大量的支持政策，采取了多种管理措施，以推动其健康快速发展。以美国、日本和欧洲为重点，其政策战略、管理方式虽存在差异，但也存在一定通用规律，值得我国学习和借鉴。

2.1.1 全球电子商务产业发展及政策综述

全球经济发展已进入网络经济时代，互联网对世界各个国家和全球的经济变革带来巨大影响。电子商务逐渐改变着经济发展方式和商品流通方式，世界各个国家之间、国家和企业之间、企业和企业之间、企业和个人之间、个人和个人之间的经济来往、商品流通等都在改变原有交互方式，更多的通过电子商务方式进行。而电子商务随着支付方式的不断成熟，诚信体系的不断完善，物流配送服务能力的不断提升以及互联网金融等新模式的不断涌现，也步入快速发展阶段，成为全球经济的重要增长点，并呈现出一些新的特征和趋势。

2.1.1.1 全球电子商务保持高速发展

2013年，全球网购人数达11.5亿人，同比增长27%；B2C电子商务交易规模突破1.3万亿美元，同比增长17%，依然维持两位数增长。

从地区来看，北美地区、西欧地区电子商务增长率分别为12.5%、14%，低于世界平均水平17%；亚太地区增长率为23%，相对于北美、西欧各国，亚太地区多数国家互联网技术水平低，电子商务市场刚刚起步，电子商务在整个商业市场中所占份额不大，发展空间巨大，成为拉动全球电子商务市场高速发展的巨大动力。通过调研可得，电子商务在全球各国普及率不同，英国高达87%，印度尼西亚却为9.5%，如图2-1所示（部分国家）。

从经济辐射规模来看，美国、日本、英国的规模都较大，而中国的电子商务市场仍然

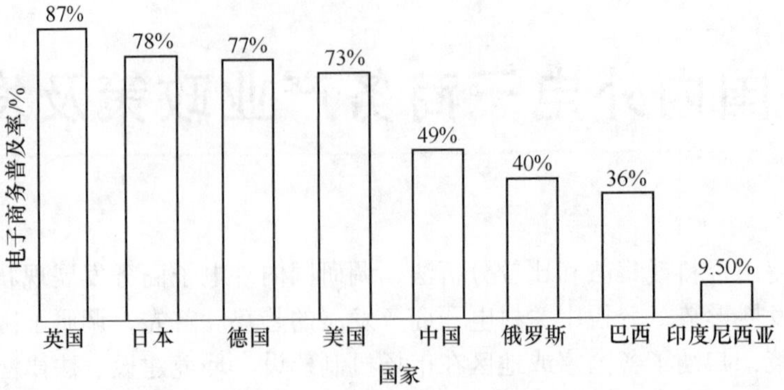

图 2-1　2013 年全球部分国家电子商务普及率

相对较小，但潜力惊人。从平均每个用户的网络购买支出来看，美国高居榜首，是中国的 50 多倍。从用户规模增长预期来看，中国、印度的网购用户增长速率较快。中国互联网信息中心 CNNIC 发布数据显示，2013 年中国网络购物用户人数达 3.02 亿，较上年增加 5987 万，增长率为 24.7%，使用率由 42.9%提升至 48.9%；2014 年印度网络购物人数已占到其国内 7400 万网络用户的 14%，该比例在过去 3 年间增长了 35%，2015 年印度网购人数达到 3800 万。

2.1.1.2　法律和标准体系逐步完善，政策鼓励和扶持力度加强

发展电子商务涉及互联网、金融、物流、社会诚信体系等多个方面，加之电子商务在世界各地区发展不平衡，因此各国根据本国国情积极制定实施一系列促进电子商务健康有序发展的政策，具有代表性的有美国、欧盟和日本，见表 2-1～表 2-3。

表 2-1　美国发展电子商务的政策及法律法规

地区	时间	政策法规
美国	1993 年	发表了《全国信息基础设施计划》，正式出台了“信息高速公路”计划
	1995 年	颁布《数字签名法》，该法案是世界上最先通过使用数字签名的法案
	1996 年	财政部发表了《全球电子商务选择性税收政策》白皮书，主要探讨了电子商务的技术特征、应遵循原则和税收管理方法三个方面的问题
	1997 年 7 月	颁布《全球电子商务纲要》，该纲要对电子商务征税确立了三项基本原则，号召各国政府尽可能鼓励和帮助企业发展互联网商业应用，鼓励民间企业自行建立交易规则，少干预、少限制
	1998 年	颁布《美国数据保护法案》
	1998 年 10 月	通过了《互联网免税法案》，内容主要包括：（1）3 年内避免对互联网课征新税；（2）3年内避免对电子商务多重课征和税收歧视；（3）关于远程销售的税收问题。该法案还禁止对电子商务征收联邦税，指定互联网为免关税区等。该法案有效期为 3 年，2001 年延长，2004 年推出更新版《互联网税收反歧视法案》，2007 年再次更新为《互联网免税法案 2007 年修正案》，有效期延长至 2014 年 11 月 1 日

续表 2-1

地区	时间	政策法规
美国	1999年1月	美国政府采购过程实现电子化
	1999年11月	美国总统签署《反域名抢注消费者保护法》，针对恶意域名抢注行为的规范、救济措施和对物诉讼等作出一系列明确规定
	2000年6月	美国国会通过《全球和全国商务电子签名法案》，旨在推进国际/国内的电子商务使用电子记录与电子签名
	2002年	通过《关键基础设施信息保护法》，建立完整详细的关键基础设施信息保护程序
	2013年5月	通过《2013市场公平法案》，该法案规定当企业通过互联网、邮购、电话和电视等渠道出售产品时，必须缴纳销售税，它允许美国各州政府对电商跨区交易进行征税。该法案是美国第一个全国性互联网消费税提案
	2014年6月	美国众议院监督委员会批准《美国安全投递法》，禁止为美国约1500万个家庭在未来10年里使用到门投递服务。即家庭成员将在门口路边邮箱接收邮件，或是到社区邮箱接收

表 2-2 欧盟发展电子商务的政策及法律法规

地区	时间	政策法规
欧盟	1997年4月	提出《欧盟电子商务行动方案》，规定信息基础设施、管理框架和电子商务等方面的行动原则，以提高欧盟的全球竞争力
	1997年7月	召开全球信息网络部长级会议，会议内容为主张官方尽量减少不必要的限制，帮助民间企业自主发展
	1997年10月	发布《数字签名框架指南》，解决不同成员国对于认证部门的操作程序以及技术认证的要求和因规定不同而产生的各种问题
	2000年3月	发起名为《电子欧洲》的行动方案，以增加欧洲公民网络介入和获得信息社会服务机会
	2000年6月	颁布了《关于网络市场特别是电子商务中社会信息服务的几个法律问题之指令》，该指令规定与传统广告类似，网络广告是一种给消费者提供有关特殊价格或具体产品或服务的信息体制；印刷品广告与网络相关的电话、收音机和电视等广告，同样适用欧盟已经颁布生效的各种广告指令
	2000年5月	欧洲议会通过《电子商务指令》，本指令的目标在于建立一个法律框架，以确保成员国之间的信息社会服务的自由流动，保证电子商务的在线服务能够在共同体内被自由提供
	2001年5月	发布《关于协调信息社会版权与相关权指令》，对各成员国存在争议的复制权的定义进行了协调，是欧盟保护知识产权方面实施的政策
	2001年8月	签署公布实施《网络犯罪公约》，阐述了各种针对计算机系统、网络、数据滥用的犯罪行为的适用法律及程序，目的在于协调网络犯罪的各国家间的规定

续表 2-2

地区	时间	政策法规
欧盟	2007 年 11 月	欧盟委员会颁布《支付服务指令》，此指令目的在于建立现代化的、协调一致的法律框架，以利于欧洲单一支付市场的实现：一是促进竞争，通过消除市场进入壁垒和确保公平市场门槛促进支付市场竞争，以促进规模经济的实现，提高支付效率，减少支付体系运行成本；二是统一规则，提供关于信息获取、权利义务关系等与支付服务相关的统一规则。
	2008 年 2 月	欧盟通过增值税改革法案，它规定对电子商务的课税权由内容提供商注册地转为服务实际消费的国家
	2011 年 10 月	欧盟颁布消费者权益最新指令，要求成员国于 2013 年 12 月 13 日之前采取相应的法律、规章遵守该指令。该指令将于 2014 年 6 月 13 日正式实施。该指令主要规定了经营者向消费者提供信息的义务，以及消费者撤销合同的权利
	2014 年 6 月	正式实施《消费者权益指令》，其中涉及消费者在电子商务领域的退货权益。消费者如果决定取消订单，应在自收货之日起的 14 日内将货物退回，而新规出台前这一时限仅为 7 天。相应地，零售商则应在订单取消后的 14 日内为消费者退款，所退款项应包含为订单支出的任何运输费用

表 2-3　日本发展电子商务的政策及法律法规

地区	时间	政策法规
日本	1996 年	日本计划投资 3000 亿日元进行电子商务交易实验，并成立电子商务促进委员会
	2000 年 5 月	通过了《电子签名及认证业务的法律》及认证相关法律，并于 2001 年 4 月 1 日起实施。该法涉及电子签名的立法原则、宗旨、电子签名的种类与效力、认证机关的职能及其认定条件、承认外国认证机关颁发之电子证明书的效力问题，指定调查机构的标准，以及对电子签名犯罪的惩罚等，旨在规范日本电子商务活动并提供法律依据，确保信息的真实性和可靠性，为跨境电子商务交易的发展创造条件
	2000 年 6 月	推出了“数字化日本之发端——行动纲领”，将与信息产业革命有关的政策问题分成三类，并分别从日本国家战略的高度提出了方向性的意见
	2000 年	制定《高度信息网络社会形成基本法》，明确了制定信息化政策的基本方针，实施信息化战略的领导机构及信息化重点计划的基本内容，是日本政府制定推进信息化政策措施的法律依据。该法于 2001 年 1 月 6 日正式实施
	2001 年 4 月	《电子签名与认证服务法》生效。对电子签名的定义、适用范围和效力进行规定，只有经官方委任的组织才可从事该类服务
	2009 年	推出“I-Japan2015 国家信息化战略”，大力发展电子政府和电子地方自治体，推动医疗、健康和教育的电子化

由美国、欧盟、日本颁布各具特色的政策促进体系分析得出：美国侧重于建立覆盖全国的、更安全的信息基础设施体系，规范电子商务税收制度；欧盟侧重于电子商务政策的相关协调作用，推动电子商务产业在各成员国标准化、均衡化、便利化发展；日本注重加强电子商务产业法制化建设，积极推动面向民生的电子商务事业发展。然而，这些政策的制定方向也存在一定的通用性，大致可归纳为以下十个方面：

（1）加强电子商务基础设施建设。

（2）降低电子商务企业的市场准入门槛。

（3）给予税收优惠，扶持电子商务发展。

（4）完善网络交易标准体系。

（5）建立网络诚信认证体系。

（6）制定网络支付相关法规，建立适应电子商务的支付体系。

（7）完善物流基础设施，建设线下支撑体系。

（8）探索通关便利，鼓励跨境电子商务发展。

（9）加大网络购物消费者的保护力度。

（10）加强电子商务人才培养和技术创新。

总之，电子商务发展是以现代信息技术为基础的，发达国家也普遍将宽带、下一代互联网、物联网和智能物流建设纳入国家战略。再者，通过建立基础性制度营造良好市场秩序对电子商务的健康发展极其重要，这部分的政策重点也集中在税收、网络环境、电子签名、支付、通关、消费者权益、人才培养、知识产权保护等方面的相关法规制定上。另外，建立适应互联网经济的市场监管体系是政府与时俱进的工作表现，如近年由电子商务模式衍生出的 P2P、众筹等互联网金融业务正处于发展阶段，政府和市场监管体系则相对落后，为此美国证券交易委员会（SEC）已开始加强互联网金融的准入审批和监管，全面跟踪和披露从事互联网金融领域的企业交易信息。

2.1.2 美国电子商务产业发展

美国是最早应用电子商务的国家，目前也是全球电子商务产业最发达的国家。美国人口总数约为 3.15 亿人，互联网用户为 2.4 亿人，网购用户人数达 1.557 亿，互联网用户的电子商务渗透率约为 73%。2013 年美国网络零售交易额达 2524 亿美元，同比增长 14.8%（2012 年为 2198 亿美元），占社会消费品零售总额（social retail goods）的 5.8%。美国网民的年平均网购支出为 2466 美元（约合人民币 15300 元）。

互联网人口高渗透率（76.2%）推动了电子商务应用范围的不断扩大，电子商务已渗透到人们生活的方方面面，成为美国居民主导的消费方式之一。图书、音乐、鞋类电子商务占据本行业整体市场较大份额，如图 2-2 所示。

高水平的渗透率以及在细分行业中电子商务高占比，不仅仅得益于电子商务在 PC 端的普及，随着移动互联网技术的深入应用与移动设备加快普及，移动端成为电子商务发展新领域。2013 年美国移动端电子商务交易额达 390 亿美元，同比增长 56.5%。其中，手机端交易额为 172 亿美元，同比增长 48.3%。虽然近年来其增长率逐年下降，但依然保持大幅增长态势。如图 2-3 所示。

电子商务产业的核心在于电子商务平台的运营发展，美国电商集群以其庞大的营销渠

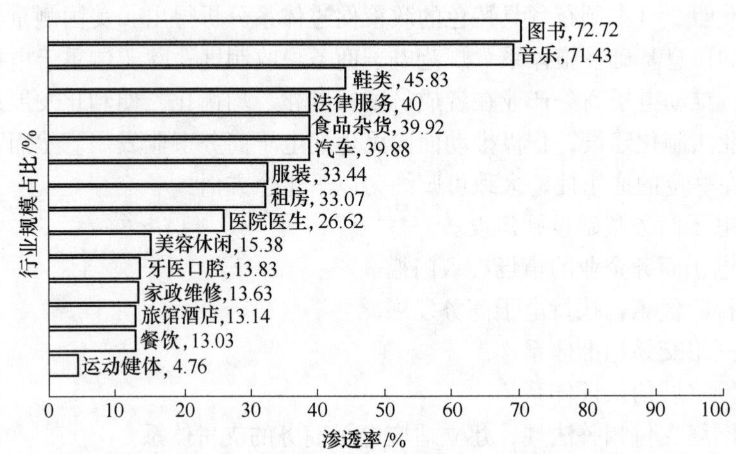

图 2-2　2013 年美国电子商务在社会零售细分行业规模占比

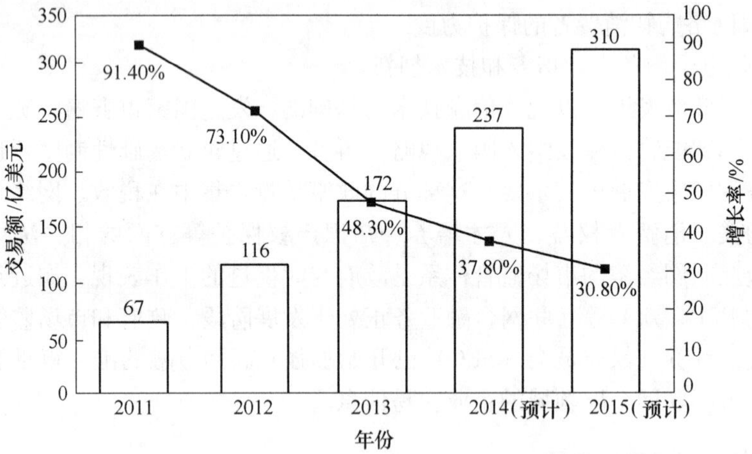

图 2-3　2011~2015 年美国手机电子商务交易额及增长率

道和专业领域的精细操作，产生了一大批在其境内乃至全球具有较高知名度的企业，见表 2-4。

表 2-4　美国电子商务网站（排名不分先后）

序号	网站名称	简　介
1	Amazon	1995 年 7 月成立，独立用户超过 2.82 亿。目前，亚马逊启动了利用无人机配送物流的 PrimeAir 项目
2	Walmart	1962 年成立，是一家世界性连锁企业，有 8500 家门店，分布于全球 15 个国家，以电商营业额计算连续 3 年位居美国电商公司前 10 名
3	GroupOn	2007 年成立，与 6000 多个设计师品牌合作，团购产品为奢侈品和品牌产品，主要通过限时折扣和电子邮件广告吸引用户，实行会员制奢侈品打折模式
4	JCPenney	1902 年成立，年营业额达 380 亿美元，公司拥有自己的设计师群，在全美拥有 3700 家连锁店。1998 年推出网上商店，2005 年电子商务收入首次超过 10 亿美元

续表 2-4

序号	网站名称	简　介
5	eBay	1995 年 9 月 4 日创立，拥有 3.8 亿海外买家，用户遍布全球 150 多个国家和地区，其盈利来源于向每笔拍卖收取的刊登费、成交费
6	Macy's	1858 年成立，1996 年开设网上商城，网上商品达 25 万种。其特色在于客户网购商品可以在商店里退货，并且线上线下价格统一。梅西百货整合线上线下以及移动终端的资源，推行全渠道战略，2012 年实现销售收入 277 亿美元
7	Blue Nile	1999 年成立，是目前世界知名的在线钻石珠宝销售商，通过 FedEx 快递免费将商品配送给客户，拥有超过 32.5 万人用户，提供 30 天退款的无风险购物体验
8	Newegg	2001 年成立，销售电子产品、计算机零配件等，全球有超过 1700 位员工，平均每天有超过 4 万个订单，线上可供选择的商品超过 18000 种，超过 8 百万注册用户和约 150 万的日均访问流量，其盈利主要来源于网站增值服务费、商家会员费
9	DrugStore	1993 年成立，经营化妆品、医药用品、母婴用品等，提供新人优惠、自身返利、返利网站返利等多种类型优惠
10	Staples	1986 年成立，全球领先的办公用品零售网站，在全球拥有 2100 余家办公用品超市和仓储分销中心，全球员工总数 79000 名，业务涉及 22 个国家和地区
11	Netflix	1997 年成立，美国有 2700 万用户，全世界有 3300 万。2011 年 Netflix 网络电影销量占据美国用户在线电影总销量的 45%，盈利来源为每月收取的订阅费及客户购买影片费
12	PetSmart	1987 年成立，全球领先的综合性宠物服务公司，集网络食品、用具销售及线下宠物配套服务为一体，在美国和加拿大合计开店 1045 多家
13	1-800-flowers	1976 年成立，由电话直销转为互联网营销，1995 年设立网上商城，允许其他鲜花销售商入驻该平台，从中收取 6%的佣金。其销售方式有两种：一是通过合作线下实体店发货；二是企业自己直接发货
14	Office Depot	成立于 1986 年，该公司线下资源丰富（拥有北美 1200 多家零售店、其他国家和地区 350 多家），年销售额 150 多亿美元（线上销售额达 47 亿美元），全球员工近 52000 人，为 43 个国家和地区的客户提供办公产品与办公服务
15	Target	1961 年成立，在美国 47 州设有 1330 家商店，为客户提供当今时尚前沿的零售服务，物美价廉
16	AppStore	2008 年 7 月 11 日上线，是 Apple 官方应用商店，年收入近 24 亿美元。截至 2013 年 1 月 8 日，App Store 的应用下载量已经突破 400 亿次。AppStore 通过收取用户下载付费 30%的形式获得收入
17	LocalHarvest	美国生鲜电商，连接中小型农场、CSA 农场和消费者的平台。通过地图检索系统使人们能够便利选购本地农产品
18	FreshDirect	成立于 2002 年，为纽约市及周边地区提供生鲜在线订购服务，设有 12 个不同温度的保鲜区，其冷冻链生产系统及物流配送系统十分先进
19	PeaPod	成立于 1989 年，是较早利用电子商务售卖食品杂货（包括生鲜）的公司之一，以超市为供应商，收集到订单后与伙伴超市沟通自行购买、包装并送货。PeaPod 主要是集中在网站开发和配送物流体系

续表 2-4

序号	网站名称	简　介
20	Relay Foods	成立于 2008 年，其特色是顾客在线预订食品食材，在第二天定时定点收到货物。Relay Foods 还推出了订购服务，让用户可以通过月付、年付计划购买食材
21	Yelp	2004 年成立，2013 年营业额 2.3 亿美元，平均月访问量达 1.2 亿人次，主要营收来自本地广告、全国性品牌广告及包括团购服务在内的其他服务
22	LinkedIn	2003 年 5 月成立，会员人数已接近 3 亿，在全球 27 个城市设立了分部及办事处，主要收入来自于其提供的征才解决方案、营销解决方案及付费账户

美国电子商务服务企业多创建于 20 世纪 90 年代，经历 20 余年的发展与创新，逐渐形成独特的运营模式，快速占领全球市场，引领世界电子商务发展。

电子商务的运行需要电子支付系统的支撑，美国电子支付取得了突破性发展。新技术的应用与移动支付的发展成为电子商务技术服务新领域，比特币支付、基于生物密码学技术的指纹支付、电子支票等新型支付模式在美国不断出现，专业化电子支付及相关服务企业迅速发展，见表 2-5（排名不分先后）。

表 2-5　美国电子商务支付平台

序号	网站名称	简　介
1	Authorize. Net	提供支付接口服务，拥有超过 30.5 万个零售商用户，是互联网上主要的支付接口服务提供商
2	CCBill	1998 年创立，是全球支付解决方案服务商，每年成功处理数十亿美元的交易，是全球知名第三方支付处理服务供应商之一
3	PayPal	eBay 旗下提供在线付款服务的一家公司，1998 年成立。覆盖全球 190 个国家和地区，超过 2.2 亿用户，目前已实现在 26 种外币间的交易。PayPal 现推出“PayPal PassPort”网站，向全球中小企业提供免费目标市场指南信息，帮助企业迅速扩大跨境在线销售业务
4	Square	美国移动支付公司，成立于 2009 年，2013 年员工人数达 600 人，年交易额 80 亿美元。用户利用 Square 提供的移动读卡器，配合智能手机使用，可以在任何 3G 或 WiFi 网络状态下，通过应用程序匹配刷卡消费，它使得用户可以在任何地方进行付款和收款，并保存相应的消费信息
5	VISA	全球支付技术公司，连接全世界 200 多个国家和地区的消费者、企业、金融机构和政府，促进人们更方便地使用数字货币代替现金或支票。Visa 最新成果：移动支付和服务、全球电子转账及个人支付服务、电子商务、芯片技术
6	Cyber Source	成立于 1994 年，提供全球电子支付及相关解决方案，致力于在线支付和反诈骗技术。业务范围遍及全球，主要服务地区有英国、新加坡和日本等
7	2Checkout	2000 年成立，致力于为中小型公司提供信用卡网上消费通道，为超过 10 万用户提供网上销售平台并在电子商务交易中处理了上亿美元的资金。此外，它还提供支付方案、商人和账户服务、网关服务、预防欺诈服务、外部控制器接口、从属营销和全球购物通道等，是应用范围广泛的电子商务支付平台之一

同时，电子商务的繁荣加快了互联网金融、网页搜索、电子商务在线咨询等配套产业的发展，见表2-6（排名不分先后）。

表2-6 美国电子商务配套产业网站

序号	网站名称	简　介
1	Lending Club	2007年5月上线，是一个针对美国用户的私人借贷平台，成员通过这个平台可以实现小额借款或贷款。其特色在于它灵活的风险定价策略（根据借款人资信情况决定利率），借贷环节更少，使用技术手段让每笔贷款的经营成本可以更低，相比传统银行有着成本和利率上的优势。目前该平台占据美国P2P借贷市场79%的份额
2	Prosper	P2P在线借贷平台网站，拥有超过98万会员和超过2亿美元的借贷额。其运行模式类似拍卖，Prosper为双方交易提供安全、公平的平台，网站靠收取手续费盈利（从借款人处提取每笔借贷款的1%~3%费用，从出借人处按年总出借款的1%收取服务费）
3	Pennsylvania State Employee's Credit Union	美国知名信贷联盟，拥有33.5万会员，资产超过29亿美元
4	ZoomInfo	最前沿的搜索引擎之一，拥有全球各个行业超过3100万专业人士和二百万公司的信息支持，能够提供大量有关各种行业、公司及业内人士的信息
5	2CarPros	综合性的汽车资源和问答网站，提供高质量且价格公正的关于汽车供应商相关的服务

在电子商务物流方面，由于美国政府早期对物流各基本环节分块管理，美国供应链管理注重减少库存，使得该行业迅速发展，并形成了一批物流业巨头，如FedEx和UPS。如今，美国物流强调整体化的物流管理系统，在电子商务影响下，eBay、亚马逊、沃尔玛等各大电商和商超企业均加大线下配送建设力度，加速电子商务物流的发展。

美国电子商务产业经过多年发展，其所需要的各种基础设施和资源都已十分充分和完善，电子商务网站数量众多，类型齐全且收益可观，市场相对成熟，已经进入稳定的增长期；众多电子支付企业运营模式多样，服务形式不局限于提供在线付款等支付接口服务，而是从客户根本利益出发，提供全面的支付解决方案，研究电子支付在移动端新技术、新应用，更全面地为客户服务；国内互联网金融发展处于起步阶段，在信誉建设、资金管理方面还不成熟，盈利模式正在探索中，而美国互联网金融依托稳固的信用环境，为企业提供借贷服务，并且面向大众提供个人与个人间的金融服务。

总之，美国电子商务产业依托强大的互联网渗透优势与先进技术，逐步扩大全球市场范围，形成多渠道销售的全供应链协作模式，在移动互联网、电子支付、物流等电子商务相关产业领域处于世界领先地位。

2.1.3 日本电子商务产业发展

据日本野村综合研究所调查，日本网购市场目前正持续扩大。2013年度，日本B2C市场规模达11.5万亿日元，同比增长13%。2009年至2013年，日本B2C电子商务保持稳定增长，增长率逐年提高。如图 2-4 所示。

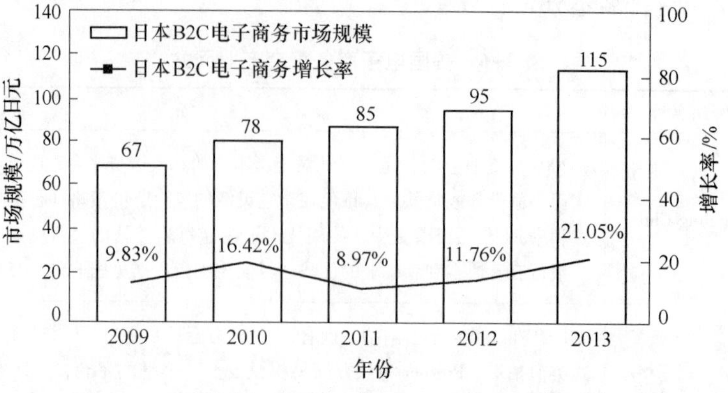

图 2-4　2009~2013 年日本 B2C 电子商务规模及增长率

相对于其他国家而言，日本老年人网络购物普及率较高。日本老龄化严重，65 岁以上日本国民人数约占总人口的 25%，而日本 60 至 64 岁老年人的网络普及率已超过 70%。由于电子商务的便捷性及日本配送体系的完善，电子商务越来越受到日本老年人关注。

日本电子商务网站数量较多，但流量集中在乐天市场、7-11 便利店等少数大型企业。

乐天市场成立于 1997 年 2 月，隶属于日本乐天株式会社，2013 年成交额达 2000 多亿元人民币，占据了日本网络零售市场 29%的份额。2014 年 Q1 季度其电商增长率为 31.7%，毛利增长率为 22.2%，信用卡增长率达 51.3%。乐天在日本拥有 5.2 万个商家，在全球拥有 8.7 万个商家，业务遍及全球 13 个国家，其中将近 1 万家日本店铺提供直邮海外服务，部分店铺接受银联和支付宝支付。乐天市场已经成为日本最大的电子商务企业之一。

日本 7-11 便利店成立于 1973 年，凭借丰富的商品与便利的服务与大型商店竞争，又凭借管理、顾客、物流、信誉等优势与纯网络商店竞争。7-11 便利店遍布中国、美国、日本、新加坡等 200 多个国家和地区，拥有超过 100 万家店铺。其电子商务之路开始于 1999 年，以销售图书为开端，后经不断扩充现主要涉及旅行、音乐、照相、礼品、移动电话、入场券销售、书籍、汽车服务、信息提供等，将各类商品和服务搬到了网上，实现全渠道零售。7-11 便利店电子商务的成功，主要借助 24h 营业的特色服务与广泛的实体店布局，把店铺转变为电商的物流配送点。目前许多电商与 7-11 便利店开展合作，以泰国时尚电商 Zalora 为例，该电商利用 7-11 便利店几乎遍布泰国的每一条街道和 24h 不打烊的优势，将 7-11 便利店作为“最后一公里”物流自取点，顾客可以随时提取自己的包裹。

日本其他典型电子商务网站，见表 2-7（排名不分先后）。

表 2-7　日本其他电子商务网站

序号	网站名称	简　介
1	Cyber Agent	日本知名的媒体集团，于 2000 年在日本东京证交所上市，如今全球共有约 2600 名员工，旗下业务包含网络媒体、网络广告代理商、智能型手机服务与投资机构
2	Become	一个商品价格比较和商品搜索的购物网站，主营商品包括家电、图书、电脑、汽车、服装服饰、食品等商品。网站会定期更新产品信息，通过帮助用户进行价格比较和商品性能特点比较，帮助用户找到合适的商品

续表 2-8

序号	网站名称	简　介
3	Niconico	2006 年 12 月上线，是一个线上影片分享网站。截至 2011 年 12 月，其注册会员达 2500 万人，付费会员达 149 万人，手机会员 711 万人。2011 年 9~12 月盈利 3.0 亿日元，成为目前世界上少数实现盈利的视频网站之一
4	日本料理专门网	2000 年成立，提供日本料理的做法、图片、视频，日本菜系、食谱大全等等众多业界服务
5	kakaku	成立于 1997 年，2003 年在日本上市。顾客浏览网站，不仅能得到相对较低的价格信息，更能获取关于同类商品不同品牌型号的评价和比较
6	Cookpad	日本最大的食谱分享网站，食谱总数超过 60 万份
7	livedoor	日本三大门户网站之一。提供新闻、Blog、搜索引擎、翻译、天气预报、购物、地图、写真等服务
8	Amazon Japan	亚马逊在日本图书市场占有主导地位，采取自营配送模式，大规模采购使其在高单价产品上具有价格优势
9	Info Mart 株式会社	1998 年 2 月成立，主要为日本食品企业提供 B2B 电子商务平台，并于 2006 年 8 月在东京证券交易所上市。截至 2012 年 3 月，在日本国内已有 26785 家企业会员
10	优衣库	日本著名的服装品牌，创立于 1984 年。2000 年 10 月，开始实行网上直销，现已成为国际知名快时尚服装品牌
11	WebPay	日本支付创业公司，提供支付方案以及网络服务，在 2014 年 2 月宣布获得了 1.2 亿日元投资
12	宅急便	日本大和运输株式会社所建立的宅配服务品牌，利用小区域经营及转运系统，经营户对户的小包裹收取与配送
13	Line	日本移动通讯服务运营商，于 2011 年 6 月上线。截至 2014 年 7 月，全球注册用户超过 4.8 亿，约 85%的用户位于日本以外的其他国家和地区，2014 年第一季度主营业务收入达到 146 亿日元，其盈利模式在于出售聊天表情和游戏。2014 年 7 月，公司进军电子商务领域，推出 B2C 商店“Line”
14	ASKUL（爱速客乐）	日本办公用品网购公司，成立于 1997 年，主要以商品目录的形式开展办公用品的邮购业务，于 2004 年又新设医疗看护设施用品目录，2005 年 11 月新设以医疗机关为服务对象的医用材料专业目录

在电子支付方面，日本主要以信用卡支付与现金支付为主，第三方支付市场不发达。2014 年 4 月，支付宝接入乐天平台，开拓了日本电子支付市场，同时为国内网购日本商品提供了便利。

在物流配送方面，日本有多家大型物流公司，并且线下实体商业网络较发达，电子商务配送体系以遍布全国的便利店为节点。为了增强市场竞争力，雅虎日本联手实体商店推出 2h 到货的网购服务。物流配送方便快捷已成为日本居民网购的重要原因。

在大数据利用方面，日本通过线上线下数据汇聚，购物网站与生产企业共享数据资源，分析消费者网购习惯和检索内容，实施精准开发和营销。典型案例：日本雅虎、爱速客乐、宝洁公司以及味之素等 12 家企业与主要食品、日用品厂商的合作；亚马逊日本与可果美合作，联手销售番茄汁。

总之，日本电子商务产业远没有欧美国家发达，原因在于日本实体零售企业精细化操作和高标准管理水平，使得日本零售企业布局紧凑，遍布大街小巷，特别是7-11便利店24h营业满足了广大消费者需求。日本注重产品与服务的细节性研发，将大数据很好地应用在多个行业，特别是电子商务精准营销方面，提高了企业综合竞争力，值得业界学习与借鉴。

2.1.4 欧洲电子商务产业发展

欧洲目前有8.16亿居民，其中网民人数5.65亿，网购用户为2.64亿、社交媒体用户为4.43亿。2013年，欧洲电子商务交易额达4969亿美元，同比增长19%。其中，欧盟28国的电子商务交易额为4352亿美元，同比增长18%，占据欧洲87.6%的市场份额。欧洲电子商务交易额46%来自服务交易，54%来自实物交易。目前欧洲共有超过5000家网上零售企业，每年产生约37亿包裹，创造200万个就业岗位。

在网络零售方面，欧洲已连续五年保持两位数增速，2013年交易额达50.36亿美元，同比增长18.68%，占社会消费品零售总额（social retail goods）的5.7%。如图2-5所示。

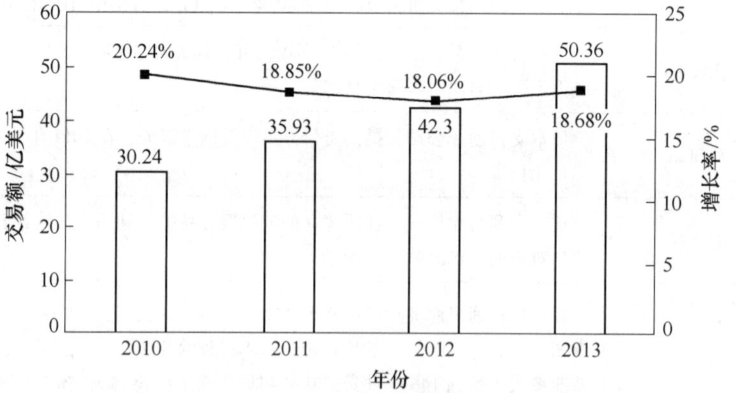

图2-5 2010至2013年欧洲网络零售交易额与增长率

移动电子商务交易额占网络零售交易总额的5.5%。移动端交易占比高于欧洲平均值的国家有英国（12.0%）、斯堪的纳维亚半岛（8.0%）、意大利（7.0%）、西班牙（7.0%）、奥地利（6.0%）和荷兰（6.0%）。

欧洲电子商务市场多被西欧、中欧国家占据，市场细分明显。2013年欧洲各地区电子商务市场份额如图2-6和图2-7所示。

欧洲电子商务交易额排名前三的国家分别是英国（1466.97亿美元）、德国（867.94亿美元）、法国（699.55亿美元）。这三个国家的电子商务交易总额占欧洲整体交易总额的61%。英国网络交易量已经超过了传统交易量的2倍，对GDP的贡献每年约有10%的增长，2015年将达到GDP的10%，在英国经济部门的占比中进入前5位，其优势在于电信、金融、保险等产业高度发达，服务业产值占英国GDP的75%，为电子商务的发展提供了广阔的生存空间；德国互联网渗透率高达83%，电子商务渗透率为77%，2013年电子商务市场规模增长率为42%，网络零售排名前三的是服装、书籍、电子产品；法国电子

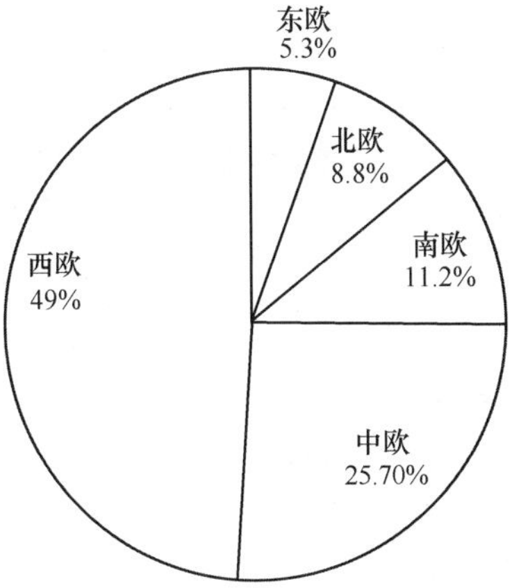

图 2-6 2013 年欧洲各地区电子商务市场份额

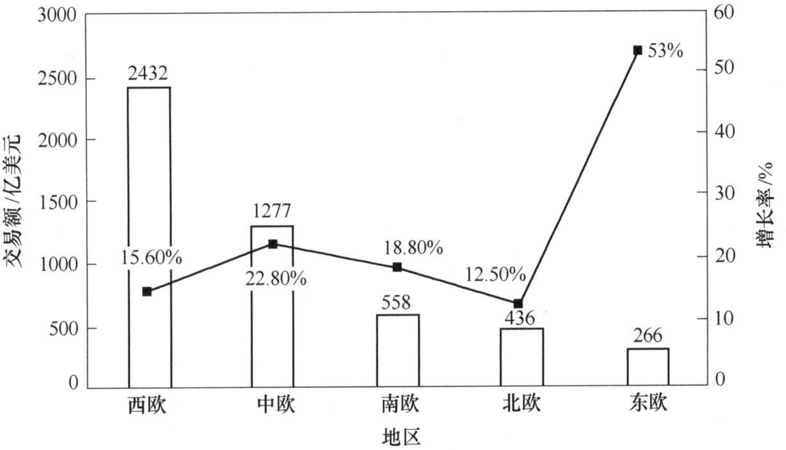

图 2-7 2013 年欧洲各地区电子商务交易额数据对比

商务交易量多集中在 Amazon、Cdiscount、Fnac、eBay 几个大型网站，旅游观光和自助旅行相关服务占据网络交易最大份额。

欧洲电子商务的繁荣得益于传统企业电子商务的应用与新型电子商务企业的发展，如表 2-9 所示（排名不分先后）。

表 2-9 欧洲本土电子商务产业平台

序号	网站名称	国家	简 介
1	Tesco Stores	英国	始创于 1919 年，是英国领先的零售商，集团业务分布于全球 13 个国家，全球门店总数将近 6000 家，员工总数约 52 万人，业务包括零售、金融、加油站、电信和医药等领域
2	Argos	英国	用户覆盖 2/3 的英国家庭，其运营模式为“线下目录销售+B2C+O2O”的整合。经营商品有 17000 个品种和品规，覆盖高、中、低档多个价位，满足不同消费者。Argos 的门店大堂里不陈列商品，所有的商品都储存在仓库里，消费者只需翻阅摆设在店里的购物目录来选择商品

续表 2-9

序号	网站名称	国家	简　　介
3	Ocado	英国	2002年1月正式运营，经营生鲜、食品、医药等。2013年在线销售达7.32亿英镑，目前公司有超过5000名员工。Ocado电商的运营模式：B2C+O2O。O2O模式是通过虚拟橱窗购物，智能手机二维码扫码完成下单，并与线下超市合作。在物流方面，Ocado实现单元化装载、精准温控的物流服务，部分物流中心还应用了机器人来处理非食品类商品作业
4	PPR	法国	1963年成立，是世界顶级的奢侈品和运动服饰集团，总部位于法国巴黎，旗下拥有多个全球连锁的高档同名卖场及奢侈品品牌，2013年6月8日更名为Kering。2012年8月，PPR集团与YOOX集团建立合资公司，专门管理PPR旗下GUCCI品牌之外的其他多个奢侈品牌的官方网络旗舰店
5	Cdiscount	法国	以低价批发形式为主的法国电商，经营日常生活用品、电子产品、家居产品等。销售以批发的方式为主，具有价格优势，适合需要购买大量食品的会员
6	My major company	法国	欧洲众筹行业的先驱，该公司的特色是通过众筹平台向粉丝或其他民众筹集资金，发现和支持有实力的音乐人，参与人可获得音乐人唱片发行的收益。2010年起该公司开始涉足图书行业，即通过同样的方式发掘和支持有潜力的作家。目前该公司已为法国、德国和英国4.2万个项目进行融资，融资金额达到1580万欧元
7	Otto	德国	德国老牌邮购目录公司，现成为全球著名电商。2012年在欧洲输送了超过4.52亿件包裹业务量，拥有123家子集团公司、100余家在线商店，自有品牌涉及办公用品、家具、玩具、牛仔裤等领域，2012年电商业务营收118亿欧元

欧洲电子商务市场可以分为两种类型：一种是成长型。这类市场技术发展水平较快，但增长方式相对粗放，典型代表英国、德国和法国；另一种是新兴市场。这类市场在线贸易增速较快，但基础设施发展相对缓慢，典型代表意大利、西班牙、荷兰等国家。欧洲电子商务产业注重服务质量，具有较高服务水平，不少企业因此受益。

总结美国、日本、欧洲等其他地区国家电子商务产业发展现状，可以得出全球电子商务市场呈现如下发展趋势：

（1）电子商务与实体经济深度整合，显著提升传统产业的资源配置效率、运营管理水平和整体创新能力。

（2）电子商务与搜索引擎、虚拟社区、网络游戏、移动通信等应用进一步融合，将成为商业基础设施和现代服务业的核心，引发新的产业模式创新。

（3）移动互联网技术的发展、新配送和支付方式的应用，以及跨国零售公司在新兴市场上的扩张，将成为未来电子商务发展的巨大引擎。

（4）全球化与技术创新促进电子商务服务模式和商业模式创新，推动电子商务向智能化方向发展，由此引发数据服务业的兴起，以及个性化服务和精准营销的发展。

伴随着互联网的普及与创新技术不断研发，电子商务逐渐受到各国政府的高度重视，全球经济一体化的契机扩展了电子商务广泛应用的空间。在这样的局势下，中关村电子商务产业获得创新发展，正是勇赶时代潮流，顺应历史使命而开拓进取，中关村电子商务产业的发展需要借助全球发展的背景，在借鉴国外成功经验的同时寻求独具特色的创新方案。

2.2 国内电子商务产业政策及发展

电子商务作为一种新型经济活动，正以前所未有的速度迅猛发展，已成为重要的商品流通方式，也成为我国稳外需、扩内需的一个重要抓手，其在现代市场流通体系中的重要作用日益显现。近年来，我国大力推进信息化和工业化融合，引导支持企业加快信息化建设步伐，推动了经济发展方式的转变，更好地实现产业转型升级。

2.2.1 政府对电子商务产业的政策支持

自20世纪90年代互联网在全球普及应用以来，我国顺应世界潮流接入国际互联网，大力投入信息基础设施建设，推动信息化，为我国电子商务的起步奠定了物理基础。如1996年2月，国务院发布了我国第一个关于互联网管理的法规——《中华人民共和国计算机信息网络国际联网管理暂行规定》；1997~2009年，全国共完成互联网基础设施建设投资4.3万亿元人民币，建成辐射全国的通信光缆网络；2006年5月，中共中央办公厅、国务院办公厅印发了《2006~2020年国家信息化发展战略》；2008年4月，中共中央办公厅、国务院办公厅印发了《国民经济和社会发展信息化“十一五”规划》等。

进入快速发展期后，电子商务进一步引起了政府重视，相关部门纷纷出台规划和指导意见引导行业，尤其是2011年以后，各部位针对电子商务的政策支持和指导文件密集出台。如2009年，商务部发布了《关于加快流通领域电子商务发展的意见》；2011年，商务部发布了《“十二五”电子商务发展指导意见》；2012年2月，国家发改委、财政部、商务部等8部委办公厅共同发布了《关于促进电子商务健康快速发展有关工作的通知》，给22个电子商务示范城市提供试点指导。

2013年以后，国内电子商务呈现转型升级的迅猛发展态势，同时也逐渐显现出交易支付安全、信用评价、信息保密等问题。政府相关部门秉着边发展比规范的原则，制订出台了包括电子商务发展整体规划、电子商务的基础设施建设、信用体系建设、电子商务支付安全、跨境电子商务等在内的一系列促进政策，规范化引导和推进电子商务产业发展，见表2-10。

表2-10 2013年以来国家颁布的电子商务产业政策（按时间）

颁布机构	时间	文件/法规	主要内容
国务院	2013年2月	《国务院关于推进物联网有序健康发展的指导意见》	实现物联网在经济社会各领域的广泛应用，掌握物联网关键核心技术，推动经济社会智能化和可持续发展
国家税务总局	2013年2月	《网络发票管理办法》	加强普通发票管理，规范网络发票的开具和使用

续表 2-10

颁布机构	时间	文件/法规	主要内容
发改委	2013 年 4 月	《关于进一步促进电子商务健康快速发展有关工作的通知》	进一步促进电子商务健康快速发展，继续完善支持电子商务创新发展的法规政策环境
发改委	2013 年 8 月	《关于开展国家下一代互联网示范城市建设工作的通知》	探索解决我国下一代互联网发展遇到的突出矛盾和问题，加快基础设施建设和升级改造
国务院	2013 年 8 月	《国务院关于促进信息消费扩大内需的若干意见》	提出加快信息基础设施演进升级、增强信息产品供给能力、提升公共服务信息化水平、加强信息消费环境建设等要求
商务部	2013 年 8 月	《关于实施支持跨境电子商务零售出口有关政策的意见》	解决近年来跨境电子商务企业现行管理体制、政策、法规及现有环境条件已无法满足其发展要求的实际问题，支持跨境电子商务零售出口健康快速发展
工信部	2013 年 10 月	《信息化发展规划》	指出要引导电子商务健康发展，构建与电子商务发展相配套的服务体系，积极营造有利于促进电子商务健康发展的政策环境
商务部	2013 年 11 月	《商务部关于促进电子商务应用的实施意见》	进一步促进各地电子商务应用，推动我国电子商务均衡发展
国家工商总局	2014 年 2 月	《网络交易管理办法》	对包括网络交易经营者及相关服务经营者资质、权利义务、交易规范、监督管理等内容进行了明确规定
发改委	2014 年 3 月	《关于同意东莞市等 30 个城市创建国家电商示范城市通知》	进一步扩大电子商务示范城市规模，鼓励电子商务在全国范围内的发展
中国银监会和中国人民银行	2014 年 4 月	《关于加强商业银行与第三方支付机构合作业务管理的通知》	为规范商业银行和第三方支付机构的合作，进一步规范电子商务的运营实施

进入发展成熟期后，各地政府部门继续通过授牌、试点、资金资助、特殊行业提高监管力度等方式支持电子商务。如 2014 年 1 月，北京市食品药品监督管理局发布了《北京市食品流通许可管理办法》，要求以互联网等无店铺经营方式从事食品流通活动的经营者，应取得食品流通许可证。

2.2.2 国内电子商务发展整体情况

我国电子商务发展起步相对美国稍晚，但随着我国基础设施的建设及国家政策环境的不断完善，电子商务的发展取得了巨大进步。网络零售延伸到经济社会诸多领域，拉动消费的作用显著，电子商务发展有力促进了就业和创业。据中国电子商务研究中心监测数据显示，截至 2013 年年底，我国电子商务市场交易规模达 10.2 万亿元人民币，同比增长 29.9%。如图 2-8 所示。

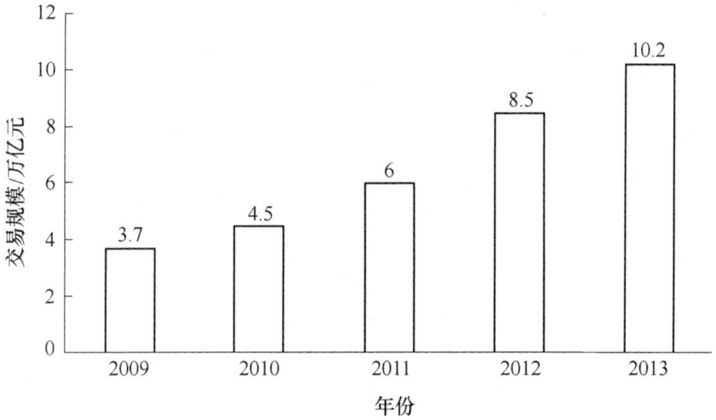

图 2-8 2009~2014 年中国电子商务市场交易规模

我国已成为世界最大的网络零售市场。2013 年，我国网络购物用户规模达到 3.02 亿人，全年网络零售交易额超过 1.85 万亿元，相当于社会消费品零售总额的 7.8%（2012 年为 6.3%）。从 2003 年到 2011 年，我国网络零售市场年平均增长 120%，居全球第一。网购前三位的商品为服装、书籍和家电数码产品。中国快递市场规模升至世界第二位，2013 年快递服务企业累计完成业务量 92 亿件，同比增长 61.6%。2013 年中国电子商务市场细分行业构成如图 2-9 所示。

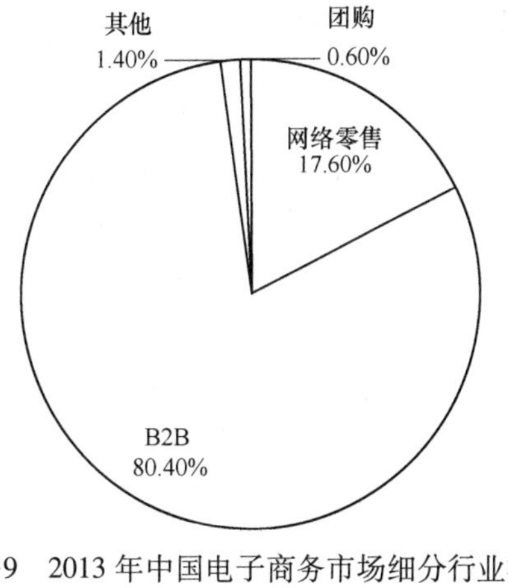

图 2-9 2013 年中国电子商务市场细分行业构成

2013 年中国移动网络购物交易额达 1696.3 亿元，同比增长 168.6%，远高于网络购物及 PC 端购物增长，占网络购物总交易额 9.2%，较 2012 年提高 4.4 个百分点，如图 2-10 所示。

在网民增长速度逐步放缓的背景下，我国网络购物等商务类应用继续保持迅猛增长的势头。2013 年我国网络购物应用使用率提升至 48.9%；团购应用使用率为 22.8%，其中手机团购应用使用率从 2012 年的 4.6%迅速增长至 2013 年底的 16.3%；而网上支付、手机在线支付、旅行预订等应用的使用率也保持相对较高的增长率。其主要原因在于：一是

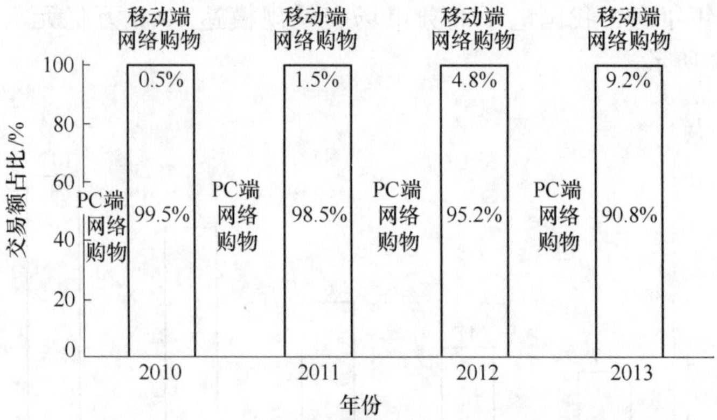

图 2-10 2010~2013 年中国网络购物交易额 PC 端和移动端占比

网络购物网民持续增长；二是传统企业纷纷向电子商务转型，丰富线上产品的同时提高了用户体验质量；三是网络促销日趋常态化，激发消费者网购欲望。

总之，在政策的引导和市场需求的带动下，我国电子商务产业正由过去单纯追求规模扩张向扩大规模与实现盈利并重转变。同时，新技术、新模式的出现和综合运用，助推我国电子商务交易额持续快速巨额增长，特别是移动端电子商务快速向制造业、零售业、服务业、金融业等各领域网络市场渗透。我国电商包括经营范围、技术运用、盈利模式等在内的产业结构正经历深刻调整，逐渐形成有别于欧美的产业发展特点。

2.2.3 国内电子商务产业园发展

电子商务产业园作为电子商务产业集群的重要载体，以电子商务为发展主线，重点构建以 B2B、B2C 为核心的电子商务交易平台，重点承载电子商务、信息软件、设计研发等新兴产业企业，重点依托并持续优化电子商务产业链。

电子商务产业园具有投入少、短时间聚集多种资源、拉动产业集群效应明显的特点，是推动区域经济发展的重要手段。2012 年初，全国总计 30 多家电子商务产业园，2013 年底超过 200 家，其中部分园区已转入相关细分领域发展，见表 2-11。

我国电子商务产业园成功案例，见表 2-11。

表 2-11 我国电子商务产业园成功案例

地址	园区名称	园区规模	园区优势
杭州	阿里巴巴西溪园区	规划总占地 26 万平方米，一期项目由 6 幢单体建筑和 2 幢停车楼组成，包括办公区、食堂、健身房、报告厅、影视放映厅等日常办公休闲的基础设施，总建筑面积约 29 万平方米	服务内容：设施设备维护运行、安全保卫、园区保洁、绿化养护、景观及水系管理维护、客户接待等
	杭州下沙电子商务园	园区四幢楼房呈矩形布置，总占地面积 1.3 万平方米，总建筑面积 2.8 万平方米，其中办公场所面积 2.5 万平方米，配套用房 3000m^2	专项资金补助；电子商务企业使用第三方电子商务平台；拥有近千家国内外知名企业，传统产业集聚明显；拥有全省最大规模的高教园区，14 所高校，15 万余大学生；现代物流产业集聚明显，区内集聚各类第三方物流企业 50 余家

续表 2-11

地址	园区名称	园区规模	园区优势
杭州	下城跨境电子商务产业园	一期建筑面积 4 万平方米，二期、三期还将延伸到市民健身中心、方圆府商务大楼、西联广场等项目	全国首个跨境电子商务产业园，园区已形成“两楼三区”综合功能布局（人力资源大楼和区人社局办公大楼，公共服务区、企业办公区和后台支撑区）。依托下城区人力社保局和行政服务中心，“园区管委会+公共服务”二合一模式已初步形成，提供人才招聘、社会保险、劳动维权、就业管理、档案托管、户口挂靠，以及行政审批、招商引资等一站式、一条龙服务
杭州	天堂 e 谷电子商务创意产业园	项目总建筑面积 5.3 万平方米，一期推出 4.5 万平方米的 3 幢 5 层联体办公大楼；二期另有独立一幢 $8600m^2$ 5 层办公楼。现仪器三幢办公大楼已开始对外招商，标准层面积 $3000m^2$	拥有五大平台优势：政府资源、电商平台、行业协会、文创联盟、高等院校，整合品牌运作、设计研发、人才培育、宣传推广、时尚发布、技术服务等各个环节力量，提供专业的品牌运营支持、人才培训支持、融资平台支持、人才输出支持
深圳	华南城电子商务产业园	园区规划总占地面积 150 万平方米，规划总建筑面积 260 万平方米，包含商务办公、产品展示、仓储物流、人才培训、创业融资、会议中心、生活配套等集成性服务。	“1+N”服务模式，集中为中小企业拓展网络销售提供全面的配套支撑服务，建设一个可持续发展的电商生态圈；O2O 集群，打造一个实体与网络互相结合、电商与物流协同发展的电子商务全产业链的综合性服务平台；十大服务中心；仓储物流区占地面积 10 万平方米，可为客户提供多元化仓储及配套服务
广州	广州黄埔状元谷电子商务产业园	总占地面积约 197 万平方米，是国家电子商务示范基地的核心园区	主要优势： （1）企业落户奖励； （2）办公场地租金补贴； （3）经济贡献奖励； （4）公共服务建设补贴； （5）配套扶持； （6）高级人才奖励
上海	智力产业园	总占地面积 520 万平方米，前期开发占地面积 20 万平方米，总投资 9.5 亿元。园区建设分三期实施，是一个集办公、展示、休闲等为一体的花园式生产性服务、业聚集园区	“3+1”的产业模式，“3”指生产性服务业、信息服务外包、电子商务，“1”指总部基地；园区优势：上海唯一定位于智力产业的园区，配套服务良好、配套设施齐全、配套政策优惠、具有高效全面的物业服务和媒介信息发布等平台；区位优势：上海智力产业园地处大上海北翼，坐享优良的基础设施、丰富的人力和市场信息资源，背靠长三角；园区具有文化、生态的节能型产业形态和办公环境良好的优势
成都	西部智谷	项目占地面积 50 万平方米，总建筑面积 104 万平方米，其中地面建筑约 68 万平方米，总投资约 36 亿元	企业区域总部聚集区，技术研发及服务外包中心，IT 软件动漫创意产业园，中小企业创业基地及大学创业产业园

续表 2-11

地址	园区名称	园区规模	园区优势
天津	武清电子商务产业园	一期起步区占地 200 万平方米，二期为预留地，占地 200 万平方米	一期南侧建有 41.8 万平方米的总部区，分为综合公共服务中心、大型电商总部基地、生活及配套区、大宗商品线下交易及线下体验区、园区发展规划五个发展区域。园区提供企业手续办理、建立电子商务企业孵化器、完善电子商务体系、电子商务人才的实训工作、企业推广、法律保障等服务。已入驻企业：京东商城、唯品会、酒仙网、校妆网、欧时力、凡客诚品、建电实业、辉煌联合国纸业公司等

全国各地目前已建立起 50 余家电子商务产业园区，各产业园区逐渐成为区域经济发展的引擎，带动着区域整体实力提升。其中，上述几家典型电子商务产业园具备的共同发展特点是依托当地优势资源，覆盖多个相关行业形成产业链，拥有额外政策支持和相对完善的配套服务体系，通过短时间聚集网商、服务商，提高交易效率，降低交易成本，促进电商及相关产业链快速发展。

但是由于各地在经济基础和具体落地的政策制定不同，使得基础设施建设方面仍然存在较大的差距；同时由于产业地产开发及运营刚处于起步阶段，开发企业和运营商的经验不足，加之在开发过程中会面临地方政府的干预，容易出现过度追求税收、缺乏对园区系统科学的专业规划、吸引追求低成本和低税收的产业进驻等问题，容易引发区域集聚效应差、土地利用效率偏低、企业同质化竞争严重、忽视构建产业环境、配套不平衡、产业带动作用不明显等诸多问题。

因此需要商务部的统筹规划，全面推进电子商务园区在各区域均衡发展，使得电子商务产业园区的发展以促进地方企业转型升级为基础，结合自身条件谋篇布局；解决园区对人才的大量需求与人才储备不足的矛盾，密切和高校、高职合作，鼓励在校学生到园区企业实习；结合“智慧城镇”规划进行选址，获得政策、资金、人才等资源的叠加优势。

2.2.4 国内电子商务产业重点领域企业分析

目前，基于互联网和移动互联网平台，国内已涌现出一大批在垂直领域面向特定人群或特定行业，开展大规模人性化、多样化、差异化、便利化的电商和物流配送企业，在创造巨额经济效益的同时不断丰富人们的消费模式，成为拉动消费，促进传统行业转型升级的重要推动力量。以下分别就国内电子商务平台型企业、电子支付型企业、物流快递型企业及其他领域的企业代表进行了梳理和分析，见表 2-12~表 2-15。

表 2-12 国内电子商务平台型企业

企业	总部地点	简　介
京东	北京	2004 年 1 月成立，经营数码产品、家电、服装、化妆品、书籍等 13 类 3150 万种 SKUs 商品。2013 年交易额达 1255 亿元，活跃用户 4740 万人，完成订单量 3.233 亿。企业特色为强大的物流支撑体系：211 限时达、次日达、极速达、夜间配、自提柜

续表 2-12

企业	总部地点	简　介
小米科技	北京	成立于2010年4月，是一家专注于智能手机自主研发的移动互联网公司，定位于高性能手机。2013年小米销售手机1870万台，MIUI用户数突破3000万，小米配件及周边产品全年营收超过10亿元，2013年营业额达316亿元；在售后、物流层面，小米共建成6大仓储中心、18家旗舰店、436家维修网点。特色为根据用户需求进行产品研发并定期更新产品。2013年，小米网销售额224亿元
当当网	北京	国内领先的B2C网上商城，成立于1999年11月，以图书零售起家。2014年2月，当当网和1号店签订合作协议，当当将在1号店销售图书，1号店将在当当平台上销售食品和日用百货。当当网图书占中国图书的35%的份额
金象网	北京	成立于2007年，是中国提供医药零售的标志品牌、北京十大商业品牌。金象网是中国正规的网上药品购买平台，配备了专业的医师和药师，在长期时间里与客户建立信任。2010年底，金象团做为国内首家专业药品垂直团购网站上线
中粮我买网	北京	2009年8月上线，中粮旗下的食品电子商务网站，销售商品都带有“QS”食品质量安全认证标志。中粮集团的目标是打造“全产业链”。“全产业链”战略思维包含了从田间到餐桌需要经过的所有环节，可以实现价值链前移并带来更大成长空间。而我买网，正是全产业链终端的一个重要环节
百度糯米	北京	2014年1月，百度全资收购糯米网，3月6日糯米网正式更名为百度糯米。原糯米网于2010年6月上线，定位于本地生活精品指南，不向商家收取推广费，而要求商家提供优质、性价比高、有新意和有代表性的服务。百度糯米2014年上半年成交额为30.4亿元，约占整个团购市场10.33%的份额
沱沱工社	北京	2010年4月上线，在北京郊区建有一千多亩实体农场，并与全国多家农场签订了供应协议。目前，沱沱工社自营和外采的比例各占一半，其中75%都为生鲜产品。截至2013年10月，沱沱工社拥有50万注册用户，非生鲜商品的全国性配送城市已经达到358个。2014年6月27日，沱沱工社正式针对北京市场用户开通“当日达”物流配送服务
兰亭集势	北京	2007年创立，是中国跨境B2C电子商务平台的领头羊，商品涵盖了服装、电子产品、玩具、饰品、家居用品、体育用品等14大类，共6万多种商品，网站用户来自200多个国家，日均国外客户访问量超过100万，访问页面超过200万个。公司年销售额超过2亿元人民币。
王府井网上商城	北京	2013年1月上线，王府井百货集团官方购物网站，全国拥有多家实体店，专注经营精品时尚美妆、女装、男装、鞋包、珠宝、运动、家居等万种商品
敦煌网	北京	2004年成立，全球领先的在线外贸交易平台，积聚了大批优秀的国际贸易和互联网业界的精英人士，致力于帮助中国中小企业通过跨境电子商务平台走向全球市场，开辟一条全新的国际贸易通道。拥有100多万家国内供应商在线，2500多万种商品，遍布全球224个国家和地区400万规模的买家。采取佣金制，免注册费，只在买卖双方交易成功后收取费用
慧聪网	北京	1992年成立，国内领先的b2b电子商务服务提供商，2003年12月在香港挂牌上市，注册企业用户已超过1500万，买家资源达到1120万，覆盖行业超过70余个，员工4500名左右。2013年其销售收入约为8.38亿元人民币，年度净利润约为1.52亿元人民币，较上一年度增长约131.6%；2014年上半年销售收入约为4.65亿元，较2013年同期增长30.1%

续表 2-12

企业	总部地点	简　介
国美在线	北京	国美电器重点打造的中国专业的电脑、手机、数码、家电、生活电器网上购物商城，中国领先、专业的家电及消费电子商品网上商城。实现线上线下双向领跑是国美电器布局电子商务的重要战略思想。国美电器 2013 年销售收入约 564 亿元，毛利率达到 18.4%
天猫	浙江	经营汽车、电脑、服饰、家居用品、家装建材、网络游戏装备、药品等，日均访问量 4000 万人，2013 年成交额 4410 亿元
生意宝	浙江	生意宝网站涵盖了约 100 家自营与战略合作子站，约 200 家二级行业电子商务门户，约 3000 家联盟网站成员的国内最大专业电子商务产业集群。每天发布 150 万条商机、建立了 2000 余万家企业资源数据库，100 亿左右的网页商务搜索内容，2000 多万条国际买家库等服务信息。公司旗下化工网市场占有率为 78.3%，纺织网为 65.8%，医药网为 15.6%
苏宁易购	江苏	苏宁电器旗下 B2C 综合网上购物平台，现已覆盖传统家电、3C 电器、日用百货等品类。强化与实体门店协同发展，支持易付宝支付、网银支付、快捷支付、分期付款、货到付款、门店支付 6 种支付方式。在全国 300 个城市有 1600 家门店 3000 个服务点为顾客提供服务
1 号店	上海	2008 年 7 月线，开创了中国电子商务行业“网上超市”的先河。2013 年 3 月，1 号店与百度合作入驻百度微购平台；2014 年 2 月当当和 1 号店签订合作协议，在当当平台上销售食品和日用百货。1 号店的开放平台商家达 14000 家，销售额占整个平台 40%的份额
我的钢铁网	上海	2000 年 4 月成立，上海钢联电子商务股份有限公司旗下有色金属行业门户网站，是企业发布和获取信息、寻觅商机的重要平台。日均点击率突破三百万，居同类有色金属网站前列
齐家家居网	上海	创立于 2005 年 3 月，起初靠团购逐渐打开建材市场，商城+团购+互联网线下体验馆成为齐家发展的新型模式，形成了以装修、建材、家居为主的三大业务类型。齐家网在 20 多个城市建立体验中心，在国内率先提出了 B2B2C 网络购物新模式
美乐乐家具网	广东	2008 年成立，中国领先的集装修、建材、家居于一体的 O2O 网站，凭借线上家居网与线下体验馆的双平台优势，成为中国家具电商第一品牌。美乐乐在全国布局 300 多家体验店，绝大部分为自营，负责商品展示与售后服务，实行线上线下全国统一价
唯品会	广东	2011 年上线，是一家专门做特卖的网站，会员数已近 5000 万，合作品牌超过 10000 个，其中全网独家合作品牌 1300 多个。2013 年净营收为 17 亿美元，实行“精选+导购”的在线折扣零售模式

表 2-13　国内电子商务电子支付型企业

企业	总部地点	简　介
拉卡拉	北京	首批获央行颁发第三方支付牌照，是中国最大的便民金融服务公司，为个人和企业提供日常生活所必须的金融服务及生活、网购、信贷等增值服务，拥有 5000 余万用户，月交易额近千亿元
易宝支付	北京	2003 年 8 月成立，中国行业支付的开创者和领导者，也是互联网金融和移动互联领军企业。成立十余年，易宝服务的商家超过 60 万，其中包括百度、京东、新浪等知名企业和机构

续表 2-13

企业	总部地点	简　　介
汇付天下	上海	2006年7月成立，2013年交易规模超万亿元，稳居行业三甲。目前，汇付天下已经为全国逾百万小微企业提供服务；为国内95%商业银行、数百家领先P2P公司提供金融服务；为200万投资者和理财顾问提供一站式理财平台
环迅支付	上海	中国最早成立的第三方支付企业。公司在2011年获颁中国人民银行首批《支付业务许可证》。公司平台支持所有国内主流银行及国际信用卡，为全球60万家商户及2000万用户提供金融级的支付体验
快钱	上海	2005年创立，国内领先的独立第三方支付企业，其推出的支付产品包括但不限于人民币支付，外卡支付，神州行卡支付，联通充值卡支付，VPOS支付等众多支付产品，支持互联网、手机、电话和POS等多种终端，满足各类企业和个人的不同支付需求
银联在线	上海	中国银联倾力打造的互联网业务综合商务门户网站，构建了银联便民支付网上平台、银联理财平台、银联网上商城三大业务平台
支付宝	浙江	国内领先的独立第三方支付平台，于2004年12月创立，是阿里巴巴集团的关联公司。目前，支付宝实名用户超过3亿，在电商支付、移动支付、航空支付等多个领域占有优势
财付通	深圳	是腾讯公司于2005年9月正式推出专业在线支付平台，其核心业务是帮助在互联网上进行交易的双方完成支付和收款。财付通支持全国各大银行的网银支付，用户也可以先充值到财付通，享受更加便捷的财付通余额支付体验

表 2-14　国内电子商务物流快递型企业

企业	总部地点	简　　介
邮政 EMS	北京	大型国有独资企业，于2010年6月由中国邮政集团联合各省邮政公司共同发起设立的国有股份制公司，主要经营国内速递、国际速递、合同物流、快货等业务，在国内市场推出经济快递、京津当日递、次晨达业务等业务，通达范围覆盖全国，国际业务通达220个国家和地区
宅急送	北京	1994年成立，网络覆盖全国地级以上城市。宅急送在全国有3000多个经营网点，网络覆盖全国2000多个城市和地区；分别在华北、华东、华南、华中、东北、西北、西南设有7个物流基地，40个运转中心，75000m^2的配送中心，同时拥有42个航空口岸，360条航线，近1500个航班，620条物流班车线，依托成熟的快运平台，宅急送每年进出港货物逾亿件，真正做到了物畅其流，货通天下
顺丰速运	深圳	顺丰速运成立于1993年4月，是一家民营的独资速递公司，主要经营国际、国内快递及报关、报检、保险等业务。至2013年，顺丰已建有6000多个营业网点，覆盖了中国大陆31个省、自治区和直辖市，300多个大中城市及1900多个县级市或县区。
圆通快递	上海	成立于2000年5月28日，服务范围覆盖国内1600余个城市，业务范围遍及全国31个省（自治区、直辖市）的所有市县乡（镇），营业网点超过4.5万个
申通快递	上海	成立于1993年，是一家以经营快递为主的国内合资（民营）企业，业务基本覆盖到全国地市级以上城市和发达地区地市县级以上城市，尤其是在江浙沪地区，基本实现了派送无盲区。2014年2月申通开始内测海淘转运业务

续表 2-14

企业	总部地点	简　介
韵达快递	上海	1999 年成立，是一家集公路、铁路、包装、轿车托运、航空加急、仓储为一体的第三方物流服务性企业，服务范围覆盖国内 34 个省市，在全国建设 70 余个转运中心和近万个服务站点。韵达快运为客户提供快递、物流及电子商务等一系列门到门服务，为大客户订制快递解决方案，并形成了到付、贵重物品、同城区域当天件、国内次晨达件、国内次日达件、代收货款等特色服务
百世汇通	上海	2010 年 11 月，百世物流成功收购“汇通快运”，创立百世汇通快递品牌。百世汇通是一家在国内率先运用信息化手段探索快递行业转型升级之路的大型快递公司，综合实力位居全国快递企业前列

表 2-15　国内电子商务产业企业（其他相关企业）

企业分类	企业	总部地点	简　介
点评网站	大众点评网	上海	2003 年 4 月成立，中国领先的本地生活信息及交易平台，全球较早建立的独立第三方消费点评网站。大众点评不仅为网友提供商户信息、消费点评及消费优惠等信息服务，同时亦提供团购、电子会员卡及餐厅预订等 O2O 交易服务
在线旅行服务平台	去哪儿网	北京	2005 年 5 月创立，是中国较早上线的旅游搜索引擎之一，目前可搜索超过 700 家机票和酒店供应商网站，搜索范围超过 10 万家酒店和 1.1 万条国内、国际航线以及 4 万条度假线路、2.5 万个旅游景点
	携程网	上海	创立于 1999 年，于 2003 年 12 月在美国上市，是中国领先的在线票务服务公司，占据中国在线旅游 50%以上市场份额，注册会员超过 1.41 亿人，集团成员有驴评网、星程酒店、中国古镇网、台湾易游网、中软好泰。2010 年，携程旅行网战略投资台湾易游网和香港永安旅游，完成了两岸三地的布局。2014 年，投资途风旅行网，将触角延伸及北美洲
	同程网	江苏	创立于 2004 年，2014 年 3 月 21 日更名为“同程旅游”，并启用 www.LY.com 新域名。目前注册旅游企业会员 14 万家，其中 VIP 会员 10000 余家
	艺龙网	浙江	中国领先的在线旅行服务提供商之一，通过网站、24h 预订热线以及手机艺龙网三大平台，为消费者提供酒店、机票和度假等全方位的旅行产品预订服务。2014 年 4 月，艺龙与同程网签署战略合作协议，向同程旅游提供中国大陆的前台现付和团购酒店库存
分类信息网站	58 同城	天津	成立于 2005 年，目前已经在全国 320 个主要城市开通分站。定位于本地社区及免费分类信息服务，帮助人们解决生活和工作所遇到的难题
	赶集网	北京	成立于 2005 年，是中国目前最大的分类信息门户网站之一，为用户提供房屋租售、二手物品买卖、招聘求职、车辆买卖、宠物票务、教育培训、同城活动及交友、团购等众多本地生活及商务服务类信息
安全企业	奇虎 360	北京	通过提供高品质的免费安全服务，为中国互联网用户解决上网时遇到的各种安全问题。独创 PeopleRank 搜索引擎技术，并将此技术应用于 BBS 搜索

续表 2-15

企业分类	企业	总部地点	简　介
汽车租赁服务平台	神州租车	北京	神州租车成立于2007年9月，积极借鉴国际成熟市场成功的汽车租赁模式，并结合中国客户的消费习惯，为广大消费者提供短租、长租及融资租赁等专业化的汽车租赁服务，以及GPS导航、道路救援等完善的配套服务
搜索企业	百度	北京	全球最大的中文搜索引擎网站。2000年1月创立于北京中关村。中国最具价值的品牌之一，英国《金融时报》将百度列为“中国十大世界级品牌”，并曾获得“亚洲最受尊敬企业”、“全球最具创新力企业”、“中国互联网力量之星”等一系列荣誉

2.2.5 国内重点地区电子商务产业发展情况

2.2.5.1 广东省电子商务产业发展情况

广东省作为中国最重要的制造业和商贸流通业基地，是商贸流通创新环境突出的示范者和先行者。2013年，广东省电子商务交易额突破2万亿元，同比增长33%。一批新业态企业得以迅速成长，以电子商务企业、电子商务产业园区、电子商务村等多种发展形态。在2013年“双十一”活动中，广东交易额居全国第一。

2013年，广东省快递企业实现业务量21.07亿件，同比增长57.5%，占全国总量的22.9%；实现快递收入336.78亿元，同比增长37.1%，占全国总收入的23.4%，居全国首位。

广东省出台全方位激励政策和重要措施来推动电子商务产业快速发展。“广货网上行”活动是广东省贯彻落实党中央国务院重要指示精神的具体行动，是广东扩内需、促消费、稳增长的创新之举。2013年1月，广东省人民政府办公厅发布《关于加快发展电子商务的意见》。在调整准入门槛方面，广东将进一步放宽电子商务企业市场准入条件，允许企业在登记注册时冠“电子商务”行业名称，这也标志着广东第一次认可“电子商务”行业名称。在资金扶持方面，除省财政将安排专项资金进行扶持外，省战略性新兴产业专项资金、信息服务业专项资金和中小企业发展专项资金等也要加大对电子商务的支持力度。此外，税收优惠和融资支持也首次出现在全省扶持电子商务发展的政策意见中。

总之，广东省电商企业整体特点是以中小型平台为主，由粗放型向集约型转型，以个性化服务为主导，注重顾客体验，提升管理效率。广东省主要电商企业有：腾讯电商、环球市场、唯品会、走秀网、梦芭莎、广贸天下、乐淘网、品尚红酒等。

2.2.5.2 浙江省电子商务发展情况

早在2008年，浙江省杭州市就提出推进电子商务进企业的三年行动计划，2008~2010年，市财政每年新增安排3000万元，建立“电子商务进企业”专项资金。2013年，浙江政府大力推进“电商换市”工作，制订“1+X”电子商务产业政策体系。“1”指《浙江省人民政府关于深入推进电商换市加快建设国际电子商务中心的实施意见》，“X”指《浙江省跨境电子商务试点工作实施方案》、《浙江省电子商务拓市场实施方案》、《浙江省电子商务产业园区发展指导意见》、《浙江省电子商务配套设施建设指导意见》、《浙江省金融领域支持电子商务发展的实施方案》等十项具体电子商务配套意见。2013年6月，浙江工商局出台了《关于促进网络市场快速有序发展的若干意见》，放宽了电子商务企业等新兴网络行业的经营范围。

在浙江省政府的政策引导推动下，浙江电子商务市场规模快速扩大，应用程度不断普及，经营业态日益丰富，产业化程度不断提高，已经成为浙江经济的重要增长点。2013年，浙江省电子商务交易额突破1.6万亿元人民币。其中，网络零售总额3821.25亿元，同比增长88.48%；省内居民网络消费2261.98亿元，同比增长73.26%；全省在第三方网络零售平台开设各类网店约139万个，同比增长54.44%；网络零售过亿的企业达100多家。下一阶段，浙江省将从市场规模、普及应用、产业水平、配套支撑、管理服务等方面推进“国际电子商务中心”建设。

总之，浙江省电商企业整体特点是依托浙江的块状经济（块状经济是指一定的区域范围内形成的一种产业集中、专业化极强的，同时又具有明显地方特色的区域性产业群体的经济组织形式）优势，规模快速扩大，经营业态较丰富，产业化程度不断提高。阿里巴巴、网盛生意宝等一批专业电子商务平台处于全国领先地位。

2.2.5.3　上海电子商务发展现状

2013年，上海电子商务交易总额达到10560亿元，同比增长35.1%，首次达到“万亿元级”。其中，B2B交易额8632亿元，同比增长28.6%；网络零售（B2C/C2C）交易额1928亿元，同比增长74.5%。

上海市政府积极探索电子商务产业管理新模式：一是针对网络购物纠纷较多、网络交易诚信缺失等问题，市商务委等建立联动保障机制；二是在全国率先建立了全口径电子商务统计制度，有的放矢地设计管理制度和管理模式；三是从平台标准的角度规范购物平台的监管，研究制定《电子商务服务平台入驻商户管理规范》；四是积极协调相关部门，推动电子发票应用试点，于2013年12月28日正式开具上海的第一批电子发票；五是开展中小企业应用电子商务平台工作，市信息化发展专项资金安排1000万元专项经费，采用“政府贴一点、平台企业让一点、中小企业出一点”的方式推动中小企业应用电子商务平台。

为了进一步推进上海电子商务发展，市政府还出台《战略性新兴产业发展专项资金电子商务和新型贸易现代化专项工程实施管理细则》、《电子商务示范园区创建工作指导意见》、《支付机构支付业务监督管理暂行办法》等配套政策，为相关企业提供完善的机制和政策保障。

上海自贸试验区挂牌后，在全市范围内探索形成了跨境电子商务一般进出口监管体制和服务程序。同时，正积极推进落实本市跨境电商发展工作方案。目前，电子商务正逐步成为中小企业拓展市场的重要渠道，更成为推动全市乃至长三角地区经济转型升级的重要途径。

总之，上海市电子商务特点是电子商务以B2B交易为主，占全市电子商务85%的份额；第三方支付全国领先（上海市获得央行颁发的非金融机构支付业务许可证的企业有53家，占全国的四分之一，为全国最多）。

2.3　中关村电子商务产业政策及发展

2.3.1　中关村基本情况

中关村是我国第一个国家级科技园区和国家自主创新示范基地，经过20多年的发展，已成为我国最重要的科技创新中心。2014 年 2 月 26 日，习近平总书记到北京视察工作，对新时期首都城市战略定位和京津冀协同发展提出了一系列新思想、新观点、新要求，强调新形势下推动京津冀协同发展是一个重大国家战略。中关村政府资源、市场资源和社会资源都高度密集，只有三种资源相互融合、有机作用，才能更好地释放创新活力。中关村的发展，就是因为我们把握住了政府和市场之间的关系，打造了政府和市场相结合的整合资源的大平台。如何实现政府、社会、市场资源相结合，在社会主义市场经济条件下，要依靠推动政产学研用相结合的组织创新。中关村大量出现的创新型产业组织、产业技术创新联盟，就是这方面的重要探索。

中关村政策重在先行先试，关键是要打破束缚，释放创新创业活力。持续完善创业生态系统是推动中关村活跃发展的关键引擎。中关村致力于打造成为全球最具吸引力的创业中心，逐步构建一个由各种要素相互关联、有机作用的创业生态系统，让更多怀揣创业梦想的人愿意到中关村来实现梦想。其创业创新环境涵盖：一是行业领军企业。行业领军企业为区域输出大量的创业人才，并且为新的创业企业提供市场；二是高校和院所。大量科研成果和创新技术在高校院所中诞生，高校院所不断向社会输送创新创业的新生力量；三是高端人才。人才是创新创业活动的实践者和推动者，也是创新创业企业必不可少的重要资源；四是天使投资和创业金融。天使投资类似于自然生态系统中的“腐殖层”，是新创企业出生和成长的“沃土”；五是创业文化。中关村浓厚的创新创业氛围激发了众多优秀人才的创新创业热情，离开大公司投身创新创业活动成为一种潮流，连续创新创业成为一种工作方式；六是创业服务。近年来，中关村在创业服务领域涌现出车库咖啡、创新工场等创新型孵化机构，带动了中关村创业服务能力整体提升。

2.3.2 中关村电子商务产业政策支持

在电子商务产业方面，也相继出台了一系列政策，如表2-16所示。其中，2013 年 5 月，北京市政府印发了《关于促进电子商务健康发展的意见》，明确了首都电子商务产业的发展目标，出台了一系列重大支持措施。除了鼓励电子商务经营模式创新，发展网络零售业、推进电子商务专业服务和特色领域应用、促进电子商务聚集区建设等任务外，“意见”还强调，未来北京市将建设和完善电子商务支撑体系，包括电子商务安全认证体系、金融电子商务服务体系、电子商务信用体系和物流配送体系等。

中关村紧跟“意见”出台的步伐，抓住现代服务业试点工作的机遇，通过搭建交流桥梁，促进电子商务企业间的信息交流和业务合作；实施电子商务平台培育工程，重点扶持行业企业，加快电子商务产业聚集区的建设；拓展融资渠道，鼓励园区内外企业的投资并购；落实税收支持政策；通过中关村创新平台提供多种配套服务等促进措施推动电子商务产业更好更快发展。

目前，中关村部分工程实施已获得阶段性成效，主要表现在推动中关村电子商务以新兴商品贸易形式为重要载体，依托强大的互联网资源、凭借丰富成熟的商务经验实现了跨越式增长，进而促进了现代服务业发展；同时，以大数据、云计算、移动互联网为代表的新一代信息和网络技术，深化了电子商务在传统产业与日常生活中的渗透，开拓了传统零售业、金融支付等民生服务业的新市场，并催生了诸多新兴商业模式共同竞争、协同发展的新局面。

北京市颁布的电子商务产业政策，见表 2-16。

表 2-16　北京市颁布的电子商务产业政策

颁布机构	颁布时间	文件/法规	主要内容
北京市人民政府	2013 年 5 月 31 日	《北京市人民政府关于促进电子商务健康发展的意见》	明确了首都电子商务产业的发展目标，提出了 23 条具体的工作措施，并将其细分为 26 项重点工作任务
北京市人民政府	2013 年 6 月 8 日	《宽带北京行动计划（2013-2015 年）》	实施光网城市建设、无线城市建设、下一代互联网等一批重大工程，制定重点规划、标准和政策，大幅提升北京市信息化发展水平，加快构建下一代信息基础设施，向公众提供方便快捷、安全可靠的高速宽带网络服务
北京市人民政府	2013 年 12 月 5 日	《北京市快递安全管理办法》	国内首部针对快递安全的地方政府规章，主要针对的是寄递渠道安全、快件安全和用户信息安全保障
北京市国税局、市商务委、市地税局、市工商局	2013 年 12 月 26 日	《关于推广电子发票应用试点若干事项的公告》	明确自 2014 年 1 月 1 日起，北京市深入开展电子发票应用试点推广，符合条件的电子商务企业均可申请加入试点
北京市人民政府	2014 年 2 月 8 日	《北京市人民政府关于促进信息消费扩大内需的实施意见》	促进北京市信息产业发展转型升级，推动信息消费持续增长，催生新兴经济增长点
北京市商务委	2014 年 4 月 2 日	《市商务委关于推进本市跨境电子商务发展的实施方案》	积极推进外贸发展方式和政策管理创新，大力促进本市跨境电子商务发展，着力提升跨境电子商务贸易便利化水平，增强外贸可持续发展能力
北京市人民政府	2014 年 8 月 4 日	《北京市人民政府关于进一步优化市场消费环境的意见》	进一步优化消费环境，规范市场秩序，保障消费者权益，提升消费对经济的拉动作用

2.3.3　中关村电子商务产业发展

通过调研分析，中关村电子商务产业发展的特点可以归纳为以下方面。

2.3.3.1　产业链体系日趋完善，初显“高精尖”结构

中关村电子商务和现代物流产业作为中关村“641”工程中现代服务业的重要组成部分，其发展借助独特的资源优势吸引着越来越多的电子商务企业在中关村各园区集聚。目前，中关村电子商务产业链体系已初具规模，形成了包括电子商务交易平台、物流配送平台、支撑服务平台和衍生服务平台四大环节，其各平台内的细分环节和高精尖企业如图 2-11所示。

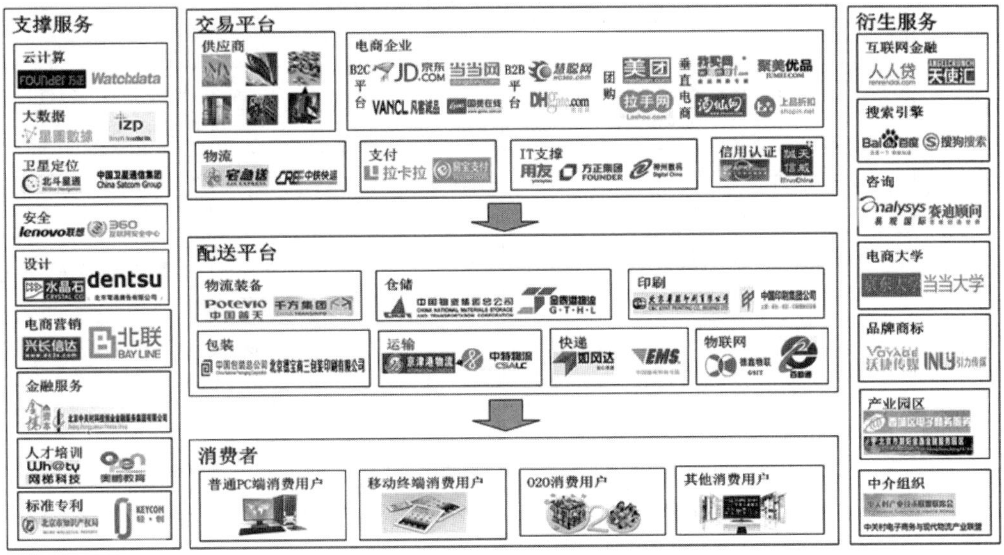

图 2-11 中关村电子商务产业链

在“先行先试”政策体系和现代服务业综合试点的指引带动下，2012 年中关村示范区企业实现电子商务交易总额 5500 亿元，同比增长 18.8%；2013 年实现电子商务交易额 7658.8 亿元，同比增长 39.2%；2014 年 1~10 月数据统计，中关村示范区电子商务业增长迅猛，实现零售额 7134.2 亿元，同比增长 20.9%。

数字的增长体现出中关村电子商务企业的快速发展和加速集聚。中国规模最大的 9 家自营 B2C 企业中，5 家在北京（京东商城、亚马逊中国、当当网、国美在线、凡客诚品），交易规模占全国的 67.1%。2014 年上半年，聚美优品、京东在美国上市，相继成为国内最大的化妆品垂直电商和市值最高的综合电商，北京已有多家电商企业在美国上市，如京东、聚美优品、去哪儿网、58 同城、当当网、艺龙等。

在 B2B 领域，慧聪网、敦煌网开始追赶阿里巴巴；在垂直电商领域，去哪儿网、聚美优品、美丽说等引领发展；在分类信息网站领域，58 同城和赶集网占据国内 50% 以上市场份额；在移动电子商务领域，亿美软通、用友软件等为领军企业；在安全认证领域，中关村拥有中国金融认证中心等 8 家获得电子认证服务许可的机构，数量位居全国第一，安全方面金山软件、奇虎 360 处于领先地位；在电子支付领域，47 家企业获得非金融机构支付业务许可证，占全国获批企业总数的 21%，初步建立起跨行业、跨区域的电子支付体系；在物流服务领域，中关村拥有近 100 家年收入规模超 5000 万的商贸物流企业，建设公路、铁路、航空互为补充的综合立体交通网络，形成了以一批中国百强物流企业、国际知名大型快递公司和近 360 家本土快递公司组成的物流配送服务体系。

在商务部公布的 187 家全国电子商务示范企业中，北京市共有 26 家，占全国总数的 14%，见表 2-17。

表 2-17　北京市电子商务示范企业名单

类别	名称	类别	名称
第一批电子商务示范企业（2010 年）	北京京东世纪贸易有限公司（京东商城）	第二批电子商务示范企业（2013 年）	北京京东世纪贸易有限公司（京东商城）
	凡客诚品（北京）科技有限公司（凡客诚品）		中粮我买网有限公司（中粮我买网）
	北京当当网信息技术有限公司（当当网）		北京当当网信息技术有限公司（当当网）
	北京世纪卓越信息技术有限公司（卓越网）		北京慧聪国际资讯有限公司（慧聪网）
	北京红孩子互联科技有限公司（红孩子）		北京小米科技有限责任公司（小米网）
	北京乐友达康科技有限公司（乐友孕婴童用品网）		凡客诚品（北京）科技有限公司（凡客诚品）
	艺龙网信息技术（北京）有限公司（艺龙旅行网）		北京乐友达康科技有限公司（乐友孕婴童用品网）
	北京慧聪国际资讯有限公司（慧聪网）		国富商通信息技术发展股份有限公司（中国诚商网）
	北京敦煌禾光信息技术有限公司（敦煌网）		北京敦煌禾光信息技术有限公司（敦煌网）
	中粮我买网有限公司（中粮我买网）		国美在线电子商务有限公司（国美商城）
	北京京卫元华医药科技有限公司（药房网商城）		北京上品科技发展有限责任公司（上品折扣网）
	北京王府井百货（集团）股份有限公司（王府井百货）		中建材国际贸易有限公司（易单网）
	北京金象在线网络科技有限公司（金象大药房）		
	北京千纸鹤电子技术发展有限公司（千纸鹤精品办公文具）		

2.3.3.2　商业模式多元化创新，推动传统产业升级改造

以电子商务为载体、以流量经济为手段、以网络信息技术为支撑的消费互联网时代，重构了代理、门店等传统商务渠道、整合了网络营销等新兴渠道，最终形成了 B2B、网络零售、团购、O2O、社交、移动电商等多元化具有互联网创新属性的消费模式，并已成为传统产业转型升级的重要推手。

2014 年，乐视、小米、京东、中信、学而思、新浪、外运发展等中关村企业，活跃了制造业、百货、教育、文化出版、媒体、运输等传统产业转型趋势。如乐视垂直整合电视

平台、视频内容、终端机器和软件应用，为制造业向多元化和生态化的发展提供可参考模式；中信、新东方、当当网等企业开辟数字内容平台，依靠数字内容制作的加密和发行技术的成熟在一定程度上维护了知识产权；中关村核心区启动中关村协同创新服务平台，通过 B2B+O2O 电子商务模式和市场化运作方式，解决企业在科技创新和技术转移方面的“市场失灵”和“信息孤岛”问题。

2.3.3.3 中关村“先行先试”凸显成效，领航产业健康发展

中关村“先行先试”政策在加快电子商务模式创新、技术创新，提高物流新技术和先进装备的应用水平，加快物流信息化建设等方面初显成效，助推产业健康、稳步、有序地向前发展：一是“中关村战略性新兴产业集群创新引领工程”实施已获得阶段性成效。主要表现在推动中关村电子商务以新兴商品贸易形式为重要载体，依托强大的互联网资源、凭借丰富成熟的商务经验实现了跨越式增长，进而促进了现代服务业发展；同时，以大数据、云计算、移动互联网为代表的新一代信息和网络技术深化了电子商务在传统产业与日常生活中的渗透，开拓了传统零售业、金融支付、快递等民生服务业的新市场，并催生了诸多新兴商业模式共同竞争、协同发展的新阶段；二是中关村领航产业条规和政策的落地生效。2012 年 12 月，北京东方信捷物流等 158 家企业作为试点单位享受物流营业税差额纳税优惠政策；2013 年 6 月，京东开具中国内地首张电子发票；2013 年 7 月，聚美优品联合国内外 60 多家化妆品企业，推出防伪码体系，现体系参与者已增至 84 个品牌；2014 年 1 月 1 日，京东率先实施“新消法”和“网络交易管理办法”。

2.3.3.4 发挥高端集聚优势，产业集群发展上升新阶段

北京已形成 2 个国家级电子商务示范基地、4 座电子商务特色楼宇。随后中关村继续发挥高端集聚优势，重视“集群经济”效益，通过整合通州金桥基地、丰台东区总部基地、房山窦店物流基地以及昌平电子商务基地，联合打造中关村电子商务和现代物流产业基地。2013 年底，大兴新区组建北京市首个北京电子商务中心区建设办公室，综合经信委、商务委、招商投促等多个职责部门的协调管理能力，专门服务并指导电商及其服务企业在发展过程中遇到的各种问题。

2.3.4 中关村电子商务产业发展趋势

根据国家对北京市的城市功能定位及对电子商务产业实际发展调研的情况，中关村电子商务产业将呈现以下发展趋势：

（1）大数据引领电子商务发展新局面。依托大数据分析，电商可以更准确地判断消费者需求，制定更具市场竞争力的营销方案，数据将成为企业的核心资产和核心竞争力。更多商家将利用大数据分析，将传统工厂主导、消费者挑选模式，转变为用户主导、技术驱动、反向定制模式，为目标对象量身定制精细化、个性化产品，开创中关村电子商务发展新局面。

（2）互联网思维催生电子商务发展新模式。互联网思维包含：用户思维、简约思维、极致思维、迭代思维、流量思维、社会化思维、大数据思维、平台思维、跨界思维。在互联网思维下，用户成为价值链各个环节的核心，即：要充分重视用户，让用户参与到产品研发与设计当中，秉承“用户体验至上”，打造高价值服务，进而将传统商业的“价值链”，改造成了互联网时代的“价值环”。

（3）移动电子商务开拓电子商务发展新领域。随着宽带无线移动通信技术的进一步发展和Web应用技术的不断创新，移动互联网业务的发展将成为继宽带技术后互联网发展的又一推动力，并以移动应用固有的随身性、可鉴权、可身份识别等独特优势，为传统互联网业务提供新的发展空间和可持续发展的新商业模式。目前，银泰商业、大悦城、新世界、华联、王府井等零售百货集团均进驻手机淘宝平台，开始线下零售移动化销售。随着无线网络覆盖区域的扩大和网速的提升，"移动消费"将向更多行业、更多消费者提供更多的消费领域。

（4）物流平台逐步崛起。从电子商务市场支撑体系建设看，物流公共信息平台将有巨大发展，平台信息服务能力将显著提升，同时更多的电子商务服务商会加入物流体系建设的行列中，物流平台会逐渐搭建，物流服务商将面临洗牌。如京东的"亚洲一号"结合大数据、云计算、GIS等技术的智慧物流将成为电商物流发展的主要模式。同时，跨界并购频率加快。2013年百世物流完成汇通快递70%股权收购，国美收购全峰快递，联想收购昊盛物流、北京飞康达、山东D速快递等。电子商务将促使物流快递行业更加平台化、专业化、高速化和智能化。

（5）京津冀一体化推动中关村电子商务产业转移与升级。京津冀一体化的核心是创新驱动发展。北京被定位为我国的政治中心、文化中心、国际交往中心和科技创新中心。相关传统商贸流通业态（如动物园批发市场、木樨园批发市场、大红门批发市场等）、区域性物流业态等"占面积、耗资源、低效益"的业态将逐渐迁离北京。而相关产业转移为电子商务更大尺度融入并促进旅游、文化、科技、金融等"高价值"现代服务产业转型跨越发展提供了时间与空间。

3 中关村电子商务产业链分析及研究

本章主要研究内容包括三个部分：一是对中关村电子商务产业链进行理论研究，得出了其产业链结构、流程和重心；二是对中关村电子商务产业链进行整体分析；三是对中关村电子商务产业链细分环节的具体分析，阐述了其中重点环节的典型企业和运作模式。

3.1 中关村电子商务产业链分析

作为中关村现代服务业试点的重要组成部分，中关村电子商务产业的发展具有独特优势，引领并支撑着全国电子商务产业的发展。中关村发展电子商务产业具有技术、人才、资金、行业规范等优势。如中关村集聚了通信、软硬件开发、云计算、物联网、下一代互联网等高新技术行业的优秀企业及顶尖技术专家；中关村也是高校和科研机构的集聚区，示范区多年致力于营造吸引高端人才的环境，已集聚了大量具有国际视野的高端人才和技术人才；中关村示范区丰富的融资方式和各种担保公司、私募股权投资基金以及技术和产权交易平台等为电子商务企业的创业和发展提供了高效的融资环境；中关村在“十一五”和“十二五”期间多次举办电子商务座谈会及研讨会，并为电子商务管理办法、指导意见等文件的出台提供了重要支持，形成了领先于全国的电子商务行业管理规范环境。

因此，为巩固并提高中关村在全国电子商务产业中的地位，并为有效解决中关村电子商务产业发展中面临的瓶颈问题提供建议，本章将在积极关注电子商务产业发展新动向、梳理中关村电子商务产业链各环节发展情况、分析产业链各环节发展瓶颈和解决方案等发面深入开展研究工作。

3.1.1 中关村电子商务产业链理论分析

产业链的本质是用于描述一个具有某种内在联系的企业群结构，它是一个相对宏观的概念，存在两维属性，即结构属性和价值属性。产业链中大量存在着上下游关系和相互价值的交换，上游环节向下游环节输送产品或服务，下游环节向上游环节反馈信息。20 世纪 90 年代，随着网络经济、社交媒体等互联网商业形态的兴起，电子商务在扩大消费需求、提升城市现代服务业水平、提升传统民生服务业水平、集聚城市高端资源、推动产业链条重组和技术创新、降低运营成本、带动中小企业发展、改变消费习惯等方面的作用日益增强，已成为不可忽视的主流商品流通渠道，并加强了“蓝海战略”、“长尾理论”等诸多理论的研究和应用，这也为电子商务产业链的发展提供了基本理论基础。

中关村电子商务产业作为中关村“641”工程中现代服务业的重要组成部分，其发展借助独特的资源优势吸引着越来越多的电子商务企业在中关村各园区集聚。目前，中关村企业已覆盖电子商务产业链各个节点，其链条上下游主要经过三个部分：供应商、电子商务服务企业以及消费者。电子商务服务企业又可分为基础服务企业、技术服务企业和衍生服务企业，包括电子商务交易平台、运营服务、宣传媒体、物流服务、数据服务、电子支付、信用安全认证、人才培养机构、产业联盟等环节，具体如图 3-1 所示。

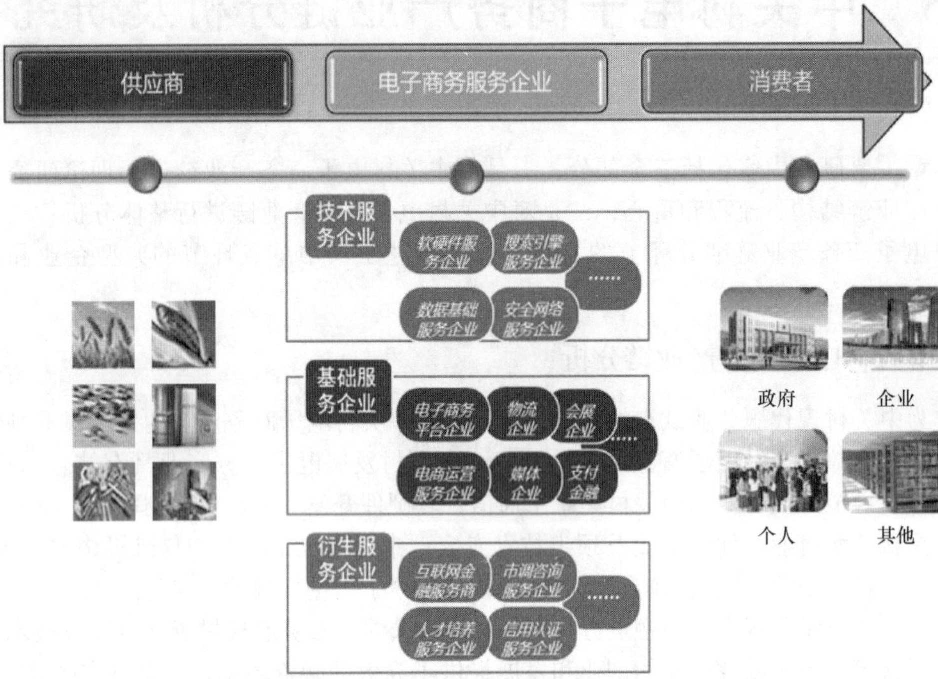

图 3-1　中关村电子商务产业链结构

电子商务产业链的流程就是在实现从供应商（产品、内容提供商等）到消费者的交易过程中，利用电子商务基础服务将传统的市场调研、交易环节、顾客反馈、商圈共享等信息渠道，转变为即时直接诉求、在线支付和限时配送，并简化物流环节，缩短供求距离，最大限度节省资源、降低成本、保价理赔、提供便利及多元化服务；利用电子商务技术服务实施全程信息传送及网络信息、金融安全的监控，并全面把握消费者群体和个体网络行为模式，优化电子商务企业管理模式，提供智能化、精准化决策等服务；利用电子商务衍生服务丰富和完善资金流、信息流、商流，并拓展新型业态的产业集群，最后提供更多的增值服务，如互联网金融、移动电子商务、电商人才培养、传统企业转型、商务咨询等。

电子商务产业链的核心就是强化信息和商务集成能力；进一步完善生产类和服务类企业转型，使其适应于电子商务发展的产供销体系，从而实现以消费者需求为中心，柔性化生产、社会化物流、个性化营销、多样化支付、社交化反馈的生态型市场模式，实现产业链上每个单元节点的单独核心竞争优势向为整条产业链优势的整合转化。中关村电子商务企业在交易平台、运营服务、媒体、技术服务、支付等领域的发展处于全国领先地位，引领并支撑着全国电子商务产业的综合发展。

依据电子商务发展的经验和相关理论的支撑，可以总结出中关村电子商务产业链是以价值增值为导向、以企业为主体、以上下游供需为依托、以先进技术为支撑、以信息流、资金流、物流为实现载体，由互为关联、价值累加的相关产业整合、集群等活动所构成的利益链。

3.1.2 中关村电子商务产业链整体分析

中关村电子商务产业链上游供应商主要可细分为三级：产品制造商，是供货环节的主要支撑，负责产品的制造环节；产品供应商，是连接产品制造商与电子商务平台的桥梁；产品代理商，是供应商的分渠道，小到个体卖家，大到代理企业。目前，中关村电子商务产业链上主要供应的商品为纺织服装、3C 数码家电、化工医药、建筑建材、五金、农林、包装印刷、图书音像、食品糖酒、礼品饰品等。

中关村电子商务产业链的核心是电子商务服务企业。随着电子商务的兴旺和业态趋于丰富，电子商务的支撑体系和服务体系日趋完善，其中由电子商务交易平台、电子商务运营服务商、宣传媒体、导购、物流、数据技术服务、电子支付、信用安全认证、金融、咨询服务、人才培养机构、产业联盟等涉及不同环节的服务商组成。这些服务商的技术创新和电商平台业务融合也日趋紧密，逐步形成了一个基本完善的电子商务支撑体系。

表 3-1 为按基础服务、技术服务和衍生服务的方式对典型电子商务服务企业进行的分类（排名不分先后）。

表 3-1 电子商务服务企业

电子商务服务企业		
服务	产业角色	典型企业
基础服务	平台服务商	当当网、京东、中关村在线、小米网、乐视网、慧聪网等
	运营服务商	北京兴长信达、北京同创未来等
	物流服务商	京粮、首发、宅急送、长久、普天、福田、电商自建物流等
	广告服务商	传统广告美工公司、搜狐、网易、新浪、中移动、百度等
	媒体服务商	电商报、电商频道-搜狐 IT、亿欧网等行业报和网络媒体
	会展服务商	中国会展门户等
	支付金融服务商	国有银行、拉卡拉、首信易、易宝、网银在线、钱袋宝等
技术服务	软硬件服务商	北大方正、用友软件、金山软件、神州数码、网秦天下等
	数据基础服务商	九次方、星图数据、中正鸿远等
	安全服务商	360 安全、瑞星、绿盟、启明星辰等
衍生服务	人才服务商	51job、前程无忧、智联招聘、猎聘网等
	诚信评估服务商	银行、信用社、国家工商总局等
	信用认证服务商	国富安、红盾 315、北京数字认证中心、中认环宇、天威诚信等
	市调咨询服务商	北大纵横、易观国际、赛迪顾问、艾瑞咨询公司等
	社会团体组织	北京物流协会、中关村电子商务与现代物流产业联盟等

3.2 中关村电子商务基础服务商

3.2.1 电子商务平台服务商

电子商务平台是建立在 Internet 网上进行商务活动的虚拟网络空间和保障商务顺利运营的管理环境；是协调、整合信息流、商流、资金流有序、关联、高效流动的重要载体。

企业、商家可充分利用电子商务平台提供的网络基础设施、支付平台、安全平台、管理平台等共享资源，有效地、低成本地开展自己的商业活动。中关村电子商务平台服务企业包括综合电商平台、垂直电商平台和自建电商平台，其中典型企业如下（排名不分先后）。

（1）北京京东世纪贸易有限公司。京东是中国最大的自营式综合 B2C 电商企业，同时也为其他商家提供电子商务平台，目前约共驻 38000 个商家。京东交易额连续八年增长率超过 200%，2012 年超过 600 亿元，2013 年超过千亿，2014 年第二季度交易总额达到 630 亿元。

京东进入第二个十年后的发展目标是平台化、开放化、社会化，借助大数据开放平台，从 2013 年的“物流、移动互联网、非标品平台和虚拟类服务”四个发展方向进阶为 2014 年的“金融、技术、O2O、渠道下沉、国际化”这五个最新战略。京东互联网金融服务平台已开发创新出多款金融产品（“京东白条”、“小金库”等），已涉及信用卡、电子货币、理财、保险、证券等金融业务；JD+计划从供应链、技术、资金、平台、数据等方面助推创新智能硬件领域的发展；腾讯入股后，京东物流+微信+便利店强势开展 O2O 模式；京东推出“211 限时达”、“极速达”、“一日四送”、“夜间配”等快递配送服务，截至 2014 年 6 月，已建成 97 个大型仓库（总面积约 180 万平方米），拥有 1808 个配送站和 715 个自提点和自提柜，整个物流体系覆盖全国 1780 个区县，还通过打造智能物流和增强广告投入两方面将业务进一步下沉到三四线城市，积极开展“农电对接”；推动跨境贸易和电子商务的结合，已顺利完成上市计划，创新跨境金融模式，促进国际贸易便利化。自此，京东将逐步从综合类电商平台转型成电子商务产业链整体解决方案的提供商。

（2）北京慧聪国际资讯有限公司。慧聪网（HK8292）是国内排名领先的 B2B 电子商务平台提供商，于 2013 年 7 月上线产业带平台，涉及建材、五金、服装、纺织、化工、家具、礼品、机械、仪器仪表、机床、汽车配件、汽车用品、汽车维修等 13 个产业，与河北、广东、河南、山东等 15 地企业和政府机构进行深入合作，为买家提供优质的货源地资源、帮助卖家提升竞争力。目前已覆盖了 32 个工业品行业，打造了 14 条产业带，共涉及 31 个特色产地。慧聪网注册用户超过 1500 万，买家资源 1300 万，覆盖行业 70 余个，员工 3500 名，成交额达到 696 亿元，是国内有很大影响力的 B2B 电子商务公司。

慧聪网在为传统行业客户提供全方位平台、专业营销方案的同时，还拓展高增值服务领域的快速消费品市场，开发了两种分别适用于关系型客户与交易型客户的独特业务模式，并以此成功通过 ISO9001 质量管理测试，取得相关认证。

慧聪网利用其全国领先的商务信息体量为带动传统企业的电子商务化起到了巨大作用。

（3）北京小米科技有限公司。小米网是小米科技有限公司自建的典型官方正品销售网站。小米科技的粉丝经济和创意电商营销实现 2013 年销售手机 1870 万台，增长 160%；含税营收 316 亿元，增长 150%，小米配件及周边产品全年营收也超过了 10 亿元。小米网一方面集成现有小米的各业务体系，成为服务小米用户的入口；另一方面定位成为应用、内容的分发渠道，完善小米所有产品终端+应用服务的模式。

小米成功将互联网思维运用到产品设计和销售上，以互联网营销方式打开品牌手机电商市场。

（4）北京当当网信息技术有限公司。当当网从自营图书和婴童产品类垂直 B2C 平台向综合电商平台转型的过程中频频受阻，经过9个季度的亏损后，于2013年第四季度重新盈利。主要问题在于：上市过早，业务转型和投入受限，规模再难以扩大；结盟其他电商平台不彻底，流量共享效果不明显；自建电商生态体系未形成，导致发展被动。

目前，当当网的发展着重针对精细化和差异化两个关键词。在精细化上，一方面出台上线“价格举报”功能等五项措施来提升用户服务和体验，另一方面注重品类管理，通过建立核心竞争品类（数字图书等）来冲破发展困境。值得注意的是，当当网精细化运营成效显现，盈利能力持续走强，2013年总营收（含第三方平台GMV）28.5亿元，同比增长53%，当当网已进入高增长与持续盈利并行的一个新常态。在差异化上，当当网新增设“新品闪购”限时特卖频道正式上线，主打新品特卖闪购，把新品闪购、平台服装与精品尾货特卖串联成一体同步的模式，形成与其他电商平台差异化竞争优势。表明品类战略、开放平台、差异促销是支持当当网实现高增长与持续盈利的主要动力。

（5）亚马逊中国。亚马逊中国除自营体系外也提供B2C综合电商平台。亚马逊销售品类多元化、紧随科技潮流并且能利用大数据提前洞悉用户需求，例如，自产Kindle、CubeX Trio3D打印机、谷歌眼镜、空气净化购物平台等；亚马逊移动电子商务发展势头良好，2013年，亚马逊中国移动端的购物占比增长了142%，主流消费人群中高学历和收入占比60%。亚马逊未来投资发展重点将瞄准产业链上移动支付行业、智能物流、智能移动终端开发等高新技术产业。

（6）国美在线。国美在线定位于面向B2C业务的跨品类综合性电商平台，依托国美电器的后台能力，以独立品牌、独立网站、独立运营的模式专注于综合类电商平台的发展。国美将打造O2M（offline-online-mobile）全渠道零售商，其优势在于具有26年行业零售经验，上市公司管理规范，家电、3C采购成本低需求量大、线下门店数量丰富遍布广，提供一站式家电顾问服务，为家电行业线上线下一体化营销模式的发展打下了坚实的基础和后盾。目前，O2M平台型电商也是电商未来发展的一大热点。

（7）聚美优品。聚美优品最初是化妆品垂直电商平台，目前平台已扩充了服装、鞋包、家居和3C等品类。截至2014年4月中旬，统计数据显示聚美直销毛利率约30%，活跃用户1050万，重复购买率89%，移动端GMV占比49%。聚美优品发展的优势在于：用户趋于年轻化，瞄准“80+90”网购大市场；特色垂直品类的特卖模式+互联网思维的创意深度营销；自有品牌+第三方平台提升综合毛利率，自建仓库+第三方配送降低物流成本；移动APP+闪购模式加快订单转换率；真品防伪联盟+用户口碑+售后承保及30天无条件退货引领行业最高标准的服务体验。

北京从事电子商务平台这一环节的中关村企业涉足类型广泛。

（1）B2C综合电商平台有：京东、亚马逊中国、当当网、国美在线、凡客诚品等，这五家排在全国自营B2C企业前9名，交易总规模占全国自营B2C企业67.1%。

（2）B2C垂直电商平台有：我买网、聚美优品、乐蜂网、药房网、金象网、乐友达康、艺龙旅行网、千纸鹤、鲜直达、去哪儿网、本来生活网、中关村商城、酒仙网、上品折扣网、易单网、沱沱工社等，品类覆盖美妆、药品、生鲜、电子、3C、母婴、旅游、办工用品、酒饮等。

（3）B2B电商平台有：慧聪网、敦煌网、金银岛、中国城商网等。

（4）自建电商平台有：小米网、乐视商城、新东方在线等。

（5）传统百货企业开展电子商务平台的有：翠微网上奥特莱斯、西单 igo5、银泰网、爱慕在线、汉光百货“买乐网”、北京城乡网上商城、天客隆社区商城等。

（6）团购平台有：糯米网、窝窝团、美团网、拉手网等。

（7）返利及网购导航平台有：360 购物、美丽说和口袋购物等。

中关村电子商务平台企业总体发展比较迅猛，趋势日益成熟，其中以京东、当当、亚马逊中国等为代表的 17 家电商企业先后荣获了由商务部颁布的电子商务示范企业的殊荣。从发展较好的企业可以概括出要稳固强壮地发展中关村电子商务平台应该做到：重视产业链整合，降低资源浪费；重视高新技术在平台上的转化，尤其是大数据技术、移动互联网技术、物联网技术等；重视物流体系的优化，无论是采用第三方物流还是自营物流等模式，都要实现精细化、标准化、智能化、低成本化地控制和管理；重视互联网思维，将流量竞争从价格战转到用户服务体验和产品质量上；重视京津冀一体化相关政策、做好经济外溢服务工作、带动周边区域经济发展。

3.2.2 电子商务运营服务商

电子商务运营服务商的经营范围，根据客户的需求和自身的专长不同会有所区别。既有负责电子商务交易全过程的代运营企业，如中国国际电子商务有限公司、兴长信达；也有承担部分业务的专业代运营企业，如侧重网络设计、营销的同创未来和东易正禾，侧重平台搭建的光蓝网络等。具体如下分析（排名不分先后）：

（1）中国国际电子商务有限公司。中国国际电子商务有限公司（CIECC）是国家级电子商务全程服务机构，运营中国国际电子商务第三方服务平台。该平台为企业提供全程解决方案及应用服务，服务内容涉及公共服务、专业服务、安全服务、信用服务、灾备服务等领域，现已经拥有会员企业超 100 万家。旗下拥有国富通信息技术发展有限公司、国富安电子商务安全认证有限公司、北京国富泰企业征信有限公司、国富瑞（北京）投资有限公司、国富商通信息技术发展股份有限公司、国富瑞数据系统有限公司、北京国富信科技有限公司、国际商报（北京）文化传媒有限公司、国富瑞（福建）信息技术产业园有限公司、国付宝信息科技有限公司、青鸟商务应用技术发展有限公司、新疆亚欧国际物资交易有限公司、锦江富园大酒店有限公司等 17 个子公司。

（2）北京兴长信达科技发展有限公司。该公司是一个领先的电子商务和互动式营销解决方案供应商，开拓了电子商务服务外包模式。服务内容包括电子商务渠道规划、电子商务网站建设、营销规划、数据分析、商品管理、订单处理、客户管理、仓储物流配送服务、客户服务/呼叫中心、ERP 系统集成等。兴长信达通过其自主研发 PEC 平台为传统企业打通整条电子商务供应链提供可能，特别是 WMS（物流仓储）系统已成功实现上下游供应链条的管理。目前，该公司服务于一流的品牌和零售商，客户包括卡西欧、索尼爱立信、罗技、Clarks 等众多国际品牌以及青岛啤酒、品利等国内知名品牌。

（3）同创未来电子商务（北京）有限公司。该公司拥有“九儿设计”、“灏然设计”两大品牌和六年的淘宝一线电子商务网络界面设计、运营、市场分析、技术经验，为品牌企业制订电子商务战略规划方案。其独创“云设计”理念和“开店运营一站式”服务，成功地协助了芳草集、JASONWOOD、美的、圣元等知名品牌进入电商平台，帮助企业树立品牌形象，使其在竞争强烈地同类市场中，成功占领了自己的稳定市场。同创未来还计划以获取股权的方式与合作方形成联盟关系。

（4）北京北联伟业电子商务有限公司。该公司前身是一家定位于电子商务领域服务的广告公司，为客户提供品牌营销策划、广告等专业化服务。2011 年开始全面进军电子商务行业，在原有营销策略基础上，为国内知名品牌提供品牌定位、视觉、运营策划、客户服务、会员管理等全方位电子商务托管服务。业务范围覆盖箱包皮具、服饰、食品保健品、日化等领域，现为宝洁、SK-Ⅱ、碧生源、孚日家纺、OLAY 等数十个知名品牌提供服务。

（5）北京光蓝网络科技有限公司。该公司核心业务是提供电子商务全程解决方案，具有独立知识产权的 Trade 系列电子商务基础平台。业务服务具体涵盖行业电子商务解决方案、Trade B2C 基础平台搭建、Trade B2B 基础平台搭建和 Trade C2C 基础平台搭建四个方面。合作客户包括中国普天、中国航天、中国移动、北汽集团、顺鑫农业、新兴药房、奥鹏教育、21 世纪房产等企业。

（6）五洲在线电子商务（北京）有限公司。该公司定位于为商家提供电子商务系统、仓储、物流解决方案、协助品牌商打通电子商务销售服务链条的外包服务公司。采用“BTC 平台+五洲”的电子商务新模式，即 BTC 平台为传统企业提供电子商务运营模式，五洲在线帮助传统企业向互联网转型。公司另有 15 万平方米立体仓库，全面支持条码、ERP 管理系统，从而轻松应对多客户、大业务量的订单管理需求。因此，“BTC 平台+五洲”模式提供的是传统企业特别稀缺的资源。

（7）其他电子商务运营服务商，见表 3-2（排名不分先后）。

表 3-2 电子商务运营服务商

企　业	主营业务
北京点越信息科技有限公司	提供全方位的互联网广告和搜索引擎营销技术解决方案等
北京鸿聚时代商贸有限公司	提供店铺整合营销、直通车优化、联营托管等服务
慧博和合（北京）	整店托管、直通车优化、营销及活动策划等
北京东易正禾科技有限公司	全程电子商务服务支持的系统平台、微信营销策划等
北京万维商联科技有限公司	美印、美折软件等
北京恩源科技有限公司	提供电子商务咨询、采购、商旅、产品销售、人才培训等方面的解决方案和服务

电子商务运营服务商能够为即将或已经投身于电商市场的供应商企业提供定制化需求方案，并随着中国电子商务产业的快速成长，未来必将有更多的电子商务运营服务企业涌现出来。

3.2.3 电子商务物流服务商

据相关数据统计，国内电子商务的年均增速是 200%～300%，而物流业只有 40%，物流业的发展水平远远不能满足电子商务发展的需求。为了突破物流瓶颈，电子商务企业逐步筹划自建物流和配送体系，例如京东、当当、亚马逊中国等；其他传统物流、快递企业也在寻求技术突破。目前，我国电子商务物流服务模式主要有四种：自营物流模式、第三方物流模式、物流联盟模式和物流一体化模式。

（1）普天物流技术有限公司。普天物流技术有限公司是中国普天整合物流产业资源、统筹物流技术装备产业的发展而成立的，是国内最早从事物流系统规划、物流技术产品研发、设计、制造、服务及总集成的企业，旨在建立成为国内一流、国际知名的物流技术装备集团。公司提供的产品和服务主要包括：物流系统规划与设计、物流系统集成、仓储系统、分拣系统、输送系统、物流运输车、装载容器、智能搬运 AGV、无线 POS、RFID 智能卡、烟草销售终端、大屏幕显示系统、各种物流专业软件和综合信息管理平台等。

目前该公司已建成从系统规划、系统项目集成、系统设计制造三位一体的物流发展平台，为邮政、烟草、医药、图书、民航、军队、服装、食品、制造业等各行业提供全方位、专业化的物流系统解决方案、物流技术产品和服务；已承建 600 多个物流园区规划设计和物流自动化系统集成项目，其中由普天承建的某航空物流中心，其大型智能仓储中心和超大规模全自动物流配送中心处理能力每天达 35 万件，年营业额达 175 亿元。

（2）北京宅急送快运股份有限公司。北京宅急送快运股份有限公司是一家集物流、仓储、配送于一体的大型物流快递公司。该公司分别在北京、广州、无锡、沈阳、成都、武汉、西安、长沙、郑州 9 个地方建立了物流基地，分华北、华东、华南、华中、东北、西北、西南七大运转中心，仓储面积近 25 万平方米；除 5000 多辆运营车辆 800 多条班车线路之外，还同国航、南航、东航三大航空集团签署战略合作协议，并与其他 11 家航空公司展开合作，有 780 条航线，近 5000 个航班资源。宅急送率先搭建了“宅急送物流信息网络平台”，自主研发的 BOS 系统能够高效承载每天最高 500 万运单的开单、查询、结账等业务周转；货物条码跟踪技术和车辆全球定位系统的采用，使客户能够快速、准确地跟踪货物信息；CALL-CENTER 的投入使用，使客户与公司联系更加便捷。

宅急送在 2009 年切入电商行业，主打 cod 业务、金融业务和传统的出产型企业往电商转型后的直销业务，于 2013 年被评选为“2013 中国电子商务服务 50 强”和“2013 中国电子商务物流诚信企业”。

（3）中铁物流集团有限公司。该公司从单一的运输企业发展成为涵盖一体化物流、快运、仓储管理、速递、铁路运输、航空运输、定制化物流等多种业务相结合的国内知名第三方物流企业。截至 2010 年 12 月，公司拥有正式员工 51529 人，自有各种厢式货运汽车 15512 余辆，大型分拨中心 27 个，运输专线 1827 条，物流网络覆盖全国近 600 多个城市，以及遍布全国的 3240 余营业网点，仓储面积 1096 万平方米，其中北京仓库扩建到了 40 万平方米。2014 年 4 月中铁在北京、天津、上海、郑州等 20 座城市开通了高铁快递业务（当日达、次日达和次晨达），表明铁路货运的转型升级将开辟快递行业规模化、标准化、高端服务化的发展方向。

（4）北京科捷物流有限公司。科捷物流有限公司隶属于神州数码供应链服务本部，在 B2B、B2C 等领域为客户提供专业的、个性化的第三方物流服务。全国设有 19 个区域分拨中心、50 个终端平台及网点库房，全国总仓储面积 41 万平方米。该公司采用业内领先的 LMS 系统，将仓库管理、运输管理以及订单管理系统高度一体化整合，实现了多商家订单合并处理功能，并具有丰富的 SAP、ORACLE、物流宝、商派等 ERP 系统对接的成功经验，与淘宝、天猫及其他电子商务平台实现成功对接，如“双十一”创下全国日处理 18 万单记录。该公司在 2013 年成长为国内手机物流领域第一阵营的服务商，还自主研发出专业的电商仓储管理系统 KingKoo-WMS。

（5）京东物流体系。京东物流体系是自建全套物流体系的“垂直一体化”模式，其物流成本 2012 年降幅 46%，2013 年降幅超过 50%。目前，京东在华北、华东、华中、华南、西南、东北、西北布局 10 大物流中心，自建 2 万名配送队伍服务全国 390 个城市，拥有亚洲最先进的现代物流网络化仓储，总面积超过 300 万平方米；并于 2012 年在上海启动“亚洲一号”项目，自建亚洲范围内最大处理能力和最高处理效率的电子商务物流运营中心，该项目也陆续在北京、武汉、广州等地开展。京东自建物流体系着重两个发力点：一是技术驱动的智能物流，依托云端的供应链系统和高效的数据中心；二是打造开放化的物流供应链体系，配送物流向更多商家开放，变身社会化物流。京东优质的物流建设和管理模式为解决用户体验、成本和效率之间的平衡提供了基础保障。

（6）其他电子商务物流服务商见表 3-3（排名不分先后）。

表 3-3 其他电子商务物流服务商

企 业	主营业务
当当网	自建物流中心，配送环节全外包
凡客诚品	“自建物流+第三方物流”合作模式，并向社会化物流转型
金泰港物流	仓储、贸易等相关物流项目
京粮物流	商贸物流（主营粮食类收购、存储、加工、批发、零售）
首发物流	第三方综合物流服务商（货物代理、仓储保管、分批包装、配送服务、货物运输等）
宝龙物流	专营集铁路、公路、航空等多种物流运输及大容量货物仓储
中特物流	大件运输、危险品运输、国际航运以及仓储配送为主营业务的大型特种物流集团

在激烈的竞争环境下，电商对物流的依赖和需求更为迫切与强烈。然而“物流执行成本”（包括运输、订单处理、仓储、收发货和退换货等成本）已成为电子商务企业除销货成本外的最大支出，因此许多电商企业认为能否持续保证终端低价和优质服务的优势并有效地控制物流环节是企业立足的一项核心竞争能力。然而，北京物流服务资源因高仓储成本向外地流失，而且缺乏如 FedEx、DHL、UPS 等国际高端物流企业，现代物流技术和服务水平也亟需提高。“十二五”期间，已涌现出许多企业通过电子商务向全球化方向发展，这就要求我国电子商务物流服务业还应具备全球配送的能力，尤其是能提供跨国全程物流解决方案，同时全球化战略的趋势将使物流企业与电子商务企业更紧密地联系在一起。就目前北京物流发展情况而言，自建模式能够保证配送的及时性和可靠性，但扩大规模耗时耗资，中小微企业无力承担；第三方物流运营专业，网络成熟，但是缺乏监管，影响电子商务企业服务水平。因此，未来在鼓励培育电商企业自建开放化物流的基础上，也要大力发展专业化、高效率和低成本的第三方物流以及能够整合社会物流资源、提供综合供应链解决方案的第四方物流平台。

3.2.4 电子商务广告、媒体、会展服务商

中关村电子商务广告、媒体、会展服务商包括搜索、门户、客户端、视频、网址导航、SNS、网路媒体、富媒体弹窗等各类网络媒体渠道。其主要作用为推广电商资源，增加电商平台引流途径，具体分类见表 3-4（排名不分先后）。

表 3-4　电子商务广告、媒体、会展服务商

媒体类型	媒体名称
大型门户	新浪、网易、搜狐、腾讯、MSN、凤凰网、大旗网、新华网、UC、百度、文化中国传播等
广告媒体	北京天下互联信息科技有限公司、北京四海传媒广告有限公司、北京定向传媒广告公司、北京东方扬帆广告传媒有限公司、北京传凯国际媒体广告有限公司、北京阳光财智传媒广告有限公司等
下载客户端	迅雷、开屏、酷我、网际快车、PPS、暴风影音、酷狗、songtaste 等
搜索导航	百度、hao123、hao360、搜狗导航、46 网、2345、360 网址导航等
视频类	PPTV、皮皮网、奇艺网、乐视网、六间房、土豆网、风行网、优酷、乐视等
富媒体	百度 TV、悠易互通、品友互动、网易传媒等
网络社区媒体 SNS	人人网、天涯、开心网、圈网、新浪微博、美丽说（现转型为女性时尚垂直电商平台）、京东 SNS（京东乐享）、凡客达人、小米论坛等
资讯门户	电商报、电商频道-搜狐 IT、亿欧网，亿邦动力网-电子商务门户、艾瑞电商、techweb 电商、新浪电商、电商研究中心、速途网电商中心、派代网、中国电商行业网、中国电子商务数据库等
其他（含测试）	光音传媒、银橙传媒、挖贝网、亲贝网、虎扑网、it168、泡泡网、爱丽女性网、顺网、团 800、爱试网、可得网、直播 8、星岛环球网、巨鲸音乐网、飞佑互动等

广告投放、论坛交流、社会化营销等方式大大推动了电子商务企业的发展。通过将人、产品、企业的社会属性以互联网、广告展位等多种方式来传播、推荐商品/服务，能实现更好的基于电子商务的消费。随着移动互联网产业的高速创新发展，电子商务企业未来的广告投放应更加重视移动广告和社交媒体平台。

3.2.5　电子商务支付服务商

电子支付是指人们利用计算机、互联网进行资金转移偿付的行为，是支付方式发展的高级阶段。目前广义的电子支付包括卡基支付、网上支付、移动支付和其他支付（电话支付、其他无卡设备等），其中第三方支付平台的快速发展为电子支付产业注入了更多的活力，根据艾瑞咨询统计数据显示，2013 年中国已成为全球最大第三方支付市场。

（1）网上银行/手机银行。“网上银行”系统是银行业务服务的延伸，客户可以通过互联网方便地使用商业银行核心业务的服务，完成各种非现金交易。四大国有银行以及其他商业银行等金融机构均开通“网上银行”金融服务。

“手机银行”是“网上银行”的延伸，一方面延长了银行的服务时间，扩大了银行服务范围；另一方面无形地增加了银行经营业务虚拟网点，真正实现 24 小时全天候服务，大力拓展了银行的中间业务。

（2）拉卡拉支付有限公司。该公司主要针对线下便利支付市场，其高度重视技术创新，研发投入逐年提升，研发收入占比达 10%，并荣获 2011 年度中关村十大新锐品牌和新锐百强奖，成为北京市高新技术企业。目前已获得 30 项软件著作权及 3 项专利，其中可按需定制的支付终端为发明专利，手机号支付平台、支付交易系统以及账单号支付平台及支付系统为实用新型专利。拉卡拉按照国际通行的 EBPP 标准搭建的电子账单支付平台，为商户提供电子账单汇聚、声称、分发及支付服务；“开店宝”终端的推出将支付工具扩展为“支付+商业渠道”，为用户提供特惠、团购、单分期等新的个性化购物服务体

验。就目前发展来看，拉卡拉仍需加大扩建便利支付网点，加速完善支付业务和电商业务的整合。

（3）易宝支付。北京通融通信息技术有限公司创建的第三方支付平台易宝支付作为互联网金融专家，年交易额达数千亿元。该公司 2005 年便首创了行业支付模式，陆续推出了网上在线支付、非银行卡支付、信用卡无卡支付、POS 支付、基金易购通、一键支付等创新产品。合作商家超过 60 万，其中包括百度、京东、新浪等知名企业和机构，并长期与中国工商银行、中国农业银行、中国银行、中国建设银行、中国银联、Visa、MasterCard 等近百家金融机构达成战略合作关系，特别是能支持招商银行信用卡还款的实时到账业务。易宝支付平台基于先进的技术环境，充分地保障了在线支付系统安全、高效地运转，为用户提供多元化金融服务。2013 年 7 月，易宝支付针对移动领域推出创新产品“一键支付”，同年 10 月易宝支付获得国家外汇管理局批准的跨境支付业务许可证。

（4）联动优势科技有限公司。联动优势由中国移动与中国银联于 2003 年 8 月联合发起成立，是目前国内领先的跨综合支付服务、智能金融信息服务、移动化的本地多应用服务三大领域的移动金融及移动电子商务产业链服务提供商，获评国家发改委等五部委 2013~2014 年度国家规划布局内重点软件企业。旗下拥有 U 付、U 信、U 慧三大业务平台，以及银信宝、回款通、联盈为代表的一系列银行卡周边服务产品。截至 2012 年 3 月底，公司累计服务用户逾 5 亿，年处理资金近 500 亿元。

（5）易智付科技（北京）有限公司。首信易支付作为具有国家资质认证、政府投资背景的中立第三方网上支付平台拥有雄厚的实力和卓越的信誉，是中国唯一架设在政府专网的支付平台。首信易业务涉及 B2C 与 B2B、网上、电话、手机、终端机等多种在线支付服务形式并凭借独特的二次结算模式为买卖双方创造良好的、彼此信任的交易环境。

（6）其他电子商务支付平台见表 3-5（排名不分先后）。

表 3-5 其他电子商务支付平台

企业	主营业务
快达网络	B2B2.0 数字交易平台、筹建 B2B 交易电子商务园区等
梅泰诺	M-Pay 多业务运营支撑系统提供发卡服务并受理持卡人的查询、消费、积分兑换、预充值等业务
钱袋宝	提供基于网络支付，手机支付等第三方支付账户管理平台等
百度钱包	提供超级转账、付款、缴费、充值等支付服务，并全面打通 O2O 生活消费领域，同时提供“百度金融”等资产增值功能
华大智宝	金融智能卡、数据安全产品、整机终端、应用解决方案产品体系等
卡联科技	线下电子金融和移动支付平台的研发和智能服务终端的网点网络的建设
资和信	预付卡发行与受理、互联网支付
易金卡	研究、开发、生产电子商务和网上支付系统的技术及其产品

2011 年，中国人民银行颁发的首批 27 家第三方支付牌照中，有 9 家企业在北京注册；其后央行发放的四批第三方支付牌照中，在北京注册的企业有 39 家，具体见表 3-6（共 48 家企业，排名不分先后）。

表 3-6　北京获第三方支付牌照的企业

序号	企业	序号	企业
1	北京商服通网络科技有限公司	25	中投科信科技股份有限公司
2	北京通融通信息技术有限公司	26	北京一九付科技有限公司
3	钱袋网（北京）信息技术有限公司	27	北京数码视讯软件技术发展有限公司
4	北京数字王府井科技有限公司	28	北京汇元网电子商务有限公司
5	北京银联商务有限公司	29	北京随行付信息技术有限公司
6	网银在线（北京）科技有限公司	30	普天银通信息科技有限公司
7	北京拉卡拉网络技术有限公司	31	北京恒信通电信服务有限公司
8	开联通网络技术服务有限公司	32	北京和融通科技有限公司
9	裕福网络科技有限公司	33	北京商银信商业信息服务有限责任公司
10	联动优势电子商务有限公司	34	北京市银博盛世电子商务有限公司
11	中付通信息服务股份有限公司	35	北京银通时代信息服务有限公司
12	天翼电子商务有限公司	36	北京交广科技发展有限公司
13	联通沃易付网络技术有限公司	37	北京华瑞富达科技有限公司
14	国付宝信息科技有限公司	38	北京高汇通商业管理有限公司
15	北京海科融通信息技术有限公司	39	北京润京搜索投资有限公司
16	易智付科技（北京）有限公司	40	银信联（北京）商务服务有限公司
17	北京资和信通联科技有限公司	41	北京中诚信和商务有限公司
18	北京金科信安科技有限公司	42	北京广聚福企业商务服务有限公司
19	安易联融电子商务有限公司	43	北京商银科技有限公司
20	北京爱农驿站科技服务有限公司	44	国旅（北京）信息科技有限公司
21	北京首采联合电子商务有限责任公司	45	北京帮付宝网络科技有限公司
22	北京中欣银宝通商务服务有限公司	46	北京畅捷通支付技术有限公司
23	北京市政交通一卡通有限公司	47	北京理房通支付科技有限公司
24	北京雅酷时空信息交换技术有限公司	48	北海石基信息技术有限公司

中关村电子支付市场规模正快速增长，为加快电子支付服务业的健康发展，还需注意以下几点：

（1）支付安全保障措施。借鉴财付通“财付盾”技术、支付宝“指纹认证”应用，开拓新的安全认证体系和技术。

（2）加强监管体制。明确监管重点在交易过程，对机构实行鼓励政策；采用多层面、立体式、功能分化的监管体制。

（3）注重移动支付市场。艾瑞咨询数据显示，2008～2012 年移动支付用户规模从 0.86 亿户增长到 2.86 亿户，年均复合增长率达 35.04%；移动支付交易规模从 275 亿元增长到 1511 亿元，年均复合增长率达到 53.10%，其中移动手机支付形成中国移动、中国联通和中国电信“天翼”三足鼎立形式；移动支付在移动互联网不断发展的背景下会逐步走向电子支付舞台的中心。

（4）开拓农村电子支付市场。据央行数据显示，截至2013年农村地区已经开立的账户达到23.6亿户，银行卡共计13.5亿张。因此，未来应鼓励探索农村电子支付与融资、信贷业务的创新，同时优先满足农民基础金融需求，其中钱袋宝在2012年已为河南农民工提供了“钱袋宝扩展卡”服务。随着农村手机普及率的不断提高，推广和布局农村移动电子支付业务也将成为我国电子支付又一大的市场。

3.3 中关村电子商务技术服务商

3.3.1 软硬件服务商

中关村在软件、集成电路、计算机、网络、通讯等重点产业居于国内领先地位，这些产业在电子商务产业中具有显著的软硬件技术服务特性。中关村围绕这些特色产业发展技术标准产业联盟、产业链合作产业联盟，巩固了这些支柱产业的龙头地位，提升了行业的国际竞争力。

（1）北京用友软件股份有限公司。该公司贯彻执行2014年度总计划确立的“改进经营、深化转型、提高效益”以及“积极开展云服务及金融、电信服务等新型业务”的经营策略，积极部署和推进了各项业务工作：重点加强了集团企业基于4+1解决方案（人、财、物、客+UAP平台）中以“客户”为核心的统一营销解决方案产品的研发，包括移动营销、电子商务和CRM产品的研发；继续加强U8+V12.0的产品研发工作，重点加强移动应用开发；完成T+新版本上市，实现T+与工作圈等云应用的集成；在移动通信业务方面，研发基于工作手机的产品和套餐。

公司的电子商务软件服务业务涵盖大型、中型和小微型企业。其中针对大型企业信息化需求开发新一代NC系列产品——用友NC6，综合利用最新的互联网、云计算、移动应用等技术，通过构建大企业私有云来全面满足集团企业管理、全产业链管控和电子商务运营；针对中型企业推出用友U8+，用先进技术为中型企业构建出集“精细管理、产业链协同、云服务”为一体的管理与电子商务平台，目前已拥有超过220余个细分行业的成功应用；在针对小微企业的服务上，加强了公有云平台CSP的持续优化，并相继推出云应用易代账及客户管家测试版。

（2）方正国际软件有限公司。方正国际软件有限公司是中国领先的软件技术、产品、解决方案和服务提供商，业务领域涵盖IT、医疗医药、房地产、金融、大宗商品贸易等产业。针对电子商务行业，方正集团于2013年4月申报了“面向现代电子商务的空间地址信息共享服务平台研发及产业化”项目。该平台将主要面向国内物流快递企业、电子商务企业、传统零售商场等企业用户，并为其提供地理信息数据、配送优化、智能感知、广告推送等方面的服务，尝试发掘电子商务个人用户。

（3）神州数码（中国）有限公司。神州数码整合全球信息产业资源，目前已与国内外近300家IT厂商合作，并且成为众多国际顶级IT厂商在中国的长期战略合作伙伴。神州数码已构建起完整的IT服务价值链，服务涉及IT规划咨询、IT基础设施系统集成、解决方案设计与实施、应用软件设计及开发、IT系统运维外包、IT分销和维保等领域，为客户提供端到端的整合 IT 服务。

（4）北京信易云媒科技有限公司。该公司成立于 2012 年 5 月，为电子商务企业和传统企业量身策划、定制、研发移动互联网业务平台：APP（iOS、Android、WinPhone）、Wap2.0 和 HTML5 手机网站以及该业务的外包、代理和加盟等，并将日益形成一条极具市场空间的 APP 全产业链。

信易云媒在 SaaS 开发、移动终端产品开发、WEB/WAP/APP/MAS 互通、企业 APP 开发和 MAS 信息机开发中具有充分的核心竞争力。截至 2014 年 2 月，信易云媒已在北京、上海、广州、深圳、天津、江苏、山东、湖南等 16 个城市建立多家代理服务中心，服务人数 500 人。

（5）北京甲骨文软件系统有限公司。Oracle 提供的完整的电子商务产品和服务包括：用于建立和交付基于 Web 的 Internet 平台；综合、全面的具有 Internet 能力的商业应用；强大的专业服务，向中国市场全面提供 Oracle9i 电子商务平台、Oracle 电子商务应用软件、帮助用户设计、定制和实施各种电子商务解决方案以及相关的顾问咨询服务、教育培训服务和技术支持服务。

（6）其他软硬件服务商见表 3-7（排名不分先后）。

表 3-7　其他软硬件服务商

企业	主营业务
瑞金麟网络技术服务公司	提供渠道互联网化、营销互联网化、CRM 互联网化、供应链互联网化及创新型业务一体化的解决方案
北京同方软件股份有限公司	ezONE 业务基础平台、ezM2M 设备集控平台、ezSaaS 运营系列产品等
中软国际	提供咨询、解决方案、外包服务、IT 人才培养的“端到端”软件及信息服务，自主研发 ResourceOne、TopLink/TSA+系列产品
北京清华同方股份有限公司	为电子政务、数字家园、数字城市、数字教育、数字传媒等行业提供全面解决方案和成套设备等
思爱普（北京）软件系统有限公司	企业管理和协同化商务解决方案供应商和独立软件供应商
中国长城计算机集团公司	软件及系统集成、网络信息服务、技术服务等
软通动力信息技术（集团）有限公司	IT 咨询及解决方案、应用开发及维护、软件产品工程、网络/基础设施服务以及业务流程外包（BPO）服务等
奥博杰天软件（北京）有限公司	提供专业的软件设计、研发、测试及系统维护等高质量服务
北京信必优信息技术有限公司	信必优 Avatar 系统、SymBase 和 SymTrack 项目交付平台，为客户提供外包软件工程服务
北京圣特尔科技发展有限公司	面向大型网商和电商企业提供全面的 ERP 及信息化解决方案，核心产品 E 店宝
北京新锐互动商业网络有限公司	整合电子商务门户、内容管理和协同管理的商业解决软件方案提供商

现阶段，中关村软硬件产业规模全国领先，产品质量、应用水平和服务能力持续稳步提升，下一步应加快推动实施信息消费激励政策，拓展内容消费等新型信息服务领域，规范信息消费环境，培育扩大信息消费，形成经济增长新热点。

而且近年来，随着云计算、物联网、移动互联网、大数据等新技术、新业态蓬勃发展，商业模式、服务模式创新地不断涌现，软件、硬件、内容、服务之间的边界日益模糊以及智能终端、宽带网络的日益普及，中关村软硬件产业应：（1）加快向网络化、服务化、平台化、融合化方向发展；（2）着力推进智能语音、移动智能终端等对信息消费带动性强的新兴产业，大力发展软件即服务（SaaS）、平台即服务（PaaS）、电子商务及大数据等新型服务业态；（3）加强企业级 APP 提供商与平台商的良好生态系统建设。

3.3.2 数据基础服务商

电子商务的蓬勃兴起使得与电子商务交易有关的数据量和计算需求快速发展，为保证电子商务交易更好更精准地进行，需通过大数据、云计算等技术来加以处理和分析。

现阶段，中关村大数据产业发展日趋活跃，技术创新处于国内前列，并初步形成了大数据创新创业生态体系，发展了一批提供数据基础服务的企业，其中代表性企业见表 3-8（大数据领域服务商）和表 3-9（云计算领域服务商）（排名不分先后）。

表 3-8 大数据领域服务商

企业（简称）	主营业务	特色产品
百度	超大规模数据仓库、分布式存储和计算、基于人工智能的大数据分析等	百度统计、百度 SEM 工具等
京东	供应链优化、精准营销、智能网站、支付风险控制和 BI 服务	数据罗盘
新浪	社交和兴趣图谱的用户数据等	橱窗推荐等
搜狐	新闻资讯数据等	搜狐 slogan
星图数据	为传统制造业公司、电商平台、网购消费者提供完整的数据分析方案	“D-Matrix”、“iNebula” 数据星云—大数据获取与存储系统、“SkyScope” 渠道巡检系统、“SARK” 数据代运营服务等
百分点信息科技	为电子商务企业提供站内流量转化和商业智能分析的整体优化解决方案	百分点推荐引擎、百分点分析引擎等
九次方金融数据	精准查询公司上市、融资及并购动态	数据分析 3.0 时代等
永洪科技	提供商业智能产品和服务	Z-Data Modeler、 Z-Data Mart、 Z-Dashboard 等
智拓通达	主流社交平台大数据分析、社交化招聘、社交关系管理、第三方社交数据服务	大数据挖掘分析和分布式系统管理软件等

续表 3-8

企业（简称）	主营业务	特色产品
国双科技	基于数据分析的在线业务优化、电子政务、新媒体及电信运营等技术解决方案	Web Dissector、Video Dissector、Streaming Dissector、Mobile Dissector、Contribution Dissector SEM Dissector 等
曙光信息	服务器领域的研发、生产与应用	曙光服务器
盈通万维	精确的网络广告效果监测与分析平台	小艾分析等
拓尔思	中文信息处理、信息检索、内容管理和数据挖掘	TRS 企业竞争情报系统、TRS 大数据管理系统等
集奥聚合	为广告主和代理商提供专业的“广告网络投放管家”服务	大数据平台 DataQuate
博雅立方	提供专业数字营销服务和软件，并推出大数据营销服务等解决方案	搜魔方、竞价标王、智能管家、来电易四大 SaaS 系统等
中搜网络	第三代搜索引擎服务及技术应用提供商	中搜通用搜索、中搜移动船票等
秒针信息资讯	帮助企业主有效评估和优化数据利用效果	AdMonitor、MobileMonitor 等

表 3-9　云计算领域服务商

企业（简称）	主营业务	特色产品
握奇数据	数据安全与认证技术、智能卡及相关产品的研究开发和应用推广等	IC 卡读写器、基于用户可参与性的安全网络交易体系等
天云科技	云服务架构、平台优化、云系统维护等	BeagleData 大数据平台、SkyForm 云平台等
友友天宇	云计算核心技术的研究和发展，开发云计算操作系统（CloudWare™）及应用软件等	一个操作系统平台（CloudWare™），两条产品线（智存、智维），三项核心技术（Bitsflow®、Data-Cell®、NetVM®）等
万国数据	数据中心的设计、建设及 IT 基础设施的运维管理服务等	GDS 数据库、HiA Cloud 高可用云数据中心服务等
云华时代	云产业研究咨询、云解决方案规划和实施和企业云化管理等	云华时代新媒体网站
方正集团	IT 服务、软件、硬件和数据运营在内的综合解决方案等	服务器、网络设备、呼叫中心云服务、BPO、BPM 业务等
世纪互联	服务器及网络设备托管服务、管理式网络服务、内容分发网络及云计算服务等	CloudCDN、CloudXNS、CloudTCP、流媒体点播分发、分布式网络存储，CDN 平台监控等
同方信息	云计算领域的软硬件研发	云终端、云朵会议系统等
蓝汛通信	CDN 服务提供商	日志分析服务平台（CDA）、引擎（CME）、公有云和私有云平台等
天地超云	云计算服务器和云基础设施	NVIDIA GPU 高性能计算服务器服务器产品、XS7000 大规模集群 NAS 系统、云计算管理平台等
中金数据	云计算运营服务商、信息系统和数据中心外包服务商	中金数据中心
八百客	在线企业管理软件、PaaS（平台即服务）管理自动化平台	800APP、八百客 PaaS 平台等
金山在线	云服务平台、云安全等	金山快盘、企业级云服务平台

当前大数据和云计算的应用仍处于早期阶段。除互联网行业外，金融、医疗、交通、政务等信息化基础较好、数据资源储备丰富的领域能助推大数据落地应用取得突破；而公共云服务也将成为社会信息化的主要推动者，在这阶段，云服务将成为社会信息化的通用工具，并且通过完善的技术、服务标准体系，解决服务商间业务互通和用户服务迁移等问题。

3.3.3 安全服务商

电子商务安全服务业既包含信息安全服务业，也包含商业服务业，产业具有交叉性，是具有巨大市场潜力的发展领域。同时，安全服务业是需求拉动型的产业，伴随着信息产业成长而不断成长，是信息安全产业健康发展的保障基础。我国电子商务安全技术主要包括防火墙技术、加密技术、电子认证技术、访问控制技术、信息流控制技术、数据保护技术、病毒检测及清除技术、内容分类识别和过滤技术、系统安全检测报警与审计技术等，其中代表企业见表3-10（排名不分先后）。

表3-10 电子商务安全服务代表企业（未特殊标注的均为北京企业）

安全细分市场	代表企业
防火墙/VPN	东软（沈阳）、天融信、网域神州、H3C（杭州）、联想、360安全、网御等
IDS/IPS（入侵检测/防御系统）	启明星辰、绿盟、安式领信、H3C、东软（沈阳）、网域星云、网神等
UTM（统一威胁管理）	启明星辰、联想、网御星云、天融信、HillStone、CheckPoint（美国）等
SOC（安全管理平台）	网御神州、启明星辰、安式领信、东软等
内容安全管理（防病毒、邮件安全等）	瑞星、金山、赛门铁克（美国）、360、网神等
信息加密/身份认证	卫士通（成都）、航天信息、RSA（上海）、兴唐通信等

电子商务安全服务商除了能提供基础信息安全服务之外，还能依据电子商务特性开发专有的网络安全服务，例如，360安全推出的网购保镖服务、邓白氏公司推出的交易资质认证服务等。信息安全未来发展的重点还将定位于可信计算与可信网络、云安全、移动安全、内网安全、三网融合、容灾与应急、物联网等领域。进一步解除网络用户对信息安全与隐私保护担忧的问题是保障电子商务产业可持续健康发展的必要条件。

3.4 中关村电子商务衍生服务商

3.4.1 人才服务商

人才服务商的主要职责是为电子商务企业提供人才培养、对接和考核等一系列服务。目前电商运营人才、技术性人才需求最大，其次为推广销售人才、供应链管理人才。同时，电子商务是信息技术、商业流程、产品服务等构成的复合体，决定了它还需要综合性的人才。在解决人才问题的渠道上，企业主要还是依赖网站招聘，其次是内部培养提拔、社会人才市场招聘、人力资源服务提供解决方案和直接与高校建立合作关系等方式。具体见表3-11（排名不分先后）。

表 3-11　电子商务人才服务商

服务类型	典型企业
人才培养	各大高校、北京网商动力教育科技有限公司、百度营销大学、北京电子商务中心区应用人才培养基地等
人才对接	智联招聘、猎聘网、百度招聘、赶集网、大街网、全国公共招聘网等
人才考核	中国物流与电子商务人才认证网、全国电子商务人才服务平台等

电商行业发展迅速且竞争激烈，许多企业为了快速夺取市场，培训员工工作相对滞后，导致企业人才流动过于频繁。解决电商人才紧缺问题的建议可概括为：（1）高校应提高学生的企业实践能力，改善当前的电商人才培训体系；（2）电商企业要改善人力资源管理制度，降低人才流失率；（3）完善电商人才认证体系，保证人才输出的质量。

3.4.2　诚信认证服务商

电子商务诚信评估是基于电子商务交易的需求而产生的，以克服电子商务市场的信用障碍和信用风险。其业务是从事电子商务信用信息的采集、整理和加工，并提供相关信用产品和服务，包括电子商务信用调查、电子商务信用评级、电子商务信用服务与管理等，主要解决在线交易中信息不对称问题、减少电子商务交易成本、减少重复博弈带来的经济损失和降低银行信贷风险等。

（1）电子商务信用管理工程——信用之星计划。该计划有中国中小企业协会、中国信息协会以及中国电子商务协会联合发起，提供面向中小企业及电子商务的信用管理工具，并结合电子商务特点研发信星备案、信星核实、信星年限、信星评价、信星统计、信星授信、信星 CA 等规范。

（2）中国电信 CA 安全认证系统。中国电信为参与电子商务的不同用户提供个人证书、企业证书和服务器证书，证书包含了个人、企业和网站的信息，使得互不认识的双方能确认对方身份的真实性和可靠性。

（3）中国金融认证中心。中国金融认证中心（CFCA）是我国金融领域唯一合法的第三方安全认证机构，为国内大部分商业银行的网上银行提供安全保障。CFCA 建立了高水准的异地灾难备份系统，并上线了拥有自主知识产权的安全认证系统——国家金融安全认证系统，各项技术性能指标都达到国内领先水平。

（4）北京国富安电子商务安全认证有限公司。国富安公司拥有国内一流的三地容灾备份体系和电子认证服务基础运营环境。国富安公司在全国设有 37 个证书受理点，在全国 100 个城市设有技术服务支持机构，服务遍布全国，是国内服务范围最广的 CA 认证机构，总发证量超过 130 万张。此外，北京获得电子认证服务行政许可的认证机构共有 6 家，在数量上处于全国领先。

（5）其他诚信认证服务商见表 3-12（排名不分先后）。

表 3-12 其他诚信认证服务商

序号	服务商	序号	服务商
1	北京天威诚信电子商务服务有限公司	6	国富泰企业征信有限公司
2	北京中认环宇技术开发有限公司	7	中国互联网协会信用评价中心
3	北京数字证书认证中心有限公司	8	中国电子商务诚信评价中心
4	国投安信数字证书认证有限公司	9	中国互联网络信息中心
5	中国国际电子商务中心	10	中国电子商务协会数字服务中心

随着商务部《电子商务信用认证规则》颁布实施，我国电子商务信用认证政策正逐步建立完善，各机构初步形成有序竞争态势，但仍存在认证结果难共享、时效性弱、缺乏独立的第三方机构等问题。因此，诚信服务商还应在以下相关方面作出进一步努力：(1) 建立电子商务联合征信平台，实现信用认证信息交换和共享；(2) 加强与行业协会、地方商会、国际著名认证机构的合作；(3) 健全电子商务信用认证的自律机制；(4) 建立失信惩戒机制。

3.4.3 市调咨询服务商

电子商务咨询商即具有咨询行业的基本特征，同时具有电子商务专业知识和丰富电子商务应用经验的专业人士提供的一种顾问服务，旨在帮助电子商务的管理人员辨识和解决电子商务应用中的管理和业务问题，并提供可行有效的解决方案。目前电子商务咨询服务商主要可分为电子商务信息咨询、电子商务管理咨询和电子商务战略咨询三个市场，详细情况见表 3-13（排名不分先后）。

表 3-13 市调咨询服务商

细分市场	典型企业
信息咨询	赛迪顾问、艾瑞咨询、易观国际、贝恩、DCCI、BDAChina 等
管理咨询	埃森哲、毕博管理咨询、新华信、北大纵横、AMT 咨询等
战略咨询	各高等院校、科研院所、战略咨询机构等

据调查，大型企业电子商务咨询服务的市场需求主要集中在北京和东南沿海地区，但咨询服务市场发展并不均衡，服务内容单一、针对性不强。因此要挖掘更大的市场潜力，市调咨询服务商还应该：(1) 发展行业协会、商会、联盟等行业自律组织，形成行业合力；(2) 加强电子商务咨询人才培养；(3) 强化咨询信誉度建设。

3.4.4 社会团体组织

社会团体是指为一定目的而由一定数量的社会成员（包括自然人，法人）所组成的并取得法人资格的社会组织，包括人民群众团体、社会公益团体和学术研究团体等。中关村电子商务产业中较为有代表的社会团体有中国电子商务协会、北京物流协会和中关村电子商务与现代物流产业联盟等。

中国电子商务协会（CECA）是由工业和信息部申请，经国务院批准，国家民政部核准登记注册的全国性社团组织。截至2013年7月，其拥有会员单位53家，主要业务范围为进行与电子商务相关业务的调查研究、举办业内交流活动及项目洽谈会、编辑出版相关书刊及声像资料、开展培训与咨询服务等。其中包括接受工业和信息化部委托的国家信息化指标工作、接受国家信息化推进工作办公室委托的国家信息化培训日常管理工作、协作主办全球网商大会、电子商务信用标准主要起草单位之一等。

北京物流协会是经北京市商务局批准和北京市社会团体登记管理办公室核准登记的非盈利性社会团体法人。其主要作用和任务是为物流企业提供沟通、交流、学习、合作、展示平台，为物流企业提供专业化服务，为北京市政府提供物流发展及政策法规的建议，推进北京物流现代化建设与发展。

中关村电子商务与现代物流产业联盟由在电子商务与物流产业链上下游具有优势的企业（京东、拉卡拉、联想等企业）和科研机构（北京物资学院）共同发起，其目的争取政府产业政策支持，汇聚产业链上下游资源，促进电子商务与物流领域产学研用合作，带动全国电子商务与物流产业发展。该联盟成立以来开展的工作有：协助联盟企业与洛阳、南通、包头、赣州、十堰等地市展开区域合作；组织产业具有影响力的论坛展会；协助建立产业共性技术服务平台等。

4 传统行业电子商务化

本章主要内容为对服装、生鲜农副产品、泛家居、医药、汽车、旅游、教育培训七个传统产业在中关村及其他地区的代表性电子商务企业发展情况做了较为详细的分析研究和比较；并简要概述了物流、房产、法律、艺术品、快餐等产业的电子商务化发展状况，相应总结出各产业电商的发展瓶颈和趋势。

4.1 服装行业电子商务化分析

纺织服装业是我国优势传统行业，也是我国重要的外贸产品，作为服装等日用产品的主要原料，纺织行业的发展速度也决定着服装、纺机等产业的供求关系和价格变动。纺织行业的快速发展对我国经济平稳运行和保持物价稳定有着至关重要的意义，在我国经济中占有重要地位。

目前，我国棉纺、棉纱、棉布、印染布、毛纺，包括针织印染、服装的产能，在全球都处于领先地位。根据国家“十二五”规划，产业转型已是服装产业未来发展的方向，必须推进科技创新、品牌建设，节能减排和产业转移，以实现我国服装产业主动、有序、成熟地“走出去”。

4.1.1 服装行业总体发展规模

我国是全世界最大的服装消费国和生产国。近十几年我国的服装业有较大的发展，尤其在“十一五”和“十二五”交接之际，产业确立了服装强国建设的目标，全面推进产业转型升级，产业发展观、价值观日益清晰，整体素质明显提高，品牌优势地位进一步增强，我国服装业取得了低能耗、低消耗、高附加值、高技术含量的内涵式发展新成绩。我国服装出口从 2008 年的 1197.9 亿美元增长到 2012 年的 1601.55 亿美元，累计增长 33.70%；出口单价从 2008 年的 3.32 美元增长到 2012 年的 4.49 美元，累计增长 35.24%，体现了出口产品附加值的不断提升，我国作为世界第一服装生产大国和出口大国的优势地位得以巩固和加强。同时，限额以上商业企业服装零售额从 2008 年的 3775.50 亿元，增长到 2012 年的 9777.80 亿元，增长 158.98%。

但是从 2012 年开始，服装企业普遍出现现金流紧张、利润下滑、一些门店关闭、经销商矛盾日益突出等问题，服装行业传统商业模式面临着重大挑战。具体来说，2013 年国内服装行业呈现出三个特点：其一，服装企业由前几年的高速增长期进入温和增长期，产业“短缺经济”和“非理性消费”的环境已被“相对过剩”和“成熟性消费”替代。虽然 2013 年全年纺织企业工业增加值同比增长 8.3%，主营业务收入同比增长 11.5%，但无论是与同期的其他工业产业还是与自身过去数年相比，其经济增速都不算十分突出，特别是大型服装企业业绩基本无增长，即便增长也是在 5%以内；其二，并购事件增加。无论是并购国内企业还是国外企业，本质都是用资本手段撬动第三方资源，以期在眼下的温和增长期实现业绩突破。如山东如意集团基于产业链整合的跨国并购日本 Renown 集团；其三，服装企业逐渐重视电子商务平台运作，涌现出一批成功的电子商务转型案例。

4.1.2　服装行业电子商务发展

电子商务为服装产业提供了更为便利和快速的营销渠道和模式：首先，对于服装生产企业可以通过开展电子商务降低成本和扩大市场。调查表明，在一些发达国家，利用电子商务技术（主要指内部网）来降低采购管理成本的公司，投资回报率平均在 10 倍以上；其次，电子商务帮助企业调查用户的兴趣度、搜集客户反馈信息，为客户提供订制化的产品；再次，电子商务促使信息与技术在国际间快速传播，为服装业开辟国际市场空间。电子商务中开拓客户、减少中间环节、缩短供应链、降低成本是服装企业应对门店危机的有效手段，也是促进我国服装产业更好更快发展的重要举措。

综上述优势，我国服装网购市场渗透率逐年增大，销售份额占比持续上升。2011 年我国服装网购市场规模达 2049 亿元，较 2010 年的 1052.4 亿元增长达 94.7%，在服装零售市场中的占比上升至 14.3%；2012 年我国服装网络购物市场规模达到 2392 亿元，同比增长 64.4%，；2013 年服装网络零售总额为 4349 亿元，同比增长 42.6%，占全国网络零售总额的 26.49%，在整体网购市场中的渗透率达 21.7%，预计 2014 年末，服装网购市场规模将超过 6000 亿元，在网购市场中的渗透率约达 27%。

数据显示，2011 年之后服装网购市场销售增速相比往年并没有明显加快，反而呈现出三年持续放缓的态势，增速放缓之下，服装价格涨幅也明显收窄。这也说明了服装网购市场规模已从发展爆发期转向稳定期，服装电商未来销售渠道拓展会与 C2C、B2C、O2O、移动互联网、虚拟试衣间等新模式、新技术相结合，不断优化内部结构以保持相对稳定的发展态势。

传统服装企业的电子商务在品牌、产品供应渠道、物流配送体系、仓储、消费终端者、零售经验、售后服务、各种资源等均有较大的市场优势。因此，其运营模式一般是线上线下的双线并行模式，线下保留门店服务，而线上一般分为自主零售、批发代理、团购电购三种形式，详细情况如图 4-1 所示。

其中，典型综合电商服务平台有京东、慧聪网、唯品会、走秀网、淘宝、天猫、聚划算等；典型独立电商服务平台有凡客诚品、聚美优品、走秀网、梦芭莎、麦考林、美丽说、邦购网、衣服网、时尚起义、逛街网、雅库、海澜之家；典型自建品牌官网有李宁、佐丹奴、乐都特、探路者、NOP、马克买客、2AM、韩都衣舍、红豆商城、美特斯邦威等；典型团购平台有美团网、糯米网、拉手网、大众点评网等；典型电购平台有中视购物、央广购物、雅雀电购、美嘉购物、优购物、快乐购等。

4.1.2.1　中关村服装电商发展

北京作为全国政治、经济、文化的中心，致力于打造“时装之都”，是北方服装业的代表。北京地区作为全国的现代服装品牌策源地之一，经过改革开放 30 多年来的发展，形成了一个独特的区域服装品牌态势。目前共拥有中国名牌 4 个，北京名牌 20 个，著名商标、驰名商标、中华老字号品牌等 44 个，其中服装电商代表企业和品牌如下分析（排名不分先后）。

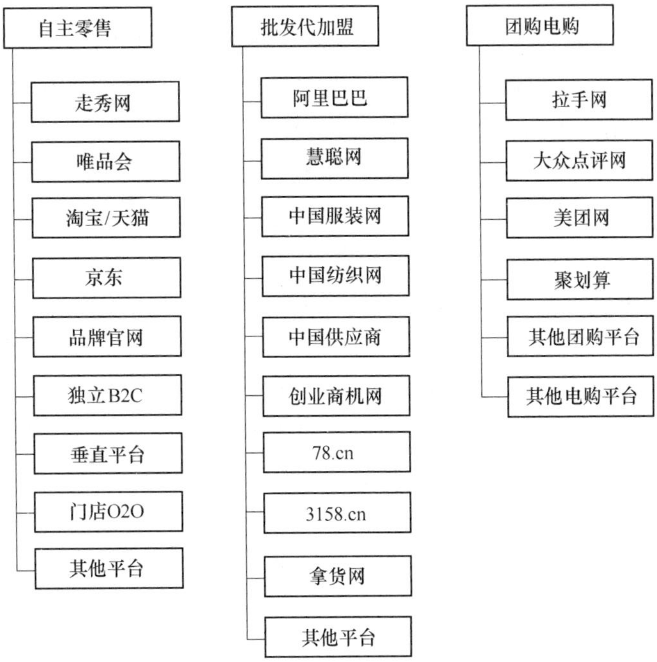

图 4-1 服装网购运营模式

A 凡客诚品

VANCL 凡客诚品于 2007 年 10 月正式上线，定位于自有互联网快时尚服装品牌网上销售的商业模式，其运营初期业务快速成长，短短十个月里就获得了 IDGVC、联创策源、软银赛富、启明创投的先后三轮投资。随后于 2010 年 5 月 18 日上线旗下自营第三方网站——V+，其经营状况见表 4-1。

表 4-1 凡客 V+经营状况

经营指标	相关数据	经营指标	相关数据
日均网站流量（PV）	超过 800 万	年龄构成	85 后用户占比接近 60%
用户总数	超过 1000 万	入驻品牌数量	超过 1300 个
性别比例	男女各约 50%	SKU 数	40 万

据相关数据显示，2012 年凡客占中国 B2C 市场份额的 1.2%，排名第十，是前十名中唯一自主品牌电商；其对比各大 B2C 平台服装（含箱包）销售额数据及排名，凡客达到 65.43 亿，仅次于天猫。

2014 年 2 月 12 日，凡客获得第七轮一亿美元融资，雷军领投，IDG、联创策源、赛富、启明、淡马锡、中信、和通等股东均参与了本轮投资。其后推行的 VDP80 衬衫销售势头上升，通过进一步精简内部管理结构、提升产品质量和物流水平以及增强用户服务体验，该公司继续保持凡客品牌效应。

B 美丽说

美丽说是女性时尚购物电子商务平台，致力于为女性用户提供最流行的时尚购物体验，拥有超过 5500 万年轻时尚爱美的女性注册用户，目前月交易额已达 4500 万人民币。2009~2013 年，美丽说从社会化电商导购网站成功转型为女性时尚垂直品类电商平台，精选上千家优质卖家供应商，为用户提供女装、女鞋、女包、配饰、美妆等品类的优质时尚商品。创立至今，美丽说已获得四轮风险投资，分别来自纪源资本、红杉资本、蓝驰创投、腾讯和清科创投等知名机构和公司的投资。2014 年 5 月美丽说首批参与“微信小店”，可进一步提升用户体验和用户黏性。

美丽说网站的独特优势在于完善的用户体验：用户可以根据喜好关注不同风格，建立自己的时尚圈、学习讨论服装搭配、发表美丽言论、每周两次试用试穿、买家推荐精品好店和款式等。而且在移动领域开发的 APP 多达 9 种，并与凡客、梦芭莎、京东商城、好乐买、乐淘网、乐蜂网、聚美优品等平台有密切合作。

C　寺库

寺库（SECOO）致力打造全球奢侈品服务平台的多元化集团，主要业务涉及奢侈品网上销售、奢侈品实体体验会所、奢侈品鉴定、养护服务等主营业务。寺库是一家 O2O 的电商企业，在线上寺库有海外直购、竞拍、闪购等多频道服务平台，用户可全面感受网购带来的便捷体验；在线下寺库于北京金宝街、上海南京西路、成都人民广场、香港尖沙嘴、东京、纽约、米兰等中心地段设有专属奢侈品体验店“库会所”，提供奢侈品购物体验和鉴定、养护等售后服务。2014 年 9 月，寺库与百度开发的智能可穿戴设备 BaiduEye 合作，共同探索基于智能设备、大数据分析和 O2O 模式为消费者带来便捷、个性化购物体验的可操作方式。这也说明中关村其极具高科技标签的特点，使得电商企业能有更多的机会快速接触和应用高科技产品，迸发出行业领先的创新商业模式和优质服务方式。

D　中国供应商网

中国供应商网由北京奇志浩天科技有限公司管理运营，是推动中国制造业及对外贸易产业的国家级电子商务 B2B 平台。目前主要为企业提供：产品、求购、公司、展会、国际买家、商情、名企访谈、商业资讯、商人工具、活动频道等服务。

E　中视购物

CCTV 中视购物有限公司是中央电视台旗下唯一的电视购物运营平台。该平台依托中央电视台国家级媒体资源，积极担当企业的社会责任，将中视购物打造成电视、网络、目录、手机、移动终端、IPTV 等多渠道全媒体的购物平台。在中视购物六周年店庆活动中，日均销售额突破 600 万元，最高达单日营销 755 万元，创历史新高。

目前中视购物覆盖中国 19 个省、260 个城市，面向全国实施高效物流配送。2012 年，CCTV 中视购物还与南通广播电视台合作成立中视购物华东采购中心，该中心主要面向南通及华东地区，将各类品牌产品引荐到中视购物销售平台，据统计每日销售额达 5 万元。中视购物华东采购中心的优势是：努力发掘优质产品，与商家积极洽谈合作，达成更多的销售协议；而进入中视购物华东采购中心的各类商品，可以通过该窗口跨入全国市场。

F　其他服装网购平台见表 4-2（排名不分先后）

表 4-2　其他服装网购平台

企业	主营业务	企业	主营业务
上品折扣网	中国百货折扣店网络商场	乐蜂网	服饰精选+购物指导等
衣裳网	服装产品专业生产加工等	央广购物	电视购物
聚美优品	服装鞋包特卖+闪购等	探路者官网	探路者品牌等

4.1.2.2 其他地区服装电商发展

从全国的服装产业发展来看，珠三角、长三角这两大传统产业聚集地仍为主要的服装产出地区，但中西部的崛起之力也不容小觑。珠三角、长三角凭借其沿海贸易出口的地理优势及长期培育形成的稳定的加工链优势，固守行业龙头；中西部地区作为后起之秀，有较明显的劳动力成本优势，加之离能源及材料产地近，因此其加工价格也相对较便宜，成为众多发单方的新选择。其中以江苏、浙江、广东、上海、山东、湖北等地为代表形成地方独有特色的格局：杭州——“天府之国”是丝绸和女装基地、深圳——“时尚之都”是服装外贸胜地、武汉——“江汉服装”引领国内区域服装经济、上海——“东方巴黎”是中国时尚的最前沿。

我国对外开放程度较大的省市，在中国服装业发展中也发挥着举足轻重的作用，具体分析如下。

A 广东

（1）唯品会。唯品会国内首创尾品特卖独特的商业模式，加上其“零库存”的物流管理（全国仓储面积将达40万余平方米）以及与电子商务的无缝对接模式，唯品会在短时间内发展十分迅速。目前，唯品会会员数已达近5000万，合作品牌超过8000个，其中全网独家合作品牌1000多个；日处理100个品牌的授权特卖，订单数超30万。2012年3月唯品会在纽交所成功上市；2013年上线腾讯微信支付功能，2013年净营收为17亿美元，净利润达5230万美元，连续五个季度实现盈利；2014年唯品会入股乐蜂网并收购东方风行23%股份。

（2）梦芭莎。广州摩拉网络科技有限公司旗下品牌包括：梦芭莎、若缇诗、蒙蒂埃莫、所然、韩伊儿等。梦芭莎2007年从内衣电子商务开始发展，在中国女性内衣电子商务的知名度领先。其优势是品牌管理和优质客服，公司按照不同的顾客细分群体打造了多个自主时尚品牌，保证了二次购买率高达70%以上，远高于其他同行业电子商务企业。目前公司已经和珠三角，长三角超过1000家生产厂商直接进行OEM生产合作，将进一步拓展生产和营销渠道。

B 上海

（1）美特斯邦威。美特斯邦威借鉴快时尚品牌优衣库的营销模式，线上销售主打天猫旗舰店与邦购网，邦购网还将与移动互联网端共同承载会员识别与转化的任务，与微信进行对接，并兼具新品首发渠道的功能，以辅助推动线上与线下互动；线下销售主打将旧门店改造为特色直营O2O体验店，其中，新华国际旗舰店作为二代升级版O2O体验店展现了许多购物模式突破。首先，线上支付（支付宝、微信）与无线网络全覆盖可以帮助完善CRM系统；其次，布局个性社交区、增值客户体验，再次推出以“时尚搭配助手”为亮点的多为一体化试衣间，并联手百世汇通，在为客户切实解决购物问题的同时，探索实体经营与电子商务融合的更优模式。

（2）麦网。麦网由中国最大的邮购公司上海麦考林国际邮购有限公司于2000年4月开通的一家时尚百货类B2C电子商务门户网站，相继与日本最大的邮购公司Nissen、美国著名服装公司Iconix和韩国Giosis、Qoo10趣天电商公司合作，成功建立了多渠道零售平台。其优势在于拥有丰富的传统零售及直复式营销经验，完善的结算体系和物流体系。

（3）李宁官方商城。2007年年底，李宁公司与淘宝合作启动网上购物渠道建设，一些符合资质的淘宝门店被李宁公司收编。积累了一定经验后，2008 年 4 月份，李宁官方网上商城开张，李宁公司成立了专门的电子商务部门，和淘宝等国内主要电子商务平台开展广泛合作，并建立了李宁自己的电子商务网站李宁商城。但李宁商城引起了其线下分销商的不断抱怨，主要原因是线上销售的低价折扣已经影响到实体店铺销售，网上的定价甚至低于大部分分销商的采购折扣价，这一冲击使得线下实体店一时无法经营，而且过度甩货策略伤及品牌形象。

相较而言，苏宁通过门店 O2O 线上线下结合的模式找到了适合企业自身发展的方向。由此分析，传统服装企业在转型电商过程中，最需重视的是如何解决线上线下供应链资源整合问题，使得线上线下利益协调、互为引流。

C　浙江

中国纺织网隶属于浙江网盛生意宝股份有限公司，该公司旗下还创建并运营中国化工网、全球化工网、中国纺织网、中国医药网、中国服装网、机械专家网等多个国内外知名的专业电子商务网站。

中国纺织网拥有专业的纺织搜索引擎和纺织产品数据库，内含全球 8 万多个纺织站点和 11 万余条产品信息，内容涵盖商业机会、国际求购、纺织配额、新闻中心、政策法规等纺织行业的方方面面，日访问率达 35 万人次，在同行业内占有 50%以上的市场份额。

D　湖北

湖北壹叁电子商务有限公司是一家集服装服饰类项目开发、品牌包装、市场推广、电子商务为一体大型服饰产品生产、贸易性企业，主要客户群体为服装批发零售商、网店代销、零售。公司核心原创团队为韩国 G&C 会社（株）中国区高层，大量汲取了国内外众多知名服饰品牌的成功经验，从市场流行性、持久性、特色性和传播性等多方面考虑品牌定位，快速塑造品牌项目，短时间内即可形成市场热销。

该公司核心竞争力在于：（1）自主开发的 ERP 系统及电子商务平台（全权自主知识产权）实现了电子商务信息网络化，建立了管理、生产、销售等各个环节的计算机终端联网的“信息高速公路”，实现了内部资源共享和网络化管理；（2）与国内外 2000 多个厂家有着密切的合作关系，经营的服装服饰均系名品优价产品。

E　江苏

2008 年 6 月，红豆集团以淘宝等第三方平台为切入点，进军电子商务。2009 年 5 月 18 日，红豆商城（品牌官网）正式上线测试。网站采用 B2C 商城模式，上线初期已整合了红豆集团内部 16 家品牌供应商入驻，产品涉及红豆男装、依迪菲女装、居家、家纺等多个品类，合计 SKU 达 2500 余款。

红豆集团电子商务发展迅速，到 2011 年底，集团网络销售总额达 1 亿元，2012 年该值突破 4 亿元，同时组建了近 200 人的网络销售团队，建立了现代化的电子商务销售系统与物流系统，计划到 2015 年底网络销售总额达到 20 亿元。在此前提下，红豆集团将电子商务发展战略提高到了集团高度，加大投入建立线上自主电子商务平台和线下 O2O 体验店。

F　山东

韩都衣舍是典型依靠电子商务成名的服装品牌，线下少有实体门店，属于“轻资产”

模式的服装电商品牌，属于此类的还有七格格、茵曼、裂帛、女巫和她的绵羊米娅等品牌。

目前，其仍在淘宝（天猫）平台和京东商城的女装类目销量排名第1位，但是诸如韩都衣舍这类发家于淘宝等电商平台的服装品牌，其市场底蕴较传统服装企业而言还是偏低，面向消费人群有一定限制，所以当前此类服装品牌首要任务仍是拓宽业务，韩都衣舍已自建品牌官网，品类上也有所丰富，逐渐从“小而美”的定位向规模化发展。

G 天津

绫致时装与腾讯微信合作O2O，3个月试验66家门店的效果是1000万销售额，这为传统服装行业的转型树立了一个较为成功的模版。实际上，绫致时装O2O模式最重要的特点是借助O2O衍生出私人定制模式。私人定制模式是指利用O2O工具（第三方O2O平台、自有APP等）建立起品牌商与消费者之间的长期联系和无缝沟通，充分利用国内微信、微淘等移动APP大入口的便利优势，一方面品牌商可以基于消费者过去的消费记录向其单独推送商品和优惠信息；另一方面消费者也可以主动向品牌商提出自己的个性化需求（预约试穿、送货上门等），结合自身的服务、体验，进行融合式的创新，满足消费者对服装品牌的“私人定制”。

H 其他地区服装网购平台见表4-3

表4-3 其他地区服装网购平台

企业	地区	主营业务
太平鸟商城	浙江宁波	太平鸟品牌
环球鞋网	福建厦门	品牌鞋类等
ZARA商城	上海	旗舰品牌Zara等
衣联网	广东广州	服装批发等

4.1.3 服装行业电子商务发展趋势

服装产业及其电商的发展重点在于如何从规模的增长转变为质量和效益的增长，实现品牌“走出去”、市场“国际化”的目标，其中产业升级改造是关键词。作为典型传统产业，服装产业向价值链两端环节延伸可以通过品牌提升、文化融合、大数据、互联网思维等路径，引导企业向微笑曲线两端延伸提升品质，构建“设计、生产、销售、服务”的全产业链模式，增强产品价值链控制能力，实现附加值提升。经过大量调研和分析，关于推动服装产业转型发展的建议可概括为：

（1）推进传统企业“两化”融合进程。传统服装企业一方面在线下工业化进程中加快信息化建设步伐；另一方面是加快企业电子商务集成创新，内外贸相结合，走电子商务应用差异化道路。对于自建电商、入驻平台或多渠道开展的选择需根据企业实际情况展开，切勿跟风。

（2）明确分工，加快线上线下均衡发展。服装零售商正处于“Social社交+Local本地化+Mobile移动+Me个性定制”经济时代的起点。零售商应该保证线上线下的商品信息协调统一，并且线下注重售前和售后服务，线上注重销售制度（包括店面形象、网络经销商授权、经营法则、推广方法、品类结构的相应规范等）和产品质量（应从尾品库存消化转向线上线下新品同步），使消费者多样化选择购买途径，并消除可能存在损失的顾虑，提高消费者购买信任度。

（3）建立数据联动机制，加强行业统计监测及应用。通过建立大数据收集、整理、分析系统，满足行业和企业对数据产品的需求；并实时统计市场数据，及时作出调控计划。

（4）鼓励引导行业骨干企业带动中小企业，缓解“融资难”问题。部分大型服装企业已开始跨界开设或投资入股商业银行，其中典型企业为红豆商城。由大型服装企业开辟金融业务，因其对服装产业供应链各环节运作有其丰富的经验和专业的团队，所以在解决中小型服装企业对营运现金流的需求、降低融资难度、提升行业拓展与海外合作的支撑点、提升高端商品的零售消费增值功能等方面有更多优势。

（5）实施“品质、品位、品牌”战略，提升服装产业品牌价值、引导支持服装产业与文化创意融合发展。要提高企业的品牌文化意识，引导企业把品牌文化作为名牌带动战略的一项重要工作。赋予品牌鲜明的个性、诉求和理念，并将品牌提升理念融入产品研发、外观设计、质量控制、产品营销、售后服务等各个环节，不断丰富和提高品牌的时代信息和文化内涵，增强品牌的知名度、美誉度和忠诚度。同时，以“产业设计化”、“设计产业化”为目标，重点发展工业设计、时尚设计、新媒体设计、商业模式及服务设计等领域，大力培育发展新型设计业经营业态。

（6）运用“互联网、大数据”思维，积极推广新技术在服装产业的应用。以“用户至上、体验为王、高效便捷、突破时空”为特征的“互联网思维”，对传统产业可以产生颠覆性的创新。如雷军借助互联网营销而成就小米手机的辉煌。优势传统产业也要逐步引入大数据、移动互联网、智能穿戴设备等新技术，提升企业研发、生产控制、市场营销、供应链管理、人力资源管理等环节自动化和智能化水平，优化生产流程，创新商业模式，以此提高生产精度和销售的广度，实现供应链的全球一体化，将产业链与价值链整合为全球价值网络。如开展大数据消费习惯分析、3D 试衣间、网上商城、社交化营销、智能供应链管理、互联网金融等。

（7）服装电商 B2C 和 O2O 模式双管齐下。伴随着网民网购意识的不断增强，服装 B2C 市场交易规模将保持增长，并且服装作为最受用户青睐的网购产品自然会越来越受关注。同样，传统服装品牌拓展网络渠道也面临线上、线下供应链整合的问题螺旋式的上升过程，以线上向线下导流，线下完成售后服务的“商品+服务”O2O 经营模式主要应用于品牌号召力较强，同时销售以门店体验和服务拉动为主的服装品牌。具体措施如线上发放优惠券线下使用，增加门店销量；线上发布新品预告和相关搭配，吸引用户到店试穿、刺激用户购买欲望；收集门店用户数据，做精准营销；通过地理位置定位功能帮助用户快速找到门店位置，为线下门店导流等。

4.2　生鲜农副产业电子商务化分析

生鲜农副产品是我国消费者除粮食以外最主要的食物营养来源，在日常生活消费中占有十分重要的地位。随着城市居民生鲜消费需要的变化，电商生鲜经营随之诞生并迅速发展，对集贸和超市市场带来了新的商机。

4.2.1 生鲜农副产业总体发展规模

相关数据显示，2012 年我国食品工业产值约为 10 万亿元，进入流通领域的生鲜农副产品价值总额达 2.45 万亿元，相对于生鲜农副产品在传统零售超市 20%的销售额比例，通过电子商务流通的生鲜农副产品仅占 1%左右，但是到了 2013 年，生鲜农副产品网购零售成交额相比 2012 年增加 195%。由此看出，生鲜农副产品在网上零售市场占比虽然较小，但呈现大幅增长态势。

一方面生鲜市场规模巨大、毛利高（海鲜毛利 50%以上，普通水果约 20%，冻肉 20%~30%）、网络份额占据还很小（发展空间极大）；另一方面随着冷链物流技术的提高和人们消费习惯的转变，生鲜农副产品在电子商务渠道上的渗透率逐年快速提高，具有潜在市场广阔、重复购买率高、用户群体稳定的特点；而电商模式也为生鲜农副产品的传统零售商也提供了挽回客流的新渠道；同时生鲜电商也促使冷链宅配设备终端需求开始呈现爆发增长，预计市场规模将超 360 亿元。

（1）在电子商务领域。2012 年食品生鲜网购市场交易额 40.5 亿元，环比增长 285.7%；2013 年生鲜食品网购交易额 57 亿元，同比增速 40.7%，2012~2013 年复合平均增长率达 138.5%；2012 年年底时易果网月销售已经达到千万元；2013 年生鲜农副品类的销售额已经占到顺丰优选销售额的 30%到 40%比重；淘宝指数显示生鲜搜索和成交同比均超 100%。从上述数据客观预计，未来 5 年生鲜农副电商行业增速超过 100%，到 2020 年市场规模约达 1000 亿元，生鲜将成为电商行业继图书、3C、服装之后的下一个热门品类。

（2）在传统生鲜零售商领域。2012 年永辉超市生鲜及加工业务的营收约 109.59 亿元，同比增加 39.50%，占公司同期营收 246.84 亿元的 44.40%，公司生鲜及加工业务实现营业利润 14.19 亿元，同比增长 36.97%；2013 年上半年公司实现净利润 3.84 亿元，同比增长 100%；其中 2013 年二季度（永辉生鲜网站上线期间）实现净利润 1.09 亿元，同比增长 46.76%。虽然永辉超市旗下的生鲜类网站“半边天”上线不足百日，这与背后电商运营成本、供应链管理机制等有关，但电商无疑给生鲜传统零售行业带来了新的利润刺激点。除永辉超市外，沃尔玛中国、京客隆、麦德龙等超市均在逐渐布局 O2O 电商平台。

（3）在冷链装配领域。电商巨头的介入及其采用的“电子商务+冷链宅配”的模式将大幅提升冷链终端渗透率，并开启家庭零售市场的二次成长，中小型冷库建设井喷在即。2013 年，我国冷链固定资产投资已超过千亿元；而随着家庭终端需求的几何级数增长，2011~2012 年冷链宅配占快递总单数比重从 0.23%上升到 0.29%，2013~2015 年冷链宅配年复合增速有望达到 80%~120%，带来的冷库、冷藏车市场规模将超 360 亿元。此外，食品加工厂商加速布局全国批发市场网络，也将使配套的冷链物流产业迅速增长，预计配套设备投资 2015 年将达 460 亿元，2025 年有望达千亿元。

4.2.2 生鲜农副产业电子商务发展

从 2005 年开始，以易果生鲜为代表的生鲜电商就已经开始起步发展；2009 年，面向上海外籍人士的甫田网正式上线；2010 年，沱沱工社和优菜网分别开始运营；2011 年，中粮旗下的我买网和淘宝网开设生鲜频道，综合类电商网站也开始进入生鲜电商市场。

2012 年，顺丰优选、本来生活网以及京东商城的生鲜频道分别上线，营销见长的本来生活网主打“褚橙”产品，迅速使生鲜电商进入人们的视线，生鲜电商之间的竞争由幕后转移到了台前。2013 年，1 号店和苏宁易购分别涉足生鲜电商，东方航空也宣布东航产地直达网上线。由于生鲜市场的交易额巨大且市场渗透率低，各方对于生鲜电商市场的争夺日渐激烈。

生鲜农副产品的电子商务运营模式主要分为四种：即传统零售商（超市、海鲜市场、基地等）自建电商或与电商平台合作，典型代表有沃尔玛、京客隆等；纯电商平台的垂直运营或综合运营，典型代表有阿里巴巴、京东、易果网、本来生活网、沱沱工社等；地方政府、供销社、农业基地等共建电商联盟或搭载巨头电商平台，典型代表有重庆市农业电子商务产业发展联盟、辽宁省农产品购销服务电子商务平台、遂昌—淘宝、通榆-1 号店等；最后一种是试图涉足电商领域的物流公司，典型代表如顺丰物流、东方航空等。商务部 2013 年 11 月公布的数据显示，全国涉农电子商务平台已超 3 万家，其中生鲜农副产品电子商务平台已超 3000 家。

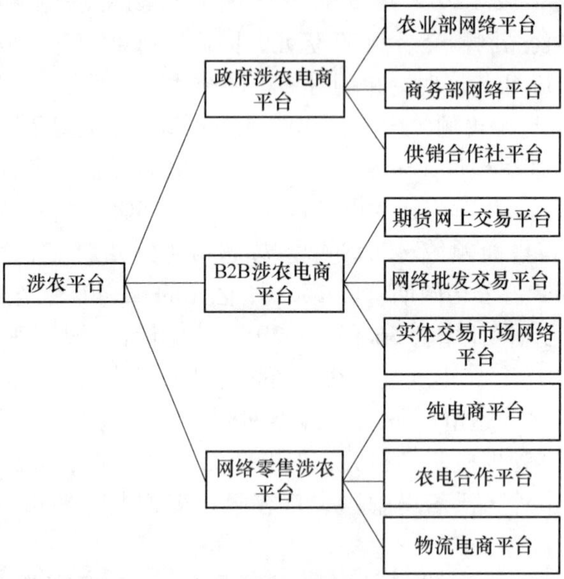

图 4-2　生鲜农产品电商平台分类

4.2.2.1　中关村生鲜农副产品电商发展

中关村生鲜电商以垂直类企业沱沱工社、本来生活网、优菜网等为代表，综合类企业以我买网为代表，平台类企业以京东、亚马逊中国等为代表。其中垂直类生鲜电商在品牌方面和本地冷链系统拥有较大优势，但在供应商方面把控能力较低、平台体量小、产品渠道不具有垄断性；综合类生鲜电商可全品类运营、整合供应商的能力强、消费者规模更大，但用户黏性还取决于电商企业的服务质量和配送速度；平台类生鲜电商有平台跨地区优势、用户黏性更高、业务覆盖地区更广，但一定程度上制约于自有的冷链物流配送体系，配送范围和效率有待提高。

A　国家现代农业科技城

2010 年 8 月 16 日，科技部与北京市政府举行了共建国家现代农业科技城签约仪式。

科技城将采取“一城多园”布局，以“五个中心”为平台，以“多园”为载体，形成“中心”与“园区”互动、科技城与外埠园区网联的发展格局。“五个中心”包括农业科技网络服务中心、农业科技金融服务中心、农业科技创新产业促进中心、良种创制与种业交易中心和农业科技国际合作交流中心。“多园”是指在科技城内建设若干特色鲜明、专业性强、辐射面广，具有现代农业高端形态的特色园区。

科技城以“高端、高效、高辐射”为目标，以农业高端研发、产业链创业和现代服务业引领为重心，实现农业高端服务、总部经济研发、产业链创业和先导示范功能。目前已完成了生物饲料创新平台、生物肥料创新平台、生物农药创新平台3个平台的建设工作，平台凝聚企业29家、新技术4项、专利5项，并支持培育了4家重点企业和3个创新团队。

B　政府涉农电商平台

在政府涉农电商平台中，农业部“一站通”网站、工信部推广的中国数字农村网项目和商务部推广的新农村商网项目走在前列。新农村商网通过举办网上农产品购销对接会、特色农产品网上对接专场、应急性对接专场和常态化的购销对接服务等多种形式，为全国1400个县的各类农产品提供了及时有效的对接服务。

C　北京市农民专业合作社网

该网站主要功能：一是建立全市农民专业合作社综合门户网站，向全社会推介各类合作社及其相关产品和服务；二是为合作社提供社务信息化管理服务；三是为合作社及其成员提供农产品生产、销售、配送等环节的质量安全追溯管理；四是为各级主管部门提供合作社总体情况及信息查询和分析，为政府决策提供依据。另外，各区县经管站、农合中心分别建有本区县的农民合作社平台，如房山农合网、密云网联社等。

D　顺丰优选

顺丰优选于2012年5月上线，打造高附加值品类为核心+C2B直供平台模式，并在全国范围内迅速扩张。据艾瑞咨询最新监测数据显示，2013年10月下单人数8.6万人、下单笔数16.7万单、客单价200元左右。

该公司优势：其一，依靠顺丰快递覆盖全国的高效物流体系，商品配送范围广、速度快，常温商品凡顺丰速运可到达均可配送（统计57城），生鲜配送覆盖11城（北京、天津、嘉兴、上海、苏州、无锡、杭州、广州、深圳、东莞和佛山）；其二，实施全球产地直采直销模式，商品的品质能满足高端人群需求。

E　京东商城

京东主要通过两种方式来实施“农电对接”活动：一是京东开放平台与北京、河北的18家生鲜基地达成战略合作，直供果蔬等生鲜产品；二是在新疆、烟台、海南等地进行圈地，开展生鲜作物自产自销模式。

F　沱沱工社

北京九城天时生态农业有限公司打造的沱沱工社定位于本地化有机生鲜平台，投资7000余万元自建农场（同时也销售进口产品或其他农场的产品），利用城市周边的土地进行种植，把绿色农产品挂到网上进行销售，收到订单后进行同城物流配送，旨在打通全产业链结构。2012年沱沱工社的增长为181%，营收2311.2万元，毛利为474.9万元。同时，沱沱工社还借助英文版网站的上线来布局国际化市场，为外籍客户提供在线优质食品订购服务。

4.2.2.2　其他地区生鲜农副产品电商发展

A　重庆

在重庆市农委的主推下，重庆本土生鲜农副产品电商企业共同发起成立“重庆市农业电子商务产业发展联盟”，欲斥资5亿元，以电子商务为纽带，整合重庆市农业产业全产业链的资源，为重庆现代农业的发展与城市居民农产品消费搭建起一体化的产供销立体网络平台。该平台是全国首家以电子商务平台为载体，将传统农业全产业链与现代种养殖、农产品电商（营销）、产品包装、品牌打造、农业金融、物流配送、社区便民等独立的商业模式，转化为多元化互补的综合服务型的功能性平台。下一步，联盟将集结重庆本土更多电商平台，通过市场优化配置，与更多的农民合作社、家庭农场、种养大户及农业企业对接，缩减中间环节，构造农产品现代流通体系，提升农产品城市物流配送水平，助推传统农业做大做强。

B　武汉

惠农易购（自建B2B涉农电商平台）是武汉农畜产品交易所根据湖北省委省政府的要求，围绕服务三农、服务区域板块，结合农产品市场层次需求而建设的专业农产品电子商务服务平台。该平台实行开放战略，联合涉农电商平台和入驻商家，为消费者提供农产品信息发布、农产品线上交易（农产品零售交易、农产品大宗批发交易和农产品竞拍交易）、线上配套物流服务、金融支持服务和涉农资讯等服务内容。

C　浙江

阿里农产品电子商务白皮书显示，至2013年，在阿里巴巴B2B平台，经营农业类目的诚信通商户约达到1.6万个。以淘宝网（含天猫）为例，2012年，正常经营的注册地在农村（含县）的网店数为163.26万个，其中注册地在村镇的为59.57万个；经营农产品类目的网店数为26.06万个，到2013年增至37.79万个，涉及农产品商品数量1004.12万个，其中生鲜相关类目保持最大增长率。阿里巴巴通过淘宝、天猫、聚划算等多维度平台铺开生鲜农副产品，并结合快速冷链空运、干线调拨、末端宅配，开展C2B预售服务模式。

D　上海

（1）上海农产品进出口交易平台。上海农产品中心批发市场是农业部定点市场，是商务部等13部委认证的全国四大绿色样板市场之一，是上海市农业产业化国家龙头企业。上海农产品进出口交易平台细分出结算平台、贷代业务、业务查询和物流配送四个子功能平台，并正筹备融资业务平台。该平台可为买卖双方提供商品报价、定金支付、货款结算、报关报检、物流查询等业务。

（2）易果网。易果网凭借8年的在生鲜销售领域的经验打造出具有专业化水平的服务团队，现如今已成为涵盖蔬菜水果（包括跨境水果）、蛋肉家禽、海鲜水产的综合电商，其搭建的“悠悦会”——综合食品服务网络平台，以专业买手的身份，精挑细选，逐步建立“易果”、“原膳”、“乐醇”、“锦色”等品牌，覆盖中国人饮食结构的主要部分。据调查，2012年年底时月销售已经达到千万元。

E 新疆

新疆大宗农产品电子商务交易平台是新疆率先推行的农产品电子商务交易平台，经新疆生产建设兵团发展和改革委员会批准认可，主营新疆特色的农产品现货资源，如库尔勒香梨、灰枣、液态奶、全脂驼粉、罗布麻茶、特色干果等。

其他生鲜农副产品电商平台见表4-4（排名不分先后）。

表4-4 其他生鲜农副产品电商平台（按上线时间排序）

平台	地区	上线及运营时间	平台特色
山绿农产品	湖北	2005 年注册	农产品收购、化肥、农药等
电果网	北京	2006 年成立	水果商品
优果网	上海	2007 年创办	国内外水果自建冷库
和乐康	上海	2008 年上线	有机食品
香满园	重庆	2008 年成立	水果市场、干副水产市场
莆田网	上海	2009 年上线	跨境果蔬交易
菜管家	上海	2009 年上线	粮油食品
优菜网	北京	2010 年上线	蔬果等生鲜，配有实体店
我买网	北京	2010 年上线	蔬果生鲜，配有冷库
贡天下	北京	2011 年上线	地区特产
智能菜柜	北京	2011 年开办	面向社区，蔬果
鲜直达	北京	2011 年上线	蔬菜、水果类
电子菜箱	武汉	2011 年开办	面向社区，蔬果
沁坤电子商城	湖南	2011 年注册	农产品网上销售及信息咨询
本来生活网	北京	2012 年上线	褚橙，肉禽水产等
全农惠	四川	2012 年上线	鱼类等生鲜，配有实体店
亚马逊中国	北京	2012 年开办（生鲜）	海鲜，门外配送和在家配送
贝思客	上海	2012 年上线	蛋糕食品、极致服务
佳沃（联想）	北京	2012 年成立	蓝莓、高端水果品牌
美味七七	上海	2013 年成立	时令水果蔬菜、蛋肉家禽、海鲜水产、牛乳制品、粮油副食品等 9 大类
东航产地直达	上海	2013 年成立	航空运输、实时信息跟踪
中国地理标志产品商城	北京	2013 年上线	土特产，地理标志安全认证
鲁派 E 家	山东	2013 年上线	食品加工厂生鲜平台
新发地	北京	2013 年开办	批发市场+网络模式

4.2.3 生鲜农副产业电子商务发展趋势

生鲜农副产品是人们的生活必需品，消费黏性高。作为重复购买率和活跃度较高的品类，生鲜农副产品为电商带来稳定的流量、持续的消费和较高利润。

同时，生鲜农副产品无论是在选品过程还是物流运输都具有非标品、易腐性、地域性极强、跨地域业务操作难度大等特点。因此，生鲜农副产品产业电子商务的发展趋势与物流、产品品牌和运营模式这三个方面具有密切联系。

（1）物流资源共享。生鲜品类对时效的要求很高，需周转快、库存低，缩短产地和顾客之间的距离，确保生鲜食品的质量和新鲜度。亚马逊中国解决此问题的办法是采用门外配送（门外需提供冷链柜）和在家配送两种方式，然而为有效实现这种高技术和高服务质量的需求，整合物流资源并开放共享平台是亟待推进的措施。邮政系统已与菜鸟平台合作，并计划对民营物流企业开放邮政超 10 万个网点作为自取点，目前包括顺丰、“三通一达”在内的多家国内快递企业已全面接入菜鸟平台。

（2）产品品牌+差异化运营。一方面企业需打造消费者信赖的品牌产品，为长期发展打好基础，如联想集团战略投资高端水果品牌“佳沃”。具体开展措施有扩充单品种类、加强质量认证（有机认证、产地认证）等；另一方面企业须借助地域特色差异化运营，深耕细分品类的市场优势、强调货源的地域特色、增强产品竞争力，如通榆县“三千禾”品牌；同时依靠电商平台、微商平台、自媒体平台等渠道，推广宣传产品，保证货源的及时流通供应，以免滞销。

（3）“O2O+C2B”模式优化产业链。借鉴美国 Farmigo 等生鲜电商的发展经验和分析我国居民的消费习惯，生鲜市场的未来会由供给推动型向需求推动型转变。因此，电商一方面应与已成熟的线下实体店（超市、便利店等）建立合作关系，创新开展“农产品搜索+Map+在线购买”的模式（即顾客可根据所在地在平台上选择附近的电商和提货点），使消费者的 O2O 购物更加便捷准确并提高产品配送效率和灵活性，降低产品损耗；另一方面 C2B 模式（包括消费者线上预下单模式和原产地预订直销配合周期供应的模式）优化了电商供应链：集合消费者离散的小订单成为大订单，增强了前端供应链议价能力，供给完全匹配需求，降低企业库存和损耗，解决农户积货风险，满足率客户多元化需求，有利于培养客户忠诚度并能改善我国食品安全问题。

4.3　泛家居产业电子商务化分析

建材装修行业在业内被统称为泛家居行业，其包括了家具、卫浴、小家电、照明、饰品、电工、五金、地板、涂料、橱窗、厨卫、水暖、通风及相关产业链配套行业。随着我国国民经济的发展，人民生活水平不断地提高，人们对生活质量的要求也越来越高，建材家居业也越来越受到社会的广泛关注，建材家居业以其特有的双重属性，即生产资料属性和生活资料属性在国民经济中起到很大作用。

4.3.1　泛家居产业总体发展规模

我国家居行业年产值超过 10 万亿元规模，制造企业数量将近 50 万家，下游卖场、经销商店面超过 300 万个，从业人员接近 5000 万人。然而，目前建材家居行业面临的形势仍比较严峻：首先受国家房地产调控政策的影响，建材家居的实际购买力相对下降，需求不能维持销售额的增长；其次，无论是建材家居卖场的渠道还是生产制造企业的产能都已经表现过剩，出现了恶性竞争局面。数据显示，2013 年上半年全国规模以上建材家居卖场 6 月销售额为 1028 亿元，环比下降 2.71%，同比下降 17%；1~6 月累计销售额为 5196 亿元，同比下降 6.19%；由商务部流通业发展司、中国建筑材料流通协会共同发布的 2013

年6月份全国建材家居景气指数为108.10，环比下降1.01%，同比下降11.51%。

我国泛家居产业的发展主要遇到以下主要制约：

（1）产业产能过剩，产品销售困难。

（2）市场开拓成本高，渠道网点难以下沉。

（3）渠道环节过多，市场终端产品价格缺乏竞争力。

（4）市场竞争加剧，销售利润越来越薄，市场缺乏公平的竞争环境。

（5）原材料不断上涨，而产品价格不涨反跌。

（6）市场用工短缺，企业招工难，人力成本不断上升。

（7）房地产市场受国家宏观调控影响，大中城市消费需求出现萎缩。

（8）运营模式落后，店面盈利能力有限。

（9）产品更新换代速度越来越快，使商家库存压力越来越大。

（10）产品线单一，难以满足市场对产品多样化的需求。

但是，在“两会”推动经济转型、楼市交易回暖增长、全球聚焦中国市场等宏观环境和产业政策的有利形势下，泛家居产业规范化、集中化以及综合服务和盈利能力的提升仍是大势所趋。

4.3.2 泛家居产业电子商务发展

目前，电子商务正深刻影响和改变着泛家居产业销售格局，这也是行业整体疲软下最活跃的市场群体。由于传统的靠出租柜台为主和一站式购物的经营方式，已不能适应规模越来越大的保障性住房及精装修房的需求，因此只有通过转型发展才能赢得新商机，而发展电子商务与供应商构建新型合作关系及完善服务是有效出路。2012~2014年初，家居建材行业频出企业“涉水”电商，其中小型的家具、建材、家纺等产品销售情况较好。2014年，我国家装电商交易规模达到1197亿元，比2013年增长50%左右，在建筑装饰行业（含公共建筑工程装饰、住宅装饰装修及幕墙行业三部分，据中国建筑装饰协会预测全年市场规模为40709亿元）中占比约为2.9%，在住宅装饰装修市场中占比预计为8%左右，整体来看，家装行业线上渗透率相对较低，但整体市场保持较快增长。

概括目前传统泛家居企业对于电子商务的定位，主要分为以下几类：第一类是试水。这是许多传统企业试水电子商务的普遍心态，认为电子商务是未来市场的核心阵地，但因为人员及配套体系不到位，所以先以“小股兵种”涉足电商领域；第二类是将电商平台作为品牌宣传推广的重要窗口。通过官方旗舰店，统一各大电商平台经销商、分销商或其他客户自主建设的各种网店形象、价格和服务，从而在网络上建立统一的品牌形象，同时通过网商平台强大的关注率，提升品牌知名度和美誉度；第三类是促销平台。定期通过电商统一进行各种团购、促销和库存处理，从而加快资金回笼；第四类是垂直电商平台。通过成立独立电商事业部或运营公司，将电商打造为继传统专业市场、工程、家装、KA（卖场）等销售渠道后的又一解决方案，并进行独立成本核算和利润分配，这也为越来越多的传统企业所接受和运用。

与服装鞋帽、3C、图书音像等产品相比，装修家居建材商品对售后服务要求高、标准化程度低及物流成本高等特征，一定程度上影响了家装商品电子商务化的进程。随着电子商务进程的加深及网络销售商品品类的不断扩充，家装电商开始进入了快速发展期，但与其他品类电商相比，家装电商仍然呈现出了独特的特点：

（1）重体验。家装产品作为一种耐用消费品，不仅单价高，并且使用时间长，因此消费者在进行家装产品购买决策时更加谨慎，除了注重家装产品的审美体验外，更注重使用的舒适度、家装使用材料的安全性、做工是否精细、结构是否稳固等方面。因此，家装产品整个购买过程的实现，也更依赖于用户的实际现场体验。

（2）重服务。家装电商与其他类型电商的最大区别在于，其他类型产品如服装鞋包、3C 家电等产品的销售重心一般在于交易环节，对服务能力相对要求较低。但家装产品作为一种非标准化且偏服务类的产品，实现成功购买只是交易的开始，在交易成功后还有后续大量的服务环节，不仅服务周期长，且服务环节多，具体涉及测量、设计、生产、运输、安装等多项内容。

（3）本地化。一方面由于家装产品本身体量大，跨地域长距离运输成本较高；另一方面，装修行业品牌化高度分散，市场集中度相对较低，装修公司很少有全国性的，涉及实际的装修服务时，很难实现装修人员的跨地域上门测量、装修施工及安装，同城的多次落地服务要求家装电商实现高度的本地化。

4.3.2.1 中关村泛家居电商发展

北京一些本地家居卖场、家居品牌、电商企业陆续开启电子商务业务，其中，典型的有爱居者、居然之家、京东、东方宜居网、曲美家具等，企业涵盖第三方电商平台、综合电商平台、自主卖场、家装/家具品牌等类型。其中，平台类指电商作为一个服务平台，如慧聪家居、京东家居城等，自身不参与或部分参与商品买卖，更多提供信息交换和支付场所的服务；自主销售类多指传统家居企业转型电商模式，不仅直接参与商品买卖，而且还提供从门店取货、设计、选材、装修和售后维修的链式服务。由于家居产业的个性化，决定了产品标准化程度偏低，加之物流以及售后服务的要求都非常高，致使家居电商的发展始终处于初级阶段，详细情况分析如下（排名不分先后）。

（1）爱居者网站。北京爱居者科技有限公司成立于 2008 年，由家装行业和 IT 行业资深人士共同组建，是一家集家居建材、设计、施工与监理于一身的家居行业第三方 B2C 电子商务公司。网站提供商城、装修、案例、问吧和社区五大板块，一方面为家具产品供应商和广大消费者提供了产品宣传展示平台和网络交易平台，可为产品供应商开拓市场、推广品牌、提高市场占有率；另一方面可为消费者提供家居产品购买和装修咨询等各种支持和保障服务。

（2）居然在线。居然在线是居然之家卖场的 B2B2C 网上商城，成立于 2013 年 11 月。该网站以中高端为经营定位、O2O 模式为切入点，将居然之家、设计师、施工方、商户等多种角色融合，以案例展示方式吸引客户、以家装设计驱动销售、以装修施工提升服务、以移动化提供便捷，为消费者提供一站式、全业态的线上线下一体化产品与服务体验。

（3）颐家家居。颐家家居网站成立于 1999 年，是目前我国家装行业唯一的场景体验式和跨媒体推广的网站。公司与中国室内设计学会，天津科学技术出版社共同经营专业的家居类期刊《家饰》，已发行 26 万册；与中国建材企业管理协会协作创办了中国建材市场研究中心，已完成近 100 套市场调研报告；为十余家知名企业制作了产品三维展示及多媒体软件；同时与中国建筑装饰协会、中国建筑学会室内设计分会、中国建材企业管理协会建立了广泛的战略联盟关系。该网站现每天有 32 万的业主和设计师登陆，平均月访问量为 8 百万人次，被点击产品量为 200 万件次。2007 年 9 月，颐家 IDO 在线互动软件的推出，以其强大的在线即时沟通功能和免费优质的在线服务，让业主、设计师、经销商交叉互动起来，极大地推动了家装行业的发展。

（4）居泰隆实体家居在线。该公司凭借独立研发的可视化设计与家居配置服务系统（HDS 系统），通过对装修公司、家居商品生产企业和客户资源的有效整合，构建了以客户为中心，居泰隆为平台，装饰公司、材料生产企业、饰品生产企业和家具生产企业为网络的全新居家装饰模式。截止到 2013 年底，该公司已在全国 20 余个省市建立了 23 家子公司、70 余家服务门店，并与国内外 200 多家知名生产企业建立了合作同盟关系，汇聚了 2 万余种家居商品。公司推出的“婚房”和“新居”两大“家”系列产品，满足了市场消费需求，实现了客户轻松家装、拎包入住的愿望。

（5）东方宜居网。东方家园是我国著名家居建材连锁企业之一，位列我国连锁企业百强前茅。公司目前的业务形态：欧华自营、欧华租赁、万米仓储超市、建材家居生活超市、社区店、大型购物中心等。

在渠道方面，东方宜居网采用 4+1+N 模式，即围绕官方 B2C 商城，同时进驻淘宝 C 店、淘宝商城、当当商城和拍拍商城，更名“东方宜居网”后开始走入渠道扩张阶段；在商品方面，东方宜居网以自采、现有商品优化、新增网络品牌供应商三种方式进行，并主推东方家园三大自有品牌：家缤纷、易安家、百事帮，同时将开发网络专用自主品牌。

（6）爱蜂潮。淘宝商城爱蜂潮是由北京爱蜂潮科技有限责任公司（简称“爱蜂潮公司”）与淘宝商城共同打造的“网上购物”和“线下体验”无缝对接的家居建材 F2C（Factory to Consumer，工厂到消费者的原产地直销）电子商务平台。该平台通过“同城物流+专业安装+售后服务”服务体系，“产品集约展示+情景展示+多媒体网上展示”三位一体的情景体验，为消费者提供家居建材一站式网络购物服务。

爱蜂潮的特色：

1）以“线上网购+线下体验”为特色的家居建材 F2C（Factory to Consumer，工厂到消费者的原产地直销）电子商务平台。

2）上游选择淘宝商城家装馆优质商家和家居建材制造行业共 300 家企业，下游选择与淘宝网合作吸引流量。

3）由爱蜂潮自己提供后期的物流配送、上门安装、售后保障等服务，与已有电子商务模式形成差异化。

（7）慧聪家居。慧聪家居用品网是慧聪网专业提供家居资讯、交易市场、电子商务、家居企业信息、家具知识、家居用品、家居展会、家居流行、创意家居、家居访谈、家居专题等商务信息服务的网站，是我国家居用品行业影响力较高的 B2B 门户网站之一。

（8）其他泛家居电商平台见表 4-5（排名不分先后）。

表 4-5 其他泛家居电商平台

企业	平台类型	企业特色
曲美家具网络商城	品牌垂直平台	曲美品牌、电子商务平台创造的销售额占据 40%总额
中国家装家居网	第三方垂直平台	导购功能强大
环球品汇网	第三方垂直平台	进口设计产品

续表 4-5

企业	平台类型	企业特色
人民网家居	网络媒体平台	家居资讯
安邸 AD 家居生活网	网络媒体平台	家装与生活方式的高品质资讯
中国红木古典家具网	品类垂直平台	红木古典家具
新浪乐居	网络媒体平台	首个定位于家居装饰行业的独立电子商务平台
京东家装城	第三方综合平台	优惠力度大、腾讯入口
蓝景丽家网上商城	家居卖场线上平台	可与线下实体经营卖场的结合

4.3.2.2 其他地区泛家居电商发展现状

其他地区家居电商分为以下几个主要群体：

（1）互联网企业投身家居电商，通常以平台为主，典型代表为中国家具一号家居网、淘宝、天猫等。

（2）传统卖场开通的网络渠道，如尚品宅配、红星美凯龙、月星等。

（3）家具品牌商入驻电商平台有福家网、高力网等，淘品牌有林氏木业、大自然等；详细情况分析如下（排名不分先后）。

A 广东

（1）新居网。新居网是尚品宅配家具的官方网上商城。该网站免费为消费者提供全屋的整体家居设计方案，在新居网上拥有超过 1 万个全国各楼盘的家具配套效果图。尚品宅配是国内著名定制家具机构，能为消费者提供橱柜、衣柜、书柜、电视柜、餐桌椅、沙发、窗帘等全屋家具的定制，目前在全国拥有 600 多家实体门店。是国内首家将“定制”理念引入家居行业的品牌。因此该网站的优势在于差异化定制、一站式配套销售的大单模式。

（2）太平洋家居网。2010 年 7 月，门户类网站太平洋家居网 PChouse 正式上线，其优势在于有资深的媒体背景、优秀的团队组织，坚持原创风格，专注于家居、家装的专业解读，资讯、导购、导用、互动为出发点，谋求行业技术角度和用户适用体验的高度结合，以评测点评、搭配导购、设计新知、特色产品、行业新闻及互动活动等用户感兴趣的内容为主导，力求为广大装修装饰用户和家居生活爱好者全面营造集建材、设计、家电、家具、家品于一体的家居氛围。PChouse 重点推出了评测、搭配、导购、论坛、快问、图库、行业等栏目，并将接继推出指导产品导购的“产品库”频道，为家居消费者提供最专业、全面、先进和优化的家居构筑方案。

（3）美乐乐家具网。该网是中国首家进入家具电子商务行业的 B2C 网站，现已发展成为中国领先的专业家具 B2C 电子商务平台之一。2011 年起，美乐乐家具网首创家具线下体验馆，22 家体验馆相继在全国陆续开业，实现了“线上销售+线下体验”的运作模式。目前美乐乐已开设的线下体验馆多达 305 家，主要分布在北京、上海、深圳、杭州、广州等地，全面覆盖国内一、二线城市。

B 江苏

（1）一号家居网。一号家居网隶属于南京壹号家信息科技有限公司，是我国领先的以城市地域为核心的集家装、设计、建材、家居等一系列产品和服务的 O2O 网络平台。目前拥有：南京、武汉、北京、广州、上海、重庆、成都、贵阳、合肥、昆明、青岛、无锡、长沙、南昌、南通、安庆、常州、池州、滁州、镇江、郑州、淮安、泰州、盐城、扬州、芜湖、中国香港27家分站。

该网站优势在于集有2680名优秀设计师及160组专业施工队伍，因此能为消费者提供设计师预约和智能家DIY两项特色服务。

（2）安居丽业。江苏佳居数字科技有限公司成立于2011年2月，位于苏州工业园区创意产业园，由多名海归联手打造出全球首家3D家具电子商务平台——安居丽业网，2011年3月，获得苏州创投的风险投资。

安居丽业网的优势是家具电子商务平台和独创3D户型体验馆、3D家具魔卡（魔卡嵌入消费者已有的营销流程，再通过宣传册、传单、报纸媒体等手段，将魔卡发放给消费者，可提升营销推广精准性）三大服务，内含家具3D平台、3D魔卡、3D卖场、3D样板间、3D户型体验馆等多项科技产品。涵盖了家居生活中从购买房子，到选择家具，再到室内装修的各个环节所需的服务。3D电子商务平台通过3D技术模拟现实中的家具展厅，让消费者在家即可逛虚拟家具商城，极大地提升了用户的购买体验。

C 上海

（1）星易家。星易家是由红星美凯龙集团投资创立的家居类网上购物平台。主营家具、建材、家居等品类商品。主要包含B2B2C平台、B2C平台、O2O团购、资讯平台等几大业务模式，对应精品惠、家具城、建材城、家居城、现场团购、装修汇、家居定制等七大频道。截至2013年6月，星易家已在全国83个城市100多个商场开展了“线上召集，线下体验和购买”的O2O团购活动。

（2）齐家网。齐家网隶属上海齐家网信息科技股份有限公司，是集线上交易与家装信息服务为一体的电子商务平台。一方面为国内建材、家居产品销售供应商和装修设计、装修施工管理服务供应商提供一整套的电子商务解决方案；另一方面通过行业首创的“齐家保”“齐家快车”“装修管家”“装修助手”等服务产品为用户提供装修方案。齐家网自2005年成立以来，从上海总部拓展至全国32座城市，拥有超过400万会员和超过3.6万个供应商（涉及建材、装修、家居三大领域）。2010年平台交易额62亿元，2011年平台交易额预计超过115亿元。

D 浙江

中国家居产业网是由杭州企都网络有限公司打造的家居产业链门户平台，也是一家大型的家居行业信息咨询、产业文化研究的电子商务平台。中国家居产业网围绕各地家居产业基地从原材料到技术研发、产品加工、渠道流通、会展、产业研究、文化推进、人才培养及与外贸采购团的对接等整个产业链进行有机整合，融入了由企都公司自行研发的软件技术，力求打造一个能引领和指导行业发展的行业门户平台。

E 河北

香河国际家具城。香河家具城官网隶属于河北安旭网络科技有限公司，本网站提供家具资讯、家具产品、团购促销优惠、家具定制、网上商城、家具人物传奇以及最新家具展会、人才招聘、休闲社区、团购论坛、设计师俱乐部、品牌家具论坛、家居装修设计等互动平台为用户提供全面的贴心服务。

其他泛家居电商平台见表4-6（排名不分先后）。

表 4-6　其他泛家居电商平台

企业	地区	企业特色
智能家居网	福建	智能建筑、家居媒体类门户网站
苏宁	江苏	电器品类丰富、1600 家线下门店
第一家具网	江苏	B2B 电子商务和品牌推广媒体平台
好住网	广东	注重服务于中小型企业、家装材料购物平台
美讯在线	广东	里外网（时尚家具垂直电商平台）的 B2C 零售平台和 O2O 线下网络、金融电子凭证优惠券等
顺德家具网	广东	拥有较多港澳台及海外流量
九正建材网	四川	家装建材品类齐全
爱极网	江西	装修资讯和材料购买的 B2C 平台
海尔商城	山东	在线直销海尔旗下各品牌、可个性定制家电
福家网	上海	品牌中心
淘宝家居	浙江	亚太最大的 C2C 平台
天猫家装馆	浙江	100 座城市免费送货安装

4.3.3　泛家居产业电子商务发展趋势

利用互联网及移动互联网发展电子商务，已经成为各传统家装品牌商的战略性的选择。但是目前，家装电商发展还处在初级阶段，行业还存在一些问题制约和影响着整个家装电商行业的发展。首先，整个家装电商行业的商业模式还处在探索期，同时行业内提供的产品及服务还不够规范，需要不断优化和提升；此外，传统品牌商思维方式的转变、熟悉家装建材行业且懂互联网的综合性人才短缺等问题也影响着家装电商行业的发展。具体分析如下：

（1）商业模式处于探索期。基于品类繁多且存在大量非标准化产品、客单价高、重视体验、售后复杂等行业特殊性，家装电商起步晚、经验少，至今仍处在行业发展的早期，商业模式也处在初期的探索阶段。对于家装行业电子商务的探索，各家装企业都根据自己的资源、能力和理解出发去做电子商务，业内也提出过各种各样的模式，但似乎任何一种模式都没有取得完美的效果。目前行业内大家普遍认同的是 O2O 模式，但具体怎么做，线上线下怎样定位、如何整合、整个过程如何形成完整的 O2O 良性循环的一个闭环目前还是行业内普遍探索的问题。

（2）产品及服务还需优化。目前家装电商行业还处在行业规范的建立过程中，服务水准还有待提升：1）首先，从整个家装行业来看，目前传统的家装行业的服务和产品也是处于一个相对不规范的状态，而作为处于起步阶段的家装电商更加处于一个探索期；2）从产品及服务特点看，家庭装修是一个复杂且持续时间长的过程，整个过程包含设计、拆改、装修、售后等多项内容，其中任何一个环节的服务都直接影响最终的用户体验，各环节的优化及提升也是一个持续和长期的过程。

（3）人才匮乏。由于电商发展过快，导致研发、推广、客服、物流、运营等电子商务专业人才匮乏；传统品牌商思维方式的转变、熟悉家装建材行业且懂互联网的综合性人才极其短缺。为解决此问题，有些企业采取自培养方式。典型的如齐家网，它不仅与多所高校建立合作关系，建立高校实训基地，开展“180 工程”计划和管理培训生项目，为公司的快速发展储备中高层后备力量；此外，还创立了多项人才引进计划，招纳并培养了众多优秀的家装电商人才、产品研发人才和管理人才。

然而，新型城镇化建设也将给泛家居行业带来更多的机遇，初步估算产业规模将从2012 年的 10 万亿元扩至 2015 年的 15 万亿元。要抓住市场机遇赢得发展，泛家居电商还应着重解决：（1）改造家居建材的传统经销体系；（2）规范家居建材行业的价格体系；（3）提升消费者的线上线下服务体验；（4）落实家居建材商品售后的“最后一公里”配送。

总之，目前来看，泛家居企业的电商发展会以 O2O 模式为核心；把电商战略当做传统企业在新的竞争环境中的组织变革来做；电商发展应该紧密围绕巩固和提升企业的核心价值，做好长期部署和投入战略计划。而互联网电商企业要注重产业链全线落地，通过C2B 模式寻求新的市场利润。

4.4 医药产业电子商务化分析

医药产业是我国四大重点（计算机、汽车、医药、微电子）技术创新产业之一，对于保护和增进人民健康、提高生活质量，为计划生育、救灾防疫、军需战备以及促进经济发展和社会进步均具有十分重要的作用。

4.4.1 医药产业总体发展规模

我国医药行业质量和数量需求不断增长，已成为世界第三大药品市场和全球医药发展最快的市场，持续保持年均 20%的增长率。根据中国医药联盟发布的数据，2011 年医药产业总产值达 1.5 万亿元，同比增长约 28.5%；2012 年达 1.85 万亿元，同比增长 20.5%，累计实现利润额 1731.72 亿元，同比增长 19.8%；2013 年实现总产值 2.1 万亿元，同比增长 18%；到 2015 年，我国将跃升为全球第二大市场；到 2020 年，我国医药产业总产值将突破 4 万亿元。

除江苏、山东、广东等传统医药大省外，北京中关村、武汉东湖高新区、上海张江三大国家自主创新示范区均将生物医药列入重点发展的产业。其中，北京中关村医药工业以亦庄生物医药园和大兴生物医药产业基地为核心；医药商业企业以东城园、丰台园和海淀园为集中地，海淀园发展势头最为强劲；而医药农业则主要集中在海淀园中关村科学城和昌平园。

4.4.2 医药产业电子商务发展

2010 年，我国整个医药电商市场规模仅在 2 亿元左右；2011 年达到 4 亿元；2012 年16 亿元；2013 年 42 亿元。《2013 中国医药互联网发展报告》2014 年我国医药电商市场将达到 187 亿元，2015 年达到 290 亿元。

由上述数据显示，虽然医药电子商务每年都维持在 200%以上的增长规模，但市场整体规模仍然较小。2010 年医药电商产值占全行业产值仅为 0.11%，2011 年为 0.23%，2012 年为 0.45%，2013 年为 1.2%，到 2015 年占比仅能突破 4%。同时，据国外数据调研机构显示，美国 2006 年的医药电子商务产值就达到约 400 亿美元，现已达数千亿美元，且其医药电商产值占全行业产值的约 30%。

由于线下零售的成本日益增高、地区化竞争激烈、京东和天猫等大型平台的介入、网购用户规模稳步增长以及健康产业的巨大需求，我国医药电商仍具有极大的发展空间和潜力，但需要妥善解决好包括医保网上消费、处方药网上市场开放、物流配送、广告宣传、便利支付等重要问题。

4.4.2.1　中关村医药电商发展

国家药监局提供数据显示，截至 2011 年 2 月，全国已获得“互联网药品信息服务资格证书”的企业总共 2661 家，其中经营性 491 家，非经营性 2170 家，获得信息服务资格证书企业数前六位分别是：北京、上海、广东、陕西、江苏和浙江。其中获得“互联网药品交易服务资格证书”的企业有 58 家，中关村主要医药电商平台有（排名不分先后）：

（1）药房网（原北京京卫元华医药科技有限公司）。

药房网是全国首家合法网上药店，通过搭建开放式的医药零售电子商务平台为全球网上购物人群提供全面的（药品、保健品、美容护肤、减肥瘦身、母婴用品、成人用品、医疗器械等）健康医药信息与交易服务。目前，药房网已建数量为 80 万的会员数据库，日均 IP 访问量达 7200 次。

药房网拥有独立专业的药品物流队伍“京卫利达”和 7000 平方米标准化药品物流库房面积，而其最大优势在于两点：一是率先实现了 B2C 交易平台与 ERP 系统、CRM 系统的有效结合，形成了符合质量管理标准的运营体系，并与国内外多家知名药企和外围服务公司有密切合作；二是“药房网”上的药品价格普遍低于市场价 10%~15%；三是在沈阳、济南等地可局部实现网上药店的销售系统与医保报销系统有效对接，不仅大大方便消费者购药，还能提高医保资金的使用效率。表明制定互联网上医保消费办法是助力医药电商持续快速均衡发展的有效途径。

（2）北京金象大药房医药连锁有限责任公司。金象网于 2007 年 6 月 18 日上线，历经近 7 年的发展，已成为医药零售电子商务行业的领军企业，日均 IP 访问量达 6600 次。金象网的优势在于拥有规模达 1.5 万平方米且计算机全程管理的现代化物流配送中心，可以实现日常用药、慢性病药等 11 大类商品在北京、上海、天津、河北等地的 300 多家门店共享。

（3）京东医药城。京东商城于 2013 年 8 月底联合 8 大药企上线“京东医药城”。第一批签署协议的地区和连锁医药企业分别为：北京——北京京卫元华；上海——复美大药房；山东济南——漱玉平民；湖北武汉——中联大药房；河北张家口——华佗大药房；广东广州——二天堂；甘肃兰州——德生堂；湖南怀化——怀仁大药房。

京东医药城的优势在于区域独占 O2O 模式：构建于本地服务，在各区域内整合独家的大型专业医药连锁药店资源，消费者线上订单通过线下连锁门店店员送货上门，实现当地化配送。该模式线上开展及拟开展业务包括网上健康产品零售、药学咨询服务、医患互动平台、移动药店等；线下开展及拟开展业务包括门店专业配送物流、远程集中审方中心、用药提醒服务、药店的药学服务数字终端、治疗方案建议与优化等。

区域独占O2O模式是由各区域内审核通过的入驻商家来完成线上医药城的销售和服务职能，因此可以避免由恶性价格战而引发的医药市场混乱问题，并能提高服务和物流质量。实体药店在“O2O”配送过程中，可以防止区域性串货并能保证用户在48h能收到订单货物，从根本上解决最后1km的配送问题。

目前，京东医药城正积极接洽医药电商平台的处方药试点事宜，表明医药电商要获得突破性发展，迫切需要合理开放占医药总市场80%份额的处方药市场。

（4）寻医问药网。寻医问药网成立于2001年，隶属于世纪闻康（北京）科技发展有限公司，是目前国内大型医药医疗健康服务网站之一。

寻医问药网的特色在于将“寻医”和“问药”两个服务的线上结合：创新地将“医患和患患交流互动平台”、“药品权威专业数据库与电商交互平台”、“一流医院和一流专家权威分诊与咨询平台”、“个人健康管理应用互动平台”、“医药、医院搜索和健康资讯平台”等综合服务集于一体；将网民、医药企业、医院医生三方有机结合，建立了专家在线咨询、预约分诊、私人医生健康档案管理、专业药品数据库、药品和保健品在线查询评论等有特色的产品体系，覆盖医疗健康的方方面面；充分满足用户“寻医”和“问药”的各种需求，为用户提供完善、方便、快捷的整合性健康综合服务。

寻医问药网在医药电商中成绩斐然：2008年在国内健康类网站中覆盖率排名第一；2012年网站日浏览量突破1亿，日均UV突破1000万，注册用户超过1500万；截至2013年12月底，寻医问药的专家频道已汇集了全国3919家公立医院的近22万位专家，药品频道有30万种常见疾病药品说明书。该网站在2013年还启动了移动战略转型，先后推出“寻医问药问医生”、“药品指南”、“挂号助手”等多款应用，并筹备拓展微信平台和Web手机版移动业务。表明移动领域是实现医药电商更好更快发展需要探索的新途径。

（5）药百川。药百川是赛柏蓝（北京）电子商务有限公司运营的第三方电子商务平台，服务对象以医药经销商、零售商和厂家为主。药百川基于医药行业运行特点，量身定制了B2B、B2C、B2M2C、B2M2B以及由厂家、经销、终端共同参与的合力营销等诸多的商业模型，并提供大量辅助软件工具。依托药百川平台，医药企业可以快速组织、定制符合自身需要的电子商务解决方案，不仅能够面向下游开展电子商务，同时还可以直接参与到上游，实现进销全过程的商务协同。该公司还推出一款与平台配套的即时通讯系统及在线客服工具“药百通”，主要用于平台商务会员间日常的信息交流和用户在线咨询。

药百川的成功案例有北京源通营销在线、江苏康之捷营销在线、南京上元堂网上商城等医药平台。

（6）好大夫在线。好大夫在线创立于2006年，隶属互动峰科技（北京）有限公司。该公司聚焦于为中国患者提供就医参考信息，从互联网第一个实时更新的门诊信息查询系统逐步发展为中国最大的医疗分诊平台网站，为用户提供大夫咨询、医患咨询、转诊预约、海外就诊等服务。目前，网站已经收录了全国31个省市地区的3200多家重点医院、8万多个医院科室、30余万名医生，详尽展现了他们的专业方向和门诊信息。

（7）其他医药电商平台见表4-7（排名不分先后）。

表 4-7　其他医药电商平台

平台名称	主营业务
当当网-康体馆	为其他医药商家入驻提供平台
亚马逊中国-个户健康	医疗知识、医药自营、为其他医药商家入驻（医药门店/厂商家等）提供平台
北京开心人在线电子商务有限公司	自营网站，主营 SKU 超过一万种
北京好药师大药房连锁有限公司	九州通医药集团的全资子公司，并入驻京东、亚马逊、当当网、1 号店等平台
北京海虹药通电子商务有限公司	从事药品和医用耗材集中招标采购代理业务以及医药电子商务
北京益生康健电子商务有限公司	国内营养健康品销售与服务领军企业，旗下拥有多个电子商务有限公司
163 医药网	网上招商、医药批发

4.4.2.2　其他地区医药电商发展现状

我国医药市场基本可划分为华东地区（长江三角洲）、华南地区（珠江三角洲）、华北地区（郑州和京津唐）、东北地区（环渤海），西南地区（重庆、成都）、华中地区（武汉）、西北地区（西安、兰州）七个地区。各区域内一些大型医药企业也在开展各自的医药电子商务市场，各医药厂商、经销商纷纷设立自己的网站，在宣传介绍自己产品的同时传播各种医药知识，做了不少有益的尝试。其中发展较为突出的医药电商列举如下（排名不分先后）：

A　湖北

九州通总部位于湖北武汉，是中国最大的民营医药商企，旗下物流配送网络覆盖全国大部分县级行政区域，这是其发展医药电商的极大优势之一。2013 年该公司营业收入 334.38 亿元，上缴税收 5 亿余元，其中线上总销售额将近 13 亿元。公司旗下拥有好药师网上药店（B2C）、药品在线采购平台（B2B）和去买药网（O2O）三个电商平台，并同时入驻京东商城、天猫、1 号店、库巴、当当、亚马逊等综合电商平台，还在京东 SOPL、京东 SOP、天猫等平台开通第三方商家交易业务平台。

在移动领域，九州通旗下好药师网与腾讯公司合作，全国独家开通微信购药平台。目前九州通与腾讯公司以排他性的独家合作方式，计划入驻微信商城平台。

B　上海

健一网是华润集团网上药店，业务涵盖医药行业 B2B 及 B2C，隶属于上海华源大药房连锁经营有限公司。健一网 2013 年以 3.8 亿元的年销售额占据国内医药 B2C 排行榜首。健一网医药电商企业参展第 71 届全国药品交易会，从某种程度上来说，标志着网上药店已跻身国内药品流通主渠道之列。此外，华源大药房也入驻天猫旗舰店。

上海其他知名医药电商还有药品零售网（隶属上海华氏大药房门户）、导药网（隶属上海复美益星大药房连锁有限公司）和第一医药网上商店（隶属于上海市第一医药商店连锁经营有限公司）等企业。

C 湖南

（1）商康医药网。湖南商康医药电子商务有限公司是一家以医药批发、现代医药物流、金融服务为主的大型医药 B2B 电子商务企业。商康医药网将电商、电销、金融、现代物流四大板块进行有机融合，创造了独具特色的商康模式，为医药电子商务设计了一套 B2B2B2C（生产企业 To 商康医药网 To 药品销售企业 To 亚健康人士）的平价药品批发解决方案，通过该网批发平价药品，将至少降低 20%的流通成本；同时结合“11211”工程（垂直医药电商平台+全洲物流港+医药终端网络与配送网络+OEM 工厂+呼叫中心），形成医药供应链与电子商务有机结合的新业态。该公司 2012 年交易规模超过 6 亿元，覆盖湖南全省及江西、广东、浙江等周边省份；到 2015 年交易规模将达到 100 亿元人民币，目标市场覆盖全国。

（2）全洲 e 药快线。全州 e 药快线是由全洲药业集团有限公司投资 4000 万元打造的新型医药电子商务网站，它依托全洲药业集团有限公司强大的药品购销网络优势，提供第二方、第三方医药批发（B2B）和 OTC（非处方药品）零售（B2C）的医药电子商务以及医药信息服务。

D 浙江

（1）医药在线。浙江珍诚医药在线股份有限公司依托自主开发并运营的 B2B 电子商务平台——“医药在线”，以现代医药物流配送体系为支撑，主要向浙江省及其周边省市的第二、第三终端提供药品、医疗器械等产品的分销配送；深度研发云计算，充分挖掘交易数据，为上下游用户提供信息共享、网络营销、数据分析、软件和技术等多重增值服务，致力于成为国内一流的医药分销和渠道增值服务提供商。截至 2013 年 12 月，公司已与 1500 多家供应厂商建立了稳定的合作关系，经营以 OTC、国家基本药物、医保用药为主的 1.5 万个品规的医药商品，为 1.5 万家第二第三终端及分销企业提供医药分销和渠道增值服务。

公司还拥有约 1.8 万平方米符合 GSP 规范的药品配送基地，综合运用电子标签辅助拣货系统、标准化编码、RF 识读、GPS 动态跟踪、24h 温湿度在线监控等现代物流技术，实施信息一体化并优化配送流程，将药品定时定点、快速准确地配送到位。经过六年的电子商务实践，公司电子商务应用取得良好成效，近五年业务收入复合增长率超 50%，2012 年业务收入超 18 亿元。上下游客户对平台产生了较大依赖性，客户忠诚度、满意度大幅提高，在浙江省内外形成较大的影响力，处于我国医药行业电子商务服务的领先地位。

（2）丁香园。丁香园成立于 2000 年 7 月 23 日，丁香园隶属于观澜网络（杭州）有限公司。该公司一直致力于医药及生命科学领域的互联网实践，为用户提供多种形式的交流平台和工具，是目前行业规模最大，并极具影响力的社会化媒体平台。

丁香园旗下有丁香园论坛（实验技术讨论、专业知识交流、文献检索服务、科研课题申报、考硕考博信息等服务）、丁香人才（专业医药生物人才招聘平台）、丁香通（专业生物医药商业信息平台）、丁香客（生物医药专业人士的微博平台）、丁香会议（医学、药学、生命科学会议会展）、家庭用药（移动 app）等子网站。目前用户超过 300 万，服务客户达数千家，并分布在全球各地。丁香园正尝试将服务的范围扩展到大健康领域，利用其优质医疗资源，结合互联网和移动互联网的手段为大众健康服务。

浙江其他知名医药电商还有药药好（2014 年 5 月上线）、中国医药网（隶属于浙江网盛生意宝股份有限公司）和九州大药房（隶属于杭州九洲大药房连锁有限公司）等企业。

E　广东

七乐康网上大药房隶属于广州七乐康药业连锁有限公司，以独特的线上线下相结合的“1+N”战略模式，建立并运营起独立的医药网站，同时进驻当当、亚马逊、拍拍、V+等平台。2012 年，七乐康网上药店实现销售 1.2 亿元；而 2013 年前 4 个月的总销售突破 1 亿元，2013 年全年完成销售近 4 亿元；2014 年以来，月均销售近亿元，年销售有望突破 10 亿元。七乐康网上药店以销售计生用品、医疗器械、美瞳以及 OTC 药品等四大类目为主（消费人群仍属年轻人），分别占到总销量的 20%左右；个人护理、奶粉等其他品类大概也占到 20%。此外，七乐康还与康复之家和宝岛眼镜等企业合作探索 O2O 试点。

广东其他知名医药电商还有康爱多网上药店、壹药网（隶属于广东壹号药业）、健客网（隶属于广东健客医药有限公司）、健民医药（隶属于广州健民医药连锁有限公司）、21 药店网等企业。

其他地区医药电商见表 4-8（排名不分先后）。

表 4-8　其他地区医药电商（排名不分先后）

企业	地区（省/市）	主营业务
八百方（怡康医药）	西安	B2C/药品/医疗器械等
盛生网	沈阳	B2C/药品/健康咨询等
天士力大药房网	天津	与北京开心人合作/天士力药业产品等
盘龙云海官方商城	云南	入驻天猫和微信/盘龙云海药业产品等
云南白药	云南	经营云南白药品牌品种为主导
惠好四海大药房	福建	中西药品/医疗器械/保健品/参茸饮片等
百洋健康药房	青岛	药品、孕婴用品等/一站式家庭健康购物
海南卫虹医药	海南	提供医药电子商务的网上在线中介服务
华源医药网	安徽	提供医药信息服务和交易工具/第三方平台
海王星辰健康药房网	深圳	中西药/中成药/中药饮片/保健食品等
英特药谷网	浙江	药品查询、销售、招商、行业资讯等
天猫医药馆	浙江	第三方平台/已入驻 74 家医药企业
淘宝/支付宝	浙江	扫描药盒辨其真伪、用法、生产批次等信息
中药材买卖通	四川	中药材专业信息资讯及交易服务平台

4.4.3　医药产业电子商务发展趋势

现阶段我国医药企业与拥有高信息化水平的欧美同行相比，在电子商务的总体建设与应用水平上还存在一定的差距。但由于线下零售成本的日益增高、医改的逐步推进、地区化竞争激烈等制约以及我国巨大的健康产业需求（预估有 8 万亿元的市场），使得传统医药流通企业及其他医疗机构对拓展线上电商业务的需求刻不容缓。

医药产业电子商务发展趋势可总结为：（1）政策局部试点促进发展；（2）移动购药开辟新市场；（3）物流服务确保药品质量；（4）大数据助力用户服务。

4.4.3.1 政策局部试点促进发展

政策的试点主要体现在局部开放处方药和医保网上消费试点这两方面。

由于处方药尚未在网上药店放开，医药电商B2C产品种类主要以OTC、保健品、家用医疗器械、药妆、计生产品等为主；相比较，美国医药B2C市场中，所销售的75%来源于处方药，25%来源于非处方药。据调查处方药的开放能为医药电商带来近70%的利润贡献率。国家食药监局已表示将制定有关政策支持优化互联网医药销售，包括开放部分处方药网上销售事项，尽快确定网上销售处方药目录和标准以及制定互联网上医保消费方法等内容。因此，从发达国家的经验来看，我国开放处方药市场和网上医保消费也只是时间上的问题。

4.4.3.2 移动技术开辟新市场

随着智能掌上设备与3G/4G移动网络的普及与发展，国内移动电子商务迎来了高速发展的春天。继寻医问药网推出“寻医问药问医生”、“药品指南”、“挂号助手”等多款医药信息移动咨询应用之后，金象网、818医药网、海王星辰、开心人网上药店、1号药网和九州通等在内的医药电商已经开始通过各自不同的方式进军移动市场。但从线上医药消费品来看，医药电商移动互联网战略应先从医药信息服务开始做起，从用药提醒、问诊咨询、保健常识、锻炼计数等健康相关的信息咨询切入，然后再逐步加入购药提醒，产品销售等增值服务，最终开辟问诊购药新市场。

医药移动市场将可能带来的改变有：(1) 拓展问诊渠道，解决就诊资源有限的瓶颈；(2) 移动购药体验，拓宽医药流通市场；(3) 普及医学知识，帮助医生和患者共同持续学习。

4.4.3.3 物流技术和服务确保药品质量

基于药品的专业特性以及消费者要求的便利性和安全性，医药电商需重点做好药品的品质以及售后处理，提高物流技术和服务水平。因此大型医药企业应加快物流整合的脚步，科学规划医药物流基础建设；中小规模医药企业应严格审核第三方物流企业医药配送资质，并通过优化供应链上下游环节的合作模式来取得成本降低和服务提高的目的；物流企业应积极投产自动化、智能化设备，尤其要加大对冷链物流建设的投资。只要利用高新技术和提高物流服务才能更好地保证药品质量，而药品质量的得以保证就能提高消费者对医药电商的信赖，促进医药电商的蓬勃发展。

4.4.3.4 大数据助力用户服务

利用大数据可以让医药行业更加透明和公平，实现物流可追溯、政府可监管，一旦能够监管，面向医药电商开放处方药和医保的问题就能更快落实，为用户也提供更加便捷的购药服务；另一方面，可以通过洞察和分析用户购药信息，为用户提前预测疾病隐患，提高用户预防意识，最终达到提升人们健康水平的目的。

4.5 汽车行业电子商务化分析

汽车行业是国民经济支柱行业，其产业链长、关联度高、就业面广、消费拉动作用大。为落实国务院关于发展战略性新兴产业和加强节能减排工作的决策部署，大力培育和发展节能与新能源汽车产业以及推进汽车电商市场，既是有效缓解能源和环境压力，推动汽车产业可持续发展的紧迫任务，也是加快汽车产业转型升级、培育新的经济增长点和国际竞争新优势的战略举措。

4.5.1　汽车行业总体发展规模

2010年，全球汽车产量较2009年增长逾21%。其中，亚洲地区2010年汽车产量增长迅速，汽车产量占全球总产量近半，达3650万辆，较2009年增长逾22%。从未来的发展趋势看，发达国家的汽车市场已经饱和，亚洲、南美等发展中国家集中的地区将会是需求增长的主要来源。

中商情报网数据显示，2012年我国汽车产销量双超1900万辆，2013年1~11月，汽车产销1998.93万辆和1986.01万辆，同比增长14.34%和13.53%。我国已经成长为全球最重要的汽车生产市场和消费市场之一。

为落实国务院关于发展战略性新兴产业和加强节能减排工作的决策部署，我国汽车产业的发展将着力于节能与新能源汽车产业（纯电动汽车/混合动力车、智能化汽车等）以及汽车电商产业。发展节能与新能源汽车是降低汽车燃料消耗量，缓解燃油供求矛盾，减少尾气排放，改善大气环境，促进汽车产业技术进步和优化升级的重要举措；发展汽车电商是提高汽车企业市场适应能力和竞争实力的重要途径。

4.5.2　汽车行业电子商务发展

汽车电商市场主要分为三大领域：新车市场，汽车配件、用品市场以及汽车后市场；汽车后市场又分为汽车保险、汽车维修美容、二手车及租车市场。每个领域在线下都是万亿元或者接近万亿元的市场，远比家电3C市场规模大。在近几年的发展中，汽车企业利用电子商务所获得的效益突出表现在两个方面：一是提高供应链整合水平，二是降低企业的经营成本。据福特公司统计，通过网络采购每笔交易的费用只有15美元，而传统方式采购的交易费用是150美元。再加之汽车电商品类的逐步扩张，汽车市场已经是电商的下一个蓝海市场。

2012年，我国汽车电子市场规模2672亿元，同比增长11%，到2015年将突破4000亿元。表4-9和表4-10分别给出了2013年网购成交前十的轿车品牌以及我国2013年网购成交前十的SUV品牌（数据来源“网上车市”）。

表4-9　2013年网购成交前十的轿车品牌

网购成交排名	车型	厂商	品牌	总销量排名	类型	车价/万元
1	科鲁兹	上海通用	雪佛兰	8	紧凑型	13
2	福克斯	长安福特	福特	1	紧凑型	13
3	迈锐宝	上海通用	雪佛兰	39	中型车	17
4	瑞纳	北京现代	现代	14	小型车	9
5	荣威350	上海汽车	荣威	33	紧凑型	10
6	比亚迪F3	比亚迪汽车	比亚迪	48	紧凑型	10
7	凯越	上海通用	别克	3	紧凑型	10
8	朗动	北京现代	现代	12	紧凑型	12
9	比亚迪F0	比亚迪汽车	比亚迪	69	微型车	4
10	朗逸	上海大众	大众	2	紧凑型	13

表 4-10 2013 年网购成交前十的 SUV 品牌

网购成交排名	车型	厂商	品牌	总销量排名	类型	车价/万元
1	ix35	北京现代	现代	4	SUV	21
2	比亚迪 36	比亚迪汽车	比亚迪	11	SUV	11
3	翼虎	长安福特	福特	9	SUV	24
4	长安 CS35	长安汽车	长安	14	SUV	9
5	汉兰达	广汽丰田	丰田	10	SUV	34
6	长城 M4	长城汽车	长城	5	SUV	7
7	昂科拉	上海通用	别克	18	SUV	17
8	途观	上海大众	大众	2	SUV	25
9	智跑	东风悦达起亚	起亚	12	SUV	21
10	RAV4	一汽丰田	丰田	7	SUV	23

据艾瑞数据报告显示，70%的潜在消费者会通过网络了解汽车相关信息，综合门户网站、垂直汽车网站和汽车厂商官网已成为消费者获取汽车数据信息的三大途径，互联网很大程度影响着用户在汽车消费过程中的品牌选择和购买意愿；其次，作为高度工业化的产品，生产、服务标准化等特点使得汽车产业也非常适合互联网化运作。

因此，从 2005 年至今，以下电商：(1) 平台电商（京东、天猫为代表）；(2) 垂直性质的汽车网站（汽车之家、易车、车云网、搜狐汽车、网上车市为代表）；(3) 整车制造企业（上汽、吉利等集团，宝马、北京现代等品牌公司为代表）；(4) 大型经销商集团（庞大、广汇为代表）等企业，先后进军汽车电商领域。

4.5.2.1 中关村汽车电商发展现状

汽车电商企业主要集中在电商平台、汽车媒体、汽车制造商、汽车经销商和汽车服务商这五大领域，且均离不开 O2O 模式，即线上线下必须是结合方式而不是竞争关系，只有这样才能保证线上消费和线下售后服务的高度对接。经调查，北京地区汽车电商做的较为突出的企业如下（排名不分先后）：

(1) 北京京东世纪贸易有限公司。2012 年 2 月 20 日，京东开卖汽车，89 分钟卖了 300 辆 smart；2013 年与奔驰 SMART、吉普牧马人合作并联合垂直电商平台易车网打造“双十二”汽车购物节；2014 年京东再与国内汽车垂直互联网平台车讯网深度合作，首次采用线上全款下单，线下提车的模式进行销售，包含宝马、奥迪、别克、东风日产、本田、雪铁龙、现代、宝骏、长安 9 个品牌共 21 款热销车型，这一模式旨在解决汽车电商的安全支付问题；2014 年 3 月 11 日，京东宣布与中国新能源汽车与零配件生产制造商龙头企业北汽新能源达成战略合作，发起的“卫蓝”行动宣言，并进一步实施“绿色京东”战略。

此外，京东商城还上线汽车用品专栏，涉及服务包括维修保养、车载电器、美容清洗、汽车装饰和安全自驾这五大板块。

(2) 北京易车信息科技有限公司。该公司业务体系由易车网、惠买车、淘车网、移动应用、易湃、新意互动和汽车产经网七大模块组成。其中易车网是汽车网络导购平台，通过对媒体平台、产品平台和互动平台这三大平台的全面整合，形成了独具特色的三位一体运营策略，实现了对汽车消费全过程的覆盖；惠买网是中国首家以购车用户为中心的C2B模式汽车（整车）电商平台，旨在通过消费者，反向驱动经销商；淘车网是二手车交易信息网络平台，通过对媒体、产品、互动三大平台的全面整合，逐渐形成了业内独有的三维运营体系；移动应用是易车旗下专注于汽车消费全过程（看、买、用、卖）的移动产品研发业务，为移动终端用户提供专业化、工具化、情境化的系列汽车服务；易湃是中国首家专注于汽车行业数字营销及客户关系管理的解决方案供应商，其优势产品有智能营销系统、销售辅助系统和社会化客户关系管理系统；新意互动长期致力于提供专业的网络整合营销解决方案，包括在线广告、网络公关、网站建设与运营、客户关系营销、搜索引擎营销、互联网视频营销、虚拟影像应用等数字营销服务；汽车产经网主营汽车行业资讯网络平台。

综上，该公司涉足汽车媒体、导购平台、二手市场、C2B平台、移动平台、广告平台等业务，是国内目前业务最全的汽车电商平台。

（3）汽车之家。汽车之家作为汽车互联网媒体服务平台，成立于2005年6月，为汽车消费者提供贯穿选车、买车、用车、置换所有环节的全面、准确、快捷的一站式信息咨询服务。根据iUserTracker数据统计，截止到2014年2月，汽车之家月度覆盖人数达到9200万；我国互联网用户在线浏览汽车信息时，其中49%的时间花费在汽车之家。

该网站的优势产品“汽车之家服务区”是一个基于O2O模式、提供汽车后市场服务的电子商务平台，为本地车主提供养车用车服务和可以参照对比的优惠价格，满足消费者在养车用车过程中的认知、选择和消费需求。2010年，上线二手车交易平台——二手车之家，截至2014年3月，二手车之家每日独立用户访问量超过77万，每日页面访问量超过710万。

（4）爱卡汽车。2002年，爱卡汽车网正式创办，从事汽车行业社会化网络互动媒体，拥有全球领先的汽车主题社区。2011年起，爱卡汽车全面挺进移动互联网领域，确定“社会化”媒体的发展方向，网站旗下优势平台主要有：1）爱卡汽车——领先的社会化网络媒体；2）“说真的”——精准口碑导购平台；3）“Myxcar”——汽车主题SNS平台；4）“爱卡万能”——键式互动问答系统；5）手机爱卡——无线覆盖汽车服务；6）爱买车——选车购车的移动APP。网站发展至今，日均PV已达9000万，有效注册用户1100万，开放的互动交流平台近1000个。

（5）庞大汽车电子商城。庞大汽车电子商城是庞大集团自主开发的O2O（线上订车，线下送车上门服务模式）网络平台，于2013年11月10日正式上线。目前，庞大集团旗下近千家4S店、近百个汽车品牌均可实现网络营销，并可以实现24小时网上在线订车是全国第一家实现网上在线销售的汽车流通企业。

（6）其他汽车电商见表4-11（排名不分先后）。

表4-11　其他汽车电商

企业名称	主营业务
优车诚品网	二手车交易/O2O模式
网上车市	车市宝/汽车后市场服务/汽车资讯等
车云网	汽车科技资讯媒体等

续表 4-11

企业名称	主营业务
搜狐汽车	汽车资讯/导购/论坛等
汽车点评网	汽车资讯/导购/论坛等
中国汽车质量网	收集缺陷汽车产品信息和车主质量投诉信息中国汽车质量第三方评价平台
车问网	问答式全汽车资讯互动平台
车多少网	提供基于全网和实体店的汽车消费价格的搜索、甄别、分类和比较等服务
慧聪汽车网	汽车企业品牌推广，车主查询资讯等
第一商用车网	面向卡车/客车/商用车/改装车/零部件企业、经销商及服务商的大型实用新闻资讯类网站
换车网	C2C 二手车交易服务商
爱洗车	洗车服务/APP 应用

4.5.2.2 其他地区汽车电商发展

其他地区汽车产业电子商务的应用，除了网上车展、市场调研、汽车资讯导购、二手车交易等业务之外，还涉足汽车配件零售、租车服务、驾考服务、车险服务等其他业务。同时，一些汽车生产商和经销商开始自建电商平台，其中发展较为突出的企业（排名不分先后）：

（1）汽车配件网。汽车配件网隶属于广州凯燕汽车配件有限公司，于 2010 年 9 月开通，2011 年 6 月正式独立运营。全网拥有中国、德国、日本、美国等各大车系品牌汽车配件，满足全国 200 多个品牌车型配件要求，支持送货上门、货到付款、免费退换等服务。

涉足汽车配件零售的网站，还有中华汽配网、慧聪汽车配件网、全球汽配采购网、酷配网等。

（2）中国车险网。中国车险网（上海）是中国汽车保险行业第三方权威门户网站，致力于为广大车主提供免费的车险资讯和车险知识、车险投保、车险理赔的在线咨询服务。其最大的特色是车险计算，通过整合平安、大地、阳光、安邦等多家车险机构，使用更客观、全面的计算方式，使得计算车险更精准。

（3）爱驾网。爱驾网隶属于爱驾文化传媒（上海）有限公司，定位于汽车生活、汽车后市场和汽车文化传播等业务，是提供优质汽车资讯与体验的全媒体平台。其主要优势在于：提供自驾游、改装养护、汽车活动赛事展会到汽车文化等各种个性化新鲜资讯；提供交流平台，分享用户新车体验、改装养护经验等实用信息；预订驾校、二手车、租车和自驾游所需的酒店景区的实用信息和服务。

涉足汽车生活、改装等后市场服务类的网站还有房车露营网、改联汽车网、虎拜车友网、猫扑汽车等。

（4）车享平台。车享平台是上汽集团投资数亿元打造的中国汽车企业首个 O2O 电子商务平台。首批进驻“车享平台”的有上汽集团乘用车品牌荣威、MG、别克、雪佛兰、凯迪拉克、大众、斯柯达、宝骏和上汽集团商用车品牌上汽大通；同时，选择上海、南京、杭州、苏州、宁波、天津、成都、深圳八个城市超过 120 家经销商率先试点。

车享平台在构建汽车企业电商业务生态圈的同时，还将继续保持、加强和第三方电商企业以及各类社会媒体、自媒体的合作交流，力求在渠道交互、资源集成等方面最大程度地实现资源共享和优势互补的目的。

（5）众悦学车网。众悦学车网品牌创立于2006年，隶属于上海驾培信息科技发展有限公司，众悦学车网成功整合了高科技产业与传统驾培行业等其他相关汽车产业，向众多会员提供学车的全方面信息及相关服务。2013年6月2日，众悦学车网开发的“众悦学车网交规模拟考试软件”被2013MTAE峰会评为艾媒咨询金指尖奖最佳行业应用；2014年1月3日，众悦学车网报名人数突破百万大关，目前已成为我国领先的在线学车服务平台。

（6）其他地区汽车电商见表4-12（排名不分先后）。

表4-12 其他地区汽车电商

地区	企业	主营业务
湖北	汽配人网	东风商用车配件商务平台等
湖南	我爱汽车网	行情导购/驾校/车型团购等
江西	车讯网	导购/团购/评测/买车通（移动应用）等
广东	太平洋汽车网	全汽车资讯/互动平台/报价库等
浙江	汽车在线	全汽车资讯/互动平台/后市场服务等
浙江	天猫汽车商城	平台服务/汽车用品/汽车企业详情等
江苏	吉利汽车苏宁官方旗舰店	吉利品牌汽车等

4.5.3 汽车行业电子商务发展趋势

根据国际汽车电子商务交易体系的理念和经验，结合我国汽车市场和网络市场的现状，目前我国汽车产业电子商务发展趋势有：

（1）汽车企业、互联网企业和汽车媒体相互合作。由于汽车企业（生产商、经销商）往往对提升消费者网上体验经验匮乏，互联网企业（平台电商、垂直电商）难以控制汽车产业链和线下售后服务，而媒体提供的业务单薄、无法承担营销重任，因此三家合作是汽车电商发展最现实的手段。

三家合作的效益，对于汽车企业而言保证了线上入口的广泛性；对于互联网企业而言保证了用户的有效沉淀；对于汽车媒体而言保证了网购成交量的转换率。因此，现阶段汽车电商的发展趋势必是积极有效地整合汽车全产业链。

（2）C2B驱动供应链以及打通O2O模式。其一，通过“汽车之家”在去年“双十一”成功开展的C2B预售模式和“惠买车”实行C2B驱动经销商的成果来看，C2B驱动汽车供应链将是汽车电商未来发展不可忽视的趋势之一。鉴于汽车产业具有生产和服务高度标准化的特点，汽车C2B模式主要可以开展群体调研定制（代表案例上汽的MG5极客汽车）、预订销售（代表案例汽车之家）和需求报价（代表案例惠买车）这三种方式。其二，汽车产业链比传统快消品复杂得多，汽车购买和消费的特殊性决定了汽车购买、提车、上险、保养及后续服务只能在线下完成，所以汽车电商从渠道上来说一定是O2O模式。当然，汽车电商在打通O2O渠道的过程中，需要解决好包括线上安全支付、线上线下信息无缝对接以及建立线下经销商诚信体系等在内的核心问题。

（3）节能新能源汽车走进电商舞台。节能与新能源汽车是我国汽车转型升级重要推手，特斯拉电动汽车的成功就是最为典型的案例。它不仅抓住了我国汽车产业转型的全部大方向，兼具新能源、车联网与电商汽车的多重技术于一体，而且还采用 C2B 定制汽车模式和直营电商模式，吸引了大量追求个性化的年轻人，给汽车电商的发展注入了新的活力。节能减排是我国大的方略，战略转型是汽车产业必须面临的挑战，因此我国汽车企业必须在这方面发挥重大作用。

（4）电商模式刺激“汽车后市场”电商的蓬勃发展。汽车后市场是借助规模形成成本优势的产业，支撑整个后市场的是配件，而配件的生产和物流都需要现代化的服务体系来支撑。BAT、金融公司（银行和保险）、汽车集团公司（上汽、长安、一汽等）现都在汽车后市场上大做文章，比如腾讯发布后市场服务资源整合平台——i 车生活平台，借助微信能使后市场 O2O 业务落地；金融公司的后市场主要针对供应链金融；汽车集团公司的汽车后市场针对配件业务等。随着更多汽配城关张，汽车配件的网络供应体系会有更大市场，B2B 的电商模式也会刺激配件电商和汽车服务终端项目的蓬勃发展。

4.6 旅游行业电子商务化分析

旅游业已成为全球经济中发展势头强劲的产业之一，也是我国经济发展的支柱型产业。旅游业在城市经济发展中的产业地位、经济作用逐步增强，对拉动城市经济、带动社会就业以及对文化与环境的促进作用明显。

4.6.1 旅游行业总体发展规模

当前中国旅游市场已从政策促进进入常态化发展阶段。在人数和消费额方面，城镇居民占我国国内旅游的比重都在稳步上升，城镇居民旅游消费已占国内旅游收入的 3/4。同时，城镇居民旅游花费占其可支配收入的比重，多年来已经稳定在 10%左右，这表明旅游已经成为城镇居民的日常生活方式之一。

2011 年，我国旅游市场总体保持较快发展，国内旅游和出境旅游的增长均高于预期，入境旅游则受日本、中东动荡以及欧债危机等因素影响，增长低于预期。国家旅游局报告数据为：国内出游人数达 26.41 亿人次，实现国内旅游收入 19306 亿元，分别比上年增长 13.2%和 23.6%；入境旅游人数 1.35 万人次，实现国际旅游外汇收入 485 亿美元，分别比上年增长 1.2%和 5.8%；出境旅游人数达到 7025 万人次，比上年增长 22.4%；旅游业全年总收入 2.25 万亿元人民币，比上年增长 20.1%。

2012 年，国内旅游市场继续较快发展，入境旅游市场基本持平，出境旅游市场继续快速增长。国家旅游局报告数据为：国内旅游人数 29.57 亿人次，收入 22706.22 亿元人民币，分别比上年增长 12.0%和 17.6%；入境旅游 1.32 亿人次，实现国际旅游外汇收入 500.28 亿美元，分别比上年下降 2.2%和增长 3.2%；出境人数达到 8318.27 万人次，比上年增长 18.4%；旅游业全年总收入 2.59 万亿元人民币，比上年增长了 15.2%。

根据国家旅游局曾预测和表示，到 2015 年我国将成为全球最大的国内旅游市场，争取用 10 年左右时间，使旅游企业经营活动全面信息化，基本把旅游业发展成为高信息含量、知识密集的现代服务业，初步实现基于信息技术的“智慧旅游”，而在线旅游则是达成这一目标的重要手段。

4.6.2　旅游行业电子商务发展

在线旅游是指依托互联网，以满足旅游消费者信息查询、产品预定及服务评价为核心目的，囊括了包括航空公司、酒店、景区、租车公司、海内外旅游局等旅游服务供应商及搜索引擎、OTA、电信运营商、旅游资讯及社区网站等在线旅游平台的新产业。

从国外看，从2009年开始全球在线旅游市场每年保持10%以上的增长势头。2011年，全球在线旅游服务市场规模为2840亿美元，占全球旅游市场31%的份额，2012年，全球在线旅游服务市场达到3143亿美元。2013年，美国移动旅游市场的产值突破80亿美元，这表明全球移动旅游市场的规模超过100亿美元。2015年在线旅游市场的交易将成为全球电子商务交易主导产业之一。

从国内看，艾瑞咨询显示2012年全年国内在线旅游市场交易规模达1729.7亿元，较2011年的1313.9亿元同比增长31.6%；2013年达2204.6亿元，同比增长29.0%；2015年交易规模突破4000亿元，2017年将突破5000亿。我国在线旅游市场的发展十分迅猛，已经形成了完整的上下游产业链和产生了很多创新的商业模式。在国际经济一体化的大环境下，我国旅游业已经历了萌芽期、起步期、发展期、持续完善期这四个发展阶段。而进入21世纪，在信息、网络技术高速发展和旅游产业内在需求膨胀增长的背景下，在线旅游兴起，经过20多年的发展，我国旅游业的在线市场快速成长，目前已经形成网络直销和网络分销并行的发展格局。截至2010年12月31日，国内旅游网站总数达50828家，其中，各级政府和旅游局网站7436家，旅游资讯和商旅服务类商业网站12830家（此类网站包含OTA网站和TTP网站），国内和国际旅行社网站20304家，饭店酒店网站4904家，旅游景区网站5354家（包括公园）。除旅游网站外，也有非旅游机构"试水"在线旅游经营，给在线旅游市场增添了新的活力。另外，2013年国内在线旅游领域融资超过千万的事件多达八起，分别涉及蚂蚁短租、途家网、穷游网、世界邦、途牛旅行网、游多多、蚂蜂窝和八爪鱼等在线旅游企业，意味着国内旅游资本市场正迈入高投入阶段。

与传统的旅行社相比，在线旅游网站一方面可以与更多酒店、票务、景点等单位签约并借助网络搜索提供实时快捷的查询对比功能服务；另一方面可以为消费者推出更加丰富、灵活便捷、性价比高的旅游产品。同时，在线旅游市场交易额的增长速度保持在30%以上，远远高于整个行业8%左右的发展，在线旅游市场保持高速发展，将有利于加快中国旅游业国际化品牌形象的建设，拉动入境旅游消费规模增长。综合上述优势，奠定了在线旅游领域未来在该行业的主导地位。

4.6.2.1　中关村在线旅游发展

中关村在线旅游网站根据功能不同，可分成旅游目的地网站、旅游资讯网站、旅游产品经营网站三大类，其中，旅游产品经营网站又分为单项旅游产品网站（航空公司网站、酒店网站或景区网站等）、综合旅游产品网站（OTA网站和旅行社网站等）和旅游产品第三方交易平台网站（TTP，包括旅游产品B2B平台网站、旅游产品垂直搜索网站、旅游产品团购网站等）三类，是在线旅游市场的主要力量。北京地区不同类别且发展较为突出的在线旅游网站（排名不分先后）：

（1）中国国际航空公司。中国国航官方网站属于传统直销单项旅游产品网站，有国内航空公司第一的品牌价值（世界品牌实验室 2013 年评测为 765.68 亿元），在航空客运、货运及相关服务诸方面，均处于国内领先地位。截至 2013 年 12 月 31 日，国航（含控股公司）共拥有以波音、空中客车为主的各型飞机 497 架，平均机龄 6.33 年；经营客运航线已达 298 条，其中国际航线 71 条，地区航线 15 条，国内航线 212 条，通航国家（地区）31 个，通航城市 154 个，其中国际 47 个，地区 3 个，国内 104 个；通过与星空联盟成员等航空公司的合作，将服务进一步拓展到 195 个国家的 1328 个目的地。该公司 2012 年创收 99841 百万元。

同属传统直销单项旅游产品的网站还有非凡旅行网、速 8 酒店、北京云峰山景区官方网站、北京饭店官网等。

（2）中青旅遨游网。遨游网是中青旅控股股份有限公司（旅行社）旗下专业度假网站，向消费者提供全方位值得信赖和高品质的旅游度假预订、资讯及专业服务。该网站不仅经营中青旅的旅游产品，同时也经营其他旅行社的产品，主要业务包括北京、上海、广州、南京等多个出发城市，遍及全球 100 多个国家和地区的旅游产品预订及度假服务，其 2011 年交易额占中青旅全部营业额的 10%。该网站现已拥有百万遨游网会员，累计服务 75342 人次出游，并于 2012 年度获得“中国出境游最佳旅游社电子商务网站”和“中国互联网电子商务诚信示范企业”的荣誉。

同属旅行社直营的综合旅游产品网站还有神州国际旅游网、北京青年旅行社官网、信步旅游网、北京国旅官网等。

（3）北京旅游网。北京旅游网是北京市旅游发展委员会主办的公益性旅游目的地类网站，全面介绍北京本地丰富的旅游资源，多角度展示北京深厚的历史文化，力求为海内外旅游者提供最新、最权威、最准确的北京旅游信息平台。其特色板块“个性化旅游预订”还为消费者提供会议会展、租车平台、个性旅游和私人导游等服务。

（4）艺龙网。艺龙旅行网属于传统 OTA（在线旅游社类网站），是我国领先的在线旅行服务提供商之一。通过网站、24 小时预订热线以及手机艺龙网、艺龙 iPhone、Android 和 windows phone 无线客户端等平台，为消费者提供酒店、机票及旅行团购产品等预订服务，主营业务为酒店、机票和旅游度假产品。目前，艺龙网拥有超过 15 万家酒店（包括超过 1.9 家国内酒店和与 Expedia，Inc. 直连拥有的超过 13 万家国际酒店）的全球酒店覆盖网络，而携程是 1 万多家。腾讯入股艺龙后，可能会通过业务伙伴关系，引导腾讯网络社区中约 6.74 亿的 QQ 用户预订艺龙在线旅游产品。艺龙网的营业收入从 2009 年的 3.8 亿元增长到 2011 年的 6.25 亿元，增长还是相对平稳快速的，是一家发展成熟的在线旅游企业。

同属旅游 OTA 类网站的还有酷讯旅游、玩途等。

（5）去哪儿网。去哪儿网是我国市场规模最大的在线旅行垂直搜索（比价）网站。与艺龙网（传统 OTA）不同，去哪儿网并不售卖任何旅行产品，而是对互联网上的机票、酒店、度假和签证等信息进行整合，通过搜索平台+TTS 闭环交易系统（在线搜索模式，技术导向型），提供及时的旅游产品价格查询和比较服务，其盈利主要来自于“赚取点击付费和品牌广告展示费用”。该网站主要优势是对上游旅游产品供应商的整合，以此构建了一个半封闭的生态圈，在垂直搜索引擎业务模式中，OTA 合作商家可以借助去哪儿网平台获得更多的曝光与交易机会。

2011 年 3 月，我国旅游网站日均覆盖人数统计中，去哪儿网排名第一，可搜索信息超过 1.1 万条国内、国际航线和 10.2 万家酒店，以及 4 万条度假线路、2.5 万个旅游景点。其中，去哪儿网团购频道已针对全国 100 多个城市开展旅游类产品团购服务，每日在线旅游类产品团品数量超过 700 个。去哪儿网的移动化程度非常高，高峰期时移动查询请求在总酒店查询请求和总航班查询请求中所占比例分别高达 76%和 36%。

（6）智旅动力。北京智旅动力科技有限公司是出入境旅游信息技术服务提供商，从 2005 年开始推出旅游行业业务应用，并构建了旅游信息技术平台 THFlat ERPII 系统。2008 年开始独立为旅游行业提供信息技术服务，并先后为国内最大的出境社、欧洲游十大出境社、美洲游五大出境社、澳新十大出境社、国内最大的专业出境地接社、夏威夷当地最大的地接社，以及国内部分的地接社提供了专业的信息系统。典型的客户包括：国旅（CITS）出境部、夏威夷檀岛国际旅行社、和平国旅出境部、世纪东方国际旅行社（视界旅游）、成功之旅、法国五洲漫游联盟等。

智旅动力最具特色的平台是其第三方旅游实时分销 B2B 平台——智旅同业平台。该平台可为中小旅行社、资源供应商提供实时分销、代理、营销推广服务，帮助旅游同行利用互联网技术实现实时的旅游产品价格信息余位信息的提供与查询。

（7）蚂蜂窝。蚂蜂窝作为新兴旅游 UGC（User Generated Content）平台，是我国最大的旅行分享网站，提供全球旅游攻略、旅行点评等综合服务。蚂蜂窝依托于较强的资金（融资两轮 2000 万美元）和技术实力，目前推出 5 款 APP，其中“攻略下载”是其核心产品，下载量超过一亿，广受好评；“旅行翻译官”作为一个颇具特色的实用工具也有极高关注度。2014 年还新推出“在路涂”、“蚂蜂窝旅行电台”和“蜂窝福利站”三款创意产品，旨在为用户提供更多的增值服务。

同属于 UGC 平台的网站还有世界邦、穷游网、途客圈、在路上、Trippal、搭伴玩、互助网等。

（8）其他在线旅游平台见表 4-13（排名不分先后）。

表 4-13 其他在线旅游平台

类型	企业	主营业务
综合平台	京东等	机票交易频道，酒店团购等
团购平台	糯米网、拉手网等	酒店、饭店、旅游产品等团购等
媒体平台	百度旅游、凤凰网旅游等	旅游资讯等
策划平台	月下门、萤火虫等	线上组织周边户外活动等
点评平台	到到网等	旅游评论和建议等
银行平台	中行、工行旅游频道等	导购、资讯、线路预订等
移动平台	TouchChina、面包旅行等	旅途记录、移动导游等

4.6.2.2 其他地区在线旅游发展

从全国地域分布来看，东部地区的在线旅游用户比例最高，占到了 67.3%，中部和西部的用户的比例分别占到了14.5%和18.2%，因此，东部地区依旧在整个在线旅游市场拥有很强的消费能力。以下将针对其他地区分析发展具有特色和较为典型的在线旅游平台（排名不分先后）。

A 上海

（1）携程网。携程网上线于1999年，建立了“网络查询—电话预订—柜台付款—回佣结算”的运营模式，业务主要分酒店预订、机票预订和旅游度假3个部分，现在是我国最大的在线旅游代理商（OTA），占我国在线旅游预订业务约50%的份额。供应商和会员对携程的渠道依赖、标准化的高效服务以及由此形成的强势品牌形象构成了携程的核心竞争力。

携程旅游网增长速度较快，总营业收入从2008年的16亿元上升到了2011年的37亿元，会员数量达5000万。近年，携程又相继推出神秘酒店、团购、Last minute、模糊定价等新的产品服务模式以及“携程宝”和“程涨宝”两款金融增值产品，携程或将涉足互联网金融业务。

（2）丸子地球。丸子地球成立于2012年3月，致力于成为华人世界最大的旅游地接机构。通过该平台人们可以利用PC或移动端发布、发掘和预订世界各地的当地导游，目前消费者可以享受到丸子地球在全球30个国家的500多个城市的落地向导服务。

B 苏州

同程网络科技股份有限公司（简称同程旅游）创立于2004年，是我国领先的休闲旅游在线服务商，并且正从B2B模式转型为B2B2C。同程旅游旗下运营同程旅游网（WWW.LY.COM）和同程旅游手机客户端。据统计，2013年服务人次达到2000万，年均增长100%。公司在我国景点门票预订市场处于绝对优势，并积极布局周边游，长线游，邮轮旅游等业务版块。其中，票务优势产品有景区驿站、智慧票房、自动取票机等，最近还结合微信率先推出1元景点门票不限量活动；周边游的特色是做10元“景加酒”度周末活动。

同程旅游的高速成长和创新的商业模式赢得了业界的广泛认可，先后获得了元禾控股、腾讯科技，博裕资本等机构的数亿元投资；2013年10月同程网又获中信银行20亿元授信，将主要用于无线业务拓展；2014年4月，同程旅游获得携程超过2亿美元战略投资。

C 天津

户外资料网（8264.com）起步于2003年，近几年已发展成为国内极具影响力的户外运动行业门户网站。其主体访问人群由户外运动爱好者和户外行业从业者组成，目前有效注册会员达六百多万人，人群定位清晰，互动黏性极强。

D 南京

途牛旅游网创立于2006年10月，为消费者提供由北京、上海、广州、深圳等64个城市出发的旅游产品预订服务。途牛网重点呈现特定线路度假产品相关的信息，尽可能详细地披露呈现于网站上，如产品的图片、描述、用户评价等，以使更多的产品信息透明化；同时基于途牛旅游网全球中文景点目录以及中文旅游社区，可以更好地帮助游客了解目的地信息，妥善制定好出游计划，并方便地预订旅程中的服务项目。

目前，途牛旅游网提供 8 万余种旅游产品供消费者选择，涵盖跟团、自助、自驾、邮轮、酒店、签证、景区门票以及公司旅游等，已成功服务累计超过 400 万人次出游。

其他地区在线旅游平台见表 4-14（排名不分先后）。

表 4-14　其他地区在线旅游平台

企业	地区	主营业务
中国驴友联盟	浙江	提供完全免费开放的旅游和 AA 费用攻略等
行者	山东	骑行 APP
芒果网	香港	旅行产品营销等
欣欣旅游网	福建	欣欣旅游网（B2C 平台）、欣旅通（B2B 平台）
星驴旅游云	重庆	为旅行社免费提供应用运营平台等
E 假海南旅行网	海南	海南旅行产品的网上一站式服务等
慧游天下	河南	旅游产品营销等
优游旅行网	广东	区域短途自助游服务、智慧旅游等

4.6.3　旅游行业电子商务发展趋势

我国的在线旅游产业链与世界的在线旅游产业链类型基本相似，都是由上游产品供应商、渠道商（批发商、代理商等）、媒介营销平台和用户四部分构成。在线旅游预订产业链流程主要分直销和分销两种形式，其具体流程和各环节代表企业如图 4-3 和表 4-15 所示。

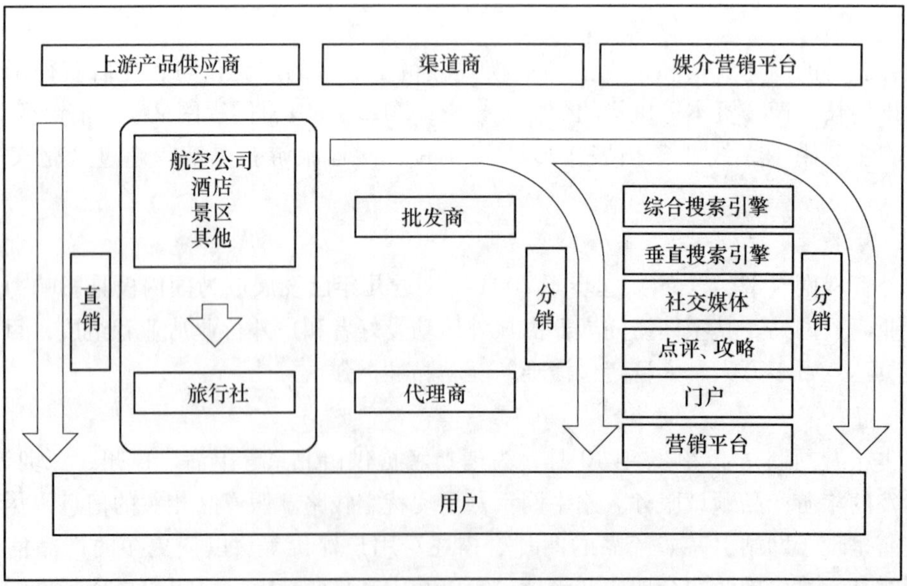

图 4-3　在线旅游预订产业链流程

表 4-15 在线旅游产业链各环节代表企业

企业类型	代表企业
航空公司直销	中国国际航空公司等
	南方航空公司等
酒店直销	7 天连锁酒店等
在线旅游服务商（OTA）	携程、艺龙等
传统旅行社线上服务	遨游网（港中旅旗下）等
	芒果网（中青旅旗下）等
第三方网络旅游平台	B2C：京东旅游频道、通用旅游网等
	B2B：同程网、欣旅通等
垂直搜索平台	去哪儿、酷讯等
用户点评网站	到到网等
专业推荐网站	中国驴友联盟、中国古镇网、旅游族等

经过新闻调查和相关数据分析，未来我国在线旅游产业链发展趋势可概括为：

（1）在线旅游网络媒介业务范围向上游供应商拓展。现在越来越多的在线旅游产业链中的网络媒介将其业务范围向上游供应商拓展，或是收购上游产业链中的一些酒店和旅行社，或是与其进行合作，延伸其产品，给予终端用户一站全程的服务。从总体上看其特征包括：

1）网络巨头与现有的在线旅游公司进行合作，或直接进军在线旅游行业；

2）在线旅游企业进军酒店业或旅行社，由代理变为直销；

3）通过兼并在线旅游企业，进行市场重组，整合社会资源；

4）在线旅游运营进行科技创新，提高旅游网站的科技含量，具有科技标识。例如，网站 Web1.0 模式向 Web2.0 模式转变，在线服务从 NBS 向 LBS 演进等。

（2）移动市场引领在线旅游发展的新趋向。移动互联网时代，便捷的移动终端为在线旅游业带来了庞大的流量。移动支付、短信息服务、全球定位系统等移动商务技术的应用，将带来一场以人为中心的旅游革命。顾客无论在何时何地，通过移动电话等终端就能完成对企业或对个人的安全的资金支付，移动商务可以随时随地把顾客、旅游中间商和旅游服务企业联系在一起，预订的结果、航班的延迟等信息皆可随时通知旅游者。

2013 年第二季度，携程移动渠道的交易量同比翻三番。巨大的市场潜力吸引在线旅游网站在此领域不断探索，移动互联网时代的到来，又使在线旅游网站开始从线上转到线下，不断发力移动终端。由此分析，移动旅游在行业的地位在快速升级，未来其必将成为旅游预定的核心渠道。

（3）并购与整合推进在线旅游电子商务平台的演进。国内的旅游电子商务还处于发展初期，从国外发展的经验看，随着企业的发展壮大，规模扩张与效益最大化的矛盾也会逐渐显现，这时就会出现行业内部的并购与整合，产生若干个拥有资金和资源优势的大型企业。未来几年内，由于信息技术的支撑，为在线旅游企业更好地整合奠定了良好的基础。在线旅游行业内将形成覆盖范围广、成本低廉的旅游业通讯交流平台，使旅游企业之间增进交流与合作，为游客创造一体化的旅游服务感受；来自众多旅游企业的动态旅游产品信息，将更多地通过大型旅游电子商务平台、GDS、CRS 等系统汇聚、共享、传播，企业建网形成“信息孤岛”的不成熟模式将得到改观；旅游分销渠道将更加多样化，会有众多的非旅游机构成为旅游产品的分销渠道。

（4）盈利模式愈加成熟。在线旅游服务商的崛起意味着旅游中介服务逐步为市场所认可，为消费者提供一站式、全方位的旅行服务，实现代理佣金和服务增值的盈利模式也愈加成熟。

4.7　教育培训行业电子商务化分析

国民经济的快速增长促进教育培训行业的发展，随着人均收入水平的提高和就业竞争的加剧，教育培训的支出随之增大。统计数据显示，教育支出在我国已经超过其他生活费用三倍，成为仅次于食物的第二大日常支出。在巨大市场需求的带动下，教育培训整体已进入产业化阶段，细分行业的发展日趋标准化、规范化和规模化，同时吸引了大量国内外机构和资金涌入。

4.7.1　教育培训行业总体发展规模

自 20 世纪 80 年代起，我国教育培训产业历经自由发展、规范发展和产业化发展三个阶段。其间个人家庭式办学、网络远程教育、连锁教育、在线教育等形式多样的办学模式逐步兴起，教育培训市场不断开放。2009 年教育培训业收入达到 1977 亿元，年均增长速度超过 20%，显示出强劲的增长实力；教育部 2012 年《全国教育事业发展统计公报》显示：我国教育培训市场在未来 5~10 年里潜在规模达 5000 亿元。

我国教育产业按年龄分为学前教育（0-6 岁幼儿教育）、K12 教育（6-18 岁的义务教育）和大学教育/成人教育（18 岁以上）。此外，还有 P2P 教育、外语教育、职业教育、企业教育、兴趣教育、出国留学、考研/国考、考试服务等细分领域，并且多数领域有相对应的线上、线下教学机构。由其衍生出的教育培训产业，以学前教育培训行业（胎教、早教等）、K12 教育培训行业（课后辅导、考试培训等）、职业技能培训行业（会计、计算机、法律、金融、建筑、语言、管理、艺术等）、高等教育培训行业（学历教育、资历认证、出国留学等）、教育服务行业（留学咨询、图书发行、设施配备、教育产品等）市场为代表，均以年均 20%的速度快速增长。不过，国内教育培训市场品牌较为分散，尤其是民办教育企业（新东方、学而思、环球雅思等）众多，集中度有待提高。从可持续发展的角度，我国教育培训产业还有待由单一的文化传播向集内容产品研发、教育培训、衍生产品生产为一体的循环产业方向发展。

4.7.2　教育培训行业电子商务发展

目前，国内的在线教育市场主要分为四个发展方向：一是以优质课程内容取胜的富媒体教学网站，如各大院校及培训机构的线上课程、网易公开课等；二是以社交网络为核心理念的平台型网站，如谷歌、淘宝等企业的在线教育平台；三是针对特定群体用户，主打线下教育与线上平台相结合的细分式网站教育平台，如新东方在线、天际网教育频道、大街网教育等；四是以国际在线课堂为特色的跨国教育平台，如伟思英语等。

随着我国信息化程度的不断提高，在线教育市场规模呈现快速增长的态势，主要得益于：

（1）能够缓解教育资源分布不均的问题。

（2）能够做到在教、学、练、测、答等环节系统收集学习数据，并对其深入的分析和应用实践，实现“个性化教学”。

（3）能够降低学习时间、资金成本，提高碎片化时间利用率。

（4）扩大教育培训市场规模，开展国际教育线上交流。

据产业信息网公布：

从市场规模看，2013 年在线教育市场达 981 亿元（不到美国的 20%）。其中，高等网络教育市场规模约 444 亿元、各类职业培训约 233 亿元、学前教育约 18 亿元、K12 在线教育约 202 亿元、平台工具及其他培训共计约 85 亿元。2014～2017 年我国在线教育市场规模估算见表 4-16。

表 4-16　2014～2017 年我国在线教育市场规模估算

在线教育状况	2014 年	2015 年	2016 年	2017 年
总人口/亿人	13.67	13.73	13.79	13.84
同比增速/%	0.45	0.45	0.40	0.40
学前教育				
0～4 岁人口数/亿人	0.82	0.84	0.85	0.86
比重/%	6.00	6.10	6.15	6.20
参与人数/亿人	0.09	0.11	0.13	0.14
渗透率/%	11	13	15	16
人均消费/元	317	380	456	548
同比增速/%	25	20	20	20
市场规模/亿元	29	41	58	75
同比增速/%	56.07	44.83	40.15	29.56
K12 教育				
5～19 岁人口数/亿人	2.39	2.40	2.41	2.42
比重/%	17.50	17.50	17.50	17.50
参与人数/亿人	0.48	0.58	0.68	0.78
渗透率/%	20	24	28	32
人均消费/元	592	664	730	803
同比增速/%	12	12	10	10
市场规模/亿元	283	383	493	622
同比增速/%	40.63	35	28.85	26.22
高等教育				
20～24 岁人口数/亿人	1.42	1.41	1.42	1.43
比重/%	10.40	10.30	10.30	10.30
参与人数/亿人	0.70	0.74	0.78	0.83
渗透率/%	49	52	55	58

续表 4-16

在线教育状况	2014 年	2015 年	2016 年	2017 年
人均消费/元	810	972	1166	1400
同比增速/%	20	20	20	20
市场规模/亿元	564	715	911	1157
同比增速/%	27.18	26.69	27.43	27.05
职业培训				
25~49 岁人口数/亿人	5.84	5.86	5.89	5.91
比重/%	42.70	42.70	42.70	42.70
参与人数/亿人	0.76	0.88	1.00	1.18
渗透率/%	13	15	17	20
人均消费/元	464	533	597	669
同比增速/%	15	15	12	12
市场规模/亿元	352	469	598	791
其他				
市场规模/亿元	110	137	172	215
同比增速/%	30	25	25	25
在线教育市场规模/亿元	1338	1745	2231	2860
同比增速/%	36.36	30.44	27.85	28.18

从投资规模看，2013 年投资事件增多，全球在线教育行业全年投资事件 200 起，交易额 9.37 亿美元，其中中国投资事件 51 起，交易额达 2.1 亿美元；2014 年一季度全球投资事件 82 起，交易额 5.3 亿美元，平均交易额 648.8 万美元。表 4-17 列举了 2013~2014 年我国典型在线教育投资事件（排名不分先后）。

表 4-17　2013~2014 年我国典型在线教育投资事件

受资企业	时间/年	主营业务	资金来源
微学明日	2014	基于移动端的英语学习产品	新东方、腾讯合资 3000 万元
九龙蓝海	2014	幼教智能云平台	太证资本 1 亿元人民币
魔方英语	2014	英语学习 app，具有视频跟读、测验，以及社交化 PK 等特色功能	策源创投数百万美元
学习宝	2014	为 K12 阶段学生提供作业解答、教学辅导的移动应用等	金沙江创投 300 万美元
壹枱 The ONE 智能钢琴	2014	智能钢琴教学系统，将 iPad 和钢琴无缝配合，提供学琴、弹琴、打分、记录、分享等服务模块	创新工场千万元人民币
爱考拉	2014	K12 领域的答题移动应用工具	IDG 千万元人民币
好学教育网	2014	职业教育领域教学辅导服务等	和君咨询千万元人民币入股
沪江网	2014	互联网外语学习平台等	百度投资 8000 万美元

续表 4-17

受资企业	时间/年	主营业务	资金来源
芥末堆	2014	为教育培训行业提供互联网的媒体资讯、信息挖掘、市场研究、创业服务投融资对接、会议组织等服务	真格基金、学而思/好未来投资数百万元人民币
北风网	2014	高实战性、高性价比的 IT 在线培训服务	祥峰投资、Vertex 数百万美元
51talk	2013	在线一对一外教口语教学	DCM 投资
多贝网	2013	在线教室平台、网络公开课（IT、营销、语言、职场、兴趣等）	学而思 308 万美元融资
91 外教网	2013	远程音视频实时互动外语教学	2013 年 7 月获得网易资本 A 轮 400 万美元融资
沪江网	2013	互联网外语学习平台等	2000 万美元注资
爱乐奇/说宝堂	2013	少儿英语等	1000 万美元 C 轮投资，高通领投
我赢职场	2013	职业教育	真格基金数百万元天使投资
宝宝巴士 BabyBus	2013	学前教育 APP	顺为基金百万美元级别 A 轮融资

综上可知，在线教育投资在 K12、职业教育、兴趣教育等领域，均有涉及，随着互联网和移动互联网渗透率进一步提升和在线教育消费习惯的养成，全领域将有望达到数千亿元的市场规模。

4.7.2.1 中关村在线教育发展

中关村在线教育以海淀区发展为领先态势，可划分为 B2C 交互、B2C 单向、C2C 电商和 C2C 社区这几种商业模式。在线教育产业以语言培训、学历教育培训、专业技能培训、教育软件、益智类产品和数字化出版等为热点发展领域。其中，上市企业有学大教育、学而思教育、环球雅思、安博教育、正保远程教育、ATA 公司、弘成教育、新东方、东方纪元、网易等。具体分析如下（排名不分先后）：

（1）新东方。新东方是集教育培训、教育产品研发、教育服务等于一体的大型综合性教育科技集团，2014 年新东方市值 30.4 亿美元，上半年营收约 70 亿元，在线业务占比 3%～4%，其在线产品主要有新东方在线、乐词、OKAY 等。

新东方在线是国内最著名的民办综合教育机构新东方教育科技集团旗下专业的在线教育网站，属于 B2C 单向授课教育模式。新东方在线的网络课程服务横跨留学考试、学历考试、职业教育、英语、小语种、K12 等 6 大类，共计 2000 多门课程，为各类用户提供全面的在线教育服务和移动 APP“掌上新东方”服务，截至 2013 年 6 月，新东方在线网站个人注册用户已逾 1000 万，移动学习用户超过 250 万。与此同时，该网站也涉足企业培训领域，先后为联想、中国移动、可口可乐、中国建设银行等世界五百强企业提供过企业培训服务。乐词是一款记单词类 APP。OKAYe 学本是新东方推出的一款教育硬件，涵盖学习资源库、同步学习交流、学情分析等功能，配有和 pad 类似的平台登录界面，并能实现普通纸张的电子化保存。

2014 年，新东方在线与百视通宣布展开合作，进军电视数字教育市场，打造全面涵盖

“电脑—移动—电视”跨屏联动的新一代“在线教育”产品。双方基于百视通覆盖全国20余省的IPTV业务推出“新东方TV学堂”，并在百视通的互联网智能电视机顶盒中推出新东方原创少儿教育产品“多纳智慧魔方”。表明在线教育的媒介将逐步深入日常生活各领域，教育传播途径愈加便利和丰富。

（2）传课网。传课的产品与服务主要包括：传课网、传课KK、传课网络直播教室。

传课网是传课公司的主体网站，定位于教育领域的C2C电子商务平台。其主要特征是拥有知识和经验的个人通过传课网可以免费在传课网开设课堂，采取网络互动直播和点播的授课模式为学生提供高效便捷的学习渠道，实现知识的增值。该网站主要定位于中小学教育（K12市场）领域，同时涉及生活文艺、职业技能、考试考级等领域。

传课KK是传课网独家推出的即时通讯工具。用户可以直接通过KK客户端，实现购买课程、课堂学习、课程评价、个人信息设置、添加好友、互动交流、视频语音等多项操作。

（3）北京四中网校。北京四中网校是依托现代教育技术与现代教育理念，整合以北京四中为核心、集全国各地名校名师的优质教育教学资源于一体，提供K12所有领域培训服务的在线学校。目前该网校在全国拥有二百余家分支机构、一千多家服务处、上万名教职员工，独创的网上（即网校）、网下（即全国各地分支机构）相结合的学习方式，集成线上便捷性和线下管理优势，已成功辅助数十位全国各地学员考入清华、北大。

（4）网易云课堂。网易云课堂平台于2012年12月底正式上线。该平台立足于实用性的要求，继承网易公开课（立足高等教育，内容集中于国外）、教育频道、网易学院、有道学堂、网易识字等在线教育丰富经验，精选各类课程，与多家权威教育、培训机构建立合作，课程数量已达1100+，课时总数超1.6万；涉及用户生活、职业、娱乐等多个维度，包括实用软件、IT与互联网、外语学习、生活家居、兴趣爱好、职场技能、金融管理、考试认证、中小学、亲子教育等十余大门类，并拥有Web端和移动端。该平台的特色产品是线上题库、视频笔记、进度管理与学习监督提醒功能。

（5）猿题库。猿题库前身是粉笔网，属于C2C社区类在线教育平台，以“教育微博+微盘+点评”为网站形态。该平台形式新颖、简约、互动性强，但由于师资受限、覆盖面不广，用户社区关系沉淀不深，国内大众对老师和学校进行点评的意识不强等原因，最终该网站于2013年11月29日关闭，转型成猿题库。

猿题库是具有中国特色的考试题库类免费在线平台（包括Web端和移动端），从公务员考试需求点切入，应用大数据的技术，可为学生针对薄弱环节在线智能订制专属试卷，同时还能判断学生的学习能力和同区排名情况。如今该模式已复制至中、高考等领域，用户量占高考生总人数的近六分之一。其免费、针对性、个性化及专业化等特点表明用互联网思维改变传统教育模式的前景可观。

此类以学生作业为入口的网站还有作业网、梯子网、爱卡拉、问他、作业帮等。

（6）好未来。好未来专注在中小学及幼儿教育领域，当前市值21.09亿美元，2014年上半年营收约19亿元，在线业务占比3%。旗下拥有学而思培优、智康1对1、摩比思维馆、学而思网校和家长帮五个主品牌，以及宝宝树、多贝网、乐加乐英语等其他在线教育产品。根据2012某季度季报显示，学而思营收4930万美元，其中小班（含摩比思维）营收占比66%，智康占比31%，学而思网校占比3%。学而思培优作为K12高端培优教育平台，下设三个子品牌：学而思理科、乐加乐英语和东学堂语文。每年在全国15个城市（北京、天津、上海、广州、深圳、武汉等）有50余万学员参加好未来的线下课堂，另有30万学员通过网校获取优质的教育资源。另外，好未来旗下的E度教育网是国内覆盖面广、可信度高的教育互联网信息平台，月度活跃用户达2800万人。

（7）其他在线教育平台见表4-18（排名不分先后）。

表4-18 其他在线教育平台

企业	商业模式	主营业务
正保远程	B2C	中华会计网校/医学教育网/建设工程教育网/法律教育网/职业培训教育网/正保教育开放平台/中小学教育网/自考365/外语教育网/中文教育网等
环球网校	B2C	职业考试培训
搜学校	B2C	独立的第三方教育培训行业消费搜索与点评网站
安博教育	B2C	学前/小学/中学/大学/出国培训/职业培训/素质拓展培训的全程教育服务
梯子网	B2C	K12领域题库和课件等
百度教育	B2C	提供“视频+文档”式的在线教育资源（包括机构、留学、考试、课件等细分领域）
小米科技	B2C	小米盒子—宝宝巴士APP、学前教育
热锅实验室	B2C	职业、商业、创业等方面的在线培训、咨询和投资服务机构
极客学院	B2C	教程+社区模式的在线IT职业培训，中国版Lynda
1号教师	C2C	K12家教辅导
多贝网	C2C	搭建在线教室平台、网络公开课（IT、营销、语言、职场、兴趣等）
油菜花网	C2C	生活家居、占卜、艺术、兴趣类教学
第九课堂	O2O	职业技能系列课程（广告，产品经理等）和互联网教育平台
学大教育	O2O	K12全课程、留学教育一对一辅导等
游学网	O2O	旅游与学习跨界融合线上兑换平台
慧聪教育装备网	B2B	教育产品、多媒体设备等
百朋索奇	B2B	搭建国家精品课程资源网、科学文库系统、台湾天书在线、高等教育出版社在线样书系统、北京市西城区防空防灾信息网、总裁读书会等多个门户网站的项目；推出了200多个App等
芥末堆	新媒体	为教育培训行业提供互联网的媒体资讯、信息挖掘、市场研究、创业服务投融资对接、会议组织等服务
教育思想网	网站媒体	发布教育理念、资讯，探讨教育问题等
爱奇艺教育	视频媒体	为各知名培训机构提供视频播放平台

4.7.2.2 其他地区在线教育发展

国内其他地区布局在线教育的推广和应用市场也颇有成效。例如，淘宝同学通过原有的阿里旺旺推广在线直播的课程；腾讯QQ在群视频新增教育模式，专为远程教学量身定制，并新增演示PPT功能，方便使用者进行演示等。其中，在线教育发展较好较多的城市主要分布在上海、广东等经济大省和湖北、河南、山东等教育大省，详细发展情况分析如下（排名不分先后）：

A　上海

（1）沪江网。沪江网是全国最大的互联网外语学习垂直平台，为各年龄阶段学习人群提供专业有效的互联网外语学习服务。旗下业务包括互联网门户媒体、网络SNS社区（沪江部落、论坛）、B2C电子商务以及国内首创的在线互动学习平台沪江网校等，产品覆盖PC端、平板端及手机端（沪江小d在线词典、开心词场、听写酷等学习工具）。自2006年公司化运营以来，网站每年都以200%的速度在发展，现已成为市值20亿元、影响力辐射2亿学习者、7000万注册用户和300万学员的大型互联网教育企业。

（2）北风网。该公司为在校大学生、应届毕业生、社会就业者提供高实战性、高性价比的IT在线培训服务。公司和长三角地区软件园区以及全国各地一流软件企业建立了长期合作关系；100多位专家级讲师来自Microsoft、Google、IBM、三星、华为、新浪、神州数码、国讯、用友软件等国际化高端IT技术公司。北风网目前拥有自主知识产权的课程已超过300门，课程体系涉及目前IT最热门的领域，包括：JAVA、ASP. NET、Android、IOS、windows phone、PHP、网页设计、数据库、VC++、网络安全、系统开发、平面设计等。课程主要以实战项目为主，学员仅需支付相当于实体培训机构10%的培训费用，即可足不出户灵活选择适合自己的课程学习，并自己掌控学习时间和进度。

B　广东

（1）YY教育。YY教育是2011年6月基于全球最大的团队语音工具YY而推出的专业的互动网络教学平台，即由YY教育网站和可实现万人互动课堂的YY语音软件构成。该网站凭借互联网的技术优势，提供清晰流畅的高音质语音视频和虚拟教室服务，降低线下租教室、管理教室的成本；并引入信用评价体系，有支付宝、三天退课等交易保障，使学员可打破时空和地域界限且交易安全便捷。目前YY教育平台集聚近800家国内外知名教学机构和2万著名讲师，已举行超过10万堂网络公开课，月活跃用户量超过600万。为学员提供便捷的学习途径，为讲师提供多元的教学工具，为培训机构提供实时的教学平台，为广大学习爱好者提供网络互动学习分享社区和全方位专业教育服务。

（2）腾讯在线教育。腾讯在线教育产品丰富，典型有QQ群教育、腾讯课堂和腾讯网-教育频道等。腾讯课堂依托QQ客户端音视频和腾讯视频直播能力，能够实现线上及时互动的课程呈现，同时提供屏幕分享、白板、提问等课程能力，能较大程度模拟线下课堂场景。

广东在线教育另一大强项是幼儿类教育，典型网站有亲子宝贝网、播种网、六一儿童网、太平洋亲子网等。

C　浙江

（1）淘宝同学。淘宝同学主要是利用自身的用户、流量优势，为线下教育机构和在线教育机构搭建一个线上线下双重运营平台，在招募优米网、沪江教育、环球网校等线上教育机构的同时，整合传统线下教育机构、开发直播课堂。2012年淘宝教育销售额3.3亿元，其中三分之一是教材教辅，另外2亿是课程销售。2014年6月，淘宝同学以淘宝教育频道身份上线为网站一级类目，这对于入驻机构来说，有了更多的展现机会和推广资源位。

（2）阿里师生。阿里师生是一款针对幼儿园、小学、初高中阶段的家校沟通互动移动产品，包含通知、消息、通讯录、班级群、应用中心等功能，旨在构建移动教育信息化应用入口。

其他在线教育平台见表 4-19（排名不分先后）。

表 4-19 其他在线教育平台

企业	地区	主营业务
学习方法网	湖北	高中各科学习方法指导、高考辅导等各种在线学习服务
教学资源网	山东	K12 课件频道、教学教案、名师博客、世纪金榜专区等
创新作文网	重庆	我国最大作文在线学习资源平台
厚学网	江苏	培训课程指南、微信课程定制及报名
高顿财经	上海	提供财经类认证考试培训、行业前沿资讯、实务技能训练、职业发展活动等教育服务
妈咪爱婴网	四川	幼儿课件、多媒体视频等
e 学通	河北	中小学和成人大学培训，开设了团购版块；已拥有天猫，淘宝课堂，腾讯课堂 3 家官网店面

4.7.3 教育培训行业电子商务发展趋势

我国在线教育已形成内容提供商（传统培训机构、高校等）、技术提供商（软件平台、工具、智能技术等）、平台提供商（学习门户等）及其他服务机构的产业链条，其中：传统教育机构和互联网企业是产业链的主力支撑，具体如图 4-4 所示。

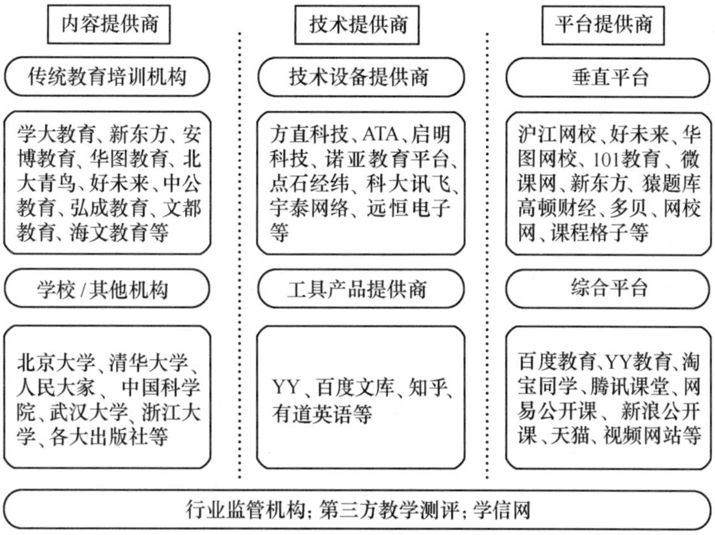

图 4-4 我国在线教育产业链

虽然在线教育市场前景可观，市场规模保持年均 20%的快速增长，但仍面临一系列困难和问题，主要有：

（1）用户环境束缚。国内的教育资源仍在体制内，教育培训产品必须要能提高学生在当前教育体制中的分数或名次，但线上跟踪量化效果受制约；其次学生学习任务繁重、环境压抑、压力难释放，因此难以保证碎片化学习的主动性。

（2）教育被动。用户从传统往线上转移的动力还不足。被动性学习也导致了在线教育很难在短时间内呈现爆发增长。

（3）用户角色分散。在线教育市场对象分散。特别对于 K12 领域，用户是学生、决策人是家长、评估涉及老师，如何打通这三个环节并高效串联起来还很复杂。

（4）初期投入成本较高。对教学的内容质量和产品的交互有很高的要求，而且用户付费比例较低、推广费用较高，需要经过较长的投资培育期。

（5）评估反馈标准难统一。一方面做口碑和评价类的在线教育涉及对学校和老师的评估，但受传统思想束缚，这方面评估主观性太强而且标准难以制定；另一方面用户课后反馈缺少评估审核机制，这就导致网站的下一步发展缺乏需求指导。

（6）产品卖点转移。方便性、功能性曾是在线教育的最佳卖点，然而随着教育体制的改革、就业压力的加重、互联网思维的深入和移动互联网的普及，目前在线教育产品的卖点已逐步转移至用户体验上。用户体验包括实用性，即学成成果是否能增加个人就业机会；权威性，即课程学分、证书能否获得权威机构认可；低价性，即费用是否合理，据调查八成用户可接受 500 元及以下的培训费用；社交性，即在线学习能否及时交流互动，学习氛围如同真实课堂；趣味性，即碎片化、移动化学习应不再枯燥，产品能在提供娱乐休闲的同时传授知识，激发用户自主学习。

同时，在线教育中还存在的内容优劣混杂、视频更新缓慢、盈利体制不规范、资质验证和售后服务尚不完善等等弊端。

为了有效解决上述困难和问题，在线教育产业链上各提供商应围绕大数据、移动互联网等新技术的落地和互联网思维的浪潮，维系好教育内容、教育平台、教育模式、营销推广、招生考核、学分认证、人才推荐和其他服务模式之间的配合关系；将迎合需求和口碑营销作为激励市场的主要方式，设计出完善的教学、内容考评系统和工具，实现增加用户黏度、增长学习周期、提高用户碎片化时间利用率、增强用户体验和快速盈利等目的，如图 4-5 所示。

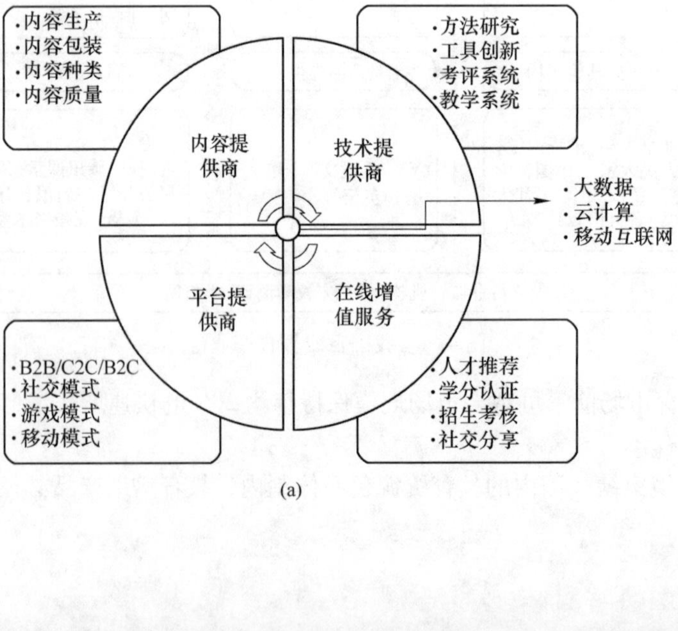

(a)

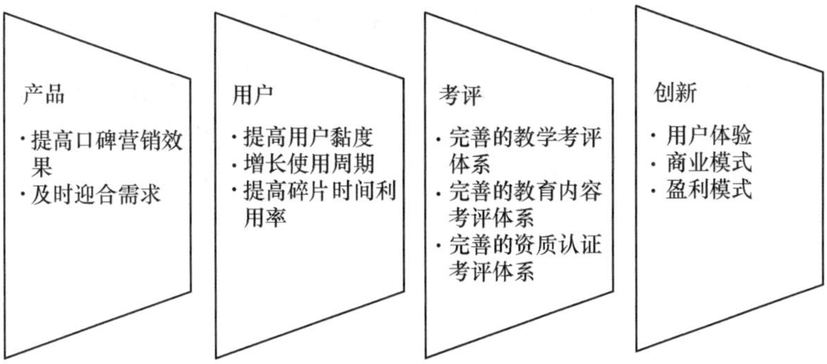

(b)

图 4-5 我国在线教育发展方案和目标

(a) 在线教育发展方案；(b) 在线教育发展目标

(1) 内容提供商。同实体经济一样，吸引用户并保持用户黏度的核心竞争力仍然是产品本身，在线教育的产品就是课程内容。内容生产、包装、种类、品质需要注意的是各学科品类的基础课程不容忽视，在知识点、课程长度、呈现方式上可做调整；进阶课程需保质保量，能使用户与行业顶尖技术和知识接触；学前教育应注重学玩结合，K12 教育应注重学测结合、高等教育应注重国际接轨、职业培训应注重学练结合、兴趣教育应注重实践引导；把握好课程内容标准与个性、专业与实用、直播与录播的分界点；大数据和云计算助推不同的细分行业根据自有特点来提供差异化和定制化的内容。

(2) 技术提供商。技术提供商发展关键是实现在线教育的教学测评功能，包括教师讲授测评、用户学习效果测评、课程内容质量测评、定期强化复习测评、用户学成资质测评等，以及在线教学方法的研究和教学工具、测验工具的创新。

(3) 平台提供商。平台提供商是内容提供商和技术提供商成果展示的唯一媒介，应起到教学对接、技术应用和辅助监管的作用，它更加关注的是教学模式和商业模式的改革创新。在现有的电商模式基础上，在线教育互动化、游戏化、移动化、交互化、开放化模式来临，线上的教学环境越来越需要贴近线下，因此提供商应为用户提供可模拟线下课堂、集聚成社区、多媒介教学、方便互动交流、自管理、云环境的平台。此外，开放式平台也是平台提供商的发展趋势之一，它不仅能降低国内课程的国际化门坎、提升国内课程提供商的全球能见度，同时还能够大量接触到各国顶尖课程。

(4) 在线服务。在互联网思维浪潮的影响下，服务体验的重要性被广泛认知，成为企业立足线上市场的标配，因此在线教育产业链上各提供商都需要加以重视和开展实际业务。

在线服务随着近几年在线教育市场的探索和尝试并结合用户刚性需求，可总结为以下几个方面：1) 人才推荐，即通过大数据综合分析用户课程表现、结课测验结果等，为个人就业推荐提供可信凭证；2) 学分认证，即线上线下的学分转换、证书授予、资格认证等能极大提高用户的在线学习动力；3) 社交分享，即一方面能促进用户学习积极性、集思广益、更好地传播知识，另一方面能为商家更好地发挥口碑营销的作用；4) 招生考核，即在线教育可以全程跟踪、记录和分析评价用户学习过程的具体表现，这些表现的评价若能确保真实可靠，则在教育体制改革背景下，可为各类学历升级考试提供入学资质参考。

4.8　基于新技术带动的新型电子商务业务集群及业态

本节主要分析在大数据、云计算、移动互联网等新技术的带动下所形成的新型电子商务业务集群以及新型电子商务业态，分别以微信移动电商集群和互联网金融为代表，深入研究了微信移动电商的种类、业务分工、集群效应和互联网金融的发展现状及其业态分析。

4.8.1　移动电子商务

移动电子商务是利用手机、PDA 等无线设备实现传统电子商务活动。主要涉及移动支付、无线 CRM、移动股市、移动银行与移动办公等活动；并提供 PIM（个人信息服务）、银行业务、交易、购物、娱乐等服务。

随着基于位置、场景等衍生技术、移动支付技术、LTE/4G 等高速网络技术、操作系统技术、物联网技术和多平台、跨平台的数据整合互通等新技术的不断发展，移动端购物体验不断优化，通过移动端平移 PC 端需求，打通线上线下营销渠道的方式已成为电商发展的主流趋势之一。

4.8.1.1　我国移动电子商务发展概述

从移动电子商务市场规模看：据中国电子商务研究中心监测数据显示，截至 2013 年 12 月，中国移动电子商务市场交易规模达 2325 亿元，较去年的 965 亿元增长 141%，而 PC 端购物的增长为 35.7%。移动端增长率是 PC 端增长率的四倍，意味着我国移动电子商务快速增长已大大超过 PC 端，成为电子商务未来发展的主要趋势之一。

2014 年第一季度，我国移动电子商务市场交易规模达 641.9 亿元，同比增长 140.8%，远远超过同期整体市场增速（27.6%），2014 年达 4000 亿元以上。这意味着未来我国移动购物市场将继续保持强劲增长态势。

从移动电子商务用户规模来看：横向上，截至 2013 年年底，我国的移动网民规模为 5.91 亿人，占整体网民的 81.0%；并且手机用户人数达 9.2 亿，将近 PC 用户数（约 5 亿）的两倍。图 4-6 列出了我国手机用户日常手机行为习惯（数据来源艾瑞咨询）。

据此分析，有近一半的手机持有人群已习惯移动购物方式，而且即时通信和社交网络能为移动购物提供了更大的流量入口。我国消费者中有 69%的人群至少完成一次移动购物体验，而美国只有 46%，这意味着虽然中国移动电子商务的起步比美国稍晚，但用户规模发展更加迅速，而且用户黏性越来越紧密。在此背景下，2013 年我国移动电子商务用户规模超过 3.8 亿人，较 2012 年的 2.5 亿人增长 52%，2014 年增长到 5.3 亿人。

从移动电子商务企业发展现状来看：根据 Nielsen 和 CNNIC 的最新调查数据显示，截至 2014 年，美国移动购物 APP 用户数已达 5000 万以上，而国内也比上年末上涨了 45.2%，达到了 3747 万。其中，以淘宝、天猫、京东、唯品会、聚美优品、微信等电商 App 占据了移动市场大部分份额。而苏宁在 2014 年也开始逐步打造以苏宁易购客户端为核心，由苏宁红孩子、易付宝、苏宁应用商城、苏宁阅读、PPTV 等客户端组成的移动客户端矩阵，形成多个应用产品相互补充的应用矩阵群。表 4-20 从多个维度对比了这些典型移动电商 APP 之间的差异（数据来源亿邦动力）。

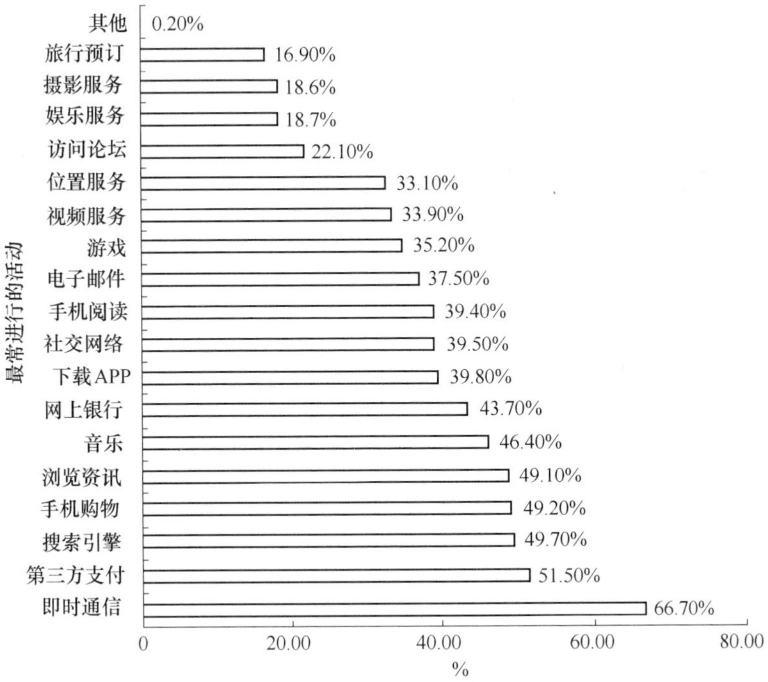

图 4-6 2013 年我国手机上网用户最常进行的活动

表 4-20 典型移动电商 APP 对比表

APP	移动端优势	移动端劣势	产品创新性	移动端销售/平台总销售	引流策略	卖家印象	用户体验
淘宝	用户基数大、商品全	非标品多，购物效率低	有微淘等小创新	15%（数据来自 2013 年“双十一”）	二维码、专享价、低价促销	数据开放、资源分配不均、竞争大	推荐不精准
微信	用户多、粘性强	主属性仍是社交通讯、无搜索入口	公众平台、买卖双方直接交流	—	主靠卖家拉用户	CRM 管理系统、销量一般、潜力大	购物层级深、无法搜索直达
京东	标品为主、绑定微信	缺乏移动基因和产品思维、自营优势难发挥	微信入口定位精品，特卖	15%（2013 年订单占比值）	现金券、发红包、朋友圈宣传	有流量但转化低、数据不开放、运营粗放	微信购物不顺畅
唯品会	限时特卖，品牌保证	无搜索入口	移动端专供商品	36%（数据来自 2014 年 Q1 销售占比）	专供商品、专享价格	有销量、利润更高	抢购有特色
聚美优品	限时特卖，标品为主	用户信任度不高	游戏互动	49%	专享价、闹钟	垂直聚焦、数据不开放	适合抢购
品牌 APP	品牌基础	用户数量和商品量有局限	LBS 功能	—	实体店二维码	销量偏低	满意度不高

从移动电子商务关键技术发展来看：信息技术和移动技术是发展移动电商的基础，主要体现在：

（1）以RFID、二维码、图像识别技术等为代表的用户和商品标识技术。RFID技术主要用于非接触式支付、识别和商品追踪等方面，助力移动支付业务规模的推广；二维码技术主要用于图形扫描识别和电子票务等方面，促进了平面媒体、通信及互联网的融合；图像识别技术开辟了“以图搜物”的商品搜索方式，可应用于购票、购书、服饰等领域。目前谷歌和微软等大型IT公司已出台了相关平台，由此可知基于图像识别技术搭建电子商务平台已成为移动电商领域的一大热点。

（2）以移动定位、LBS为代表的用户位置信息识别技术。移动定位是利用多种定位技术（如Cell-ID小区粗定位技术、AGPS定位技术、WiFi定位技术等）、结合电子地图和通信网络，为用户提供位置信息识别服务；LBS多应用于场景定位及服务，能实现基于线下地理位置的优惠信息推送功能，从而拓展O2O业务。

（3）以大数据、数据挖掘、行为分析为代表的信息处理技术。信息处理技术在客户保持与维系、业务套餐制定、关联销售、市场精准营销和宣传、消费者行为特征分析等多方面发挥重要作用。

（4）以移动支付安全技术、空中圈存技术、电子钱包技术、非接触技术等为代表的移动支付技术。目前移动支付的实现主要分硬件和软件两种方式：硬件上如“天翼长城卡”是由电信运营商和金融机构合作推出的手机UIM卡，该卡既可实现一般通讯功能也可以完成其他支付功能，还有具备NFC功能的智能终端设备也能实现非接触式支付；软件上如支付宝、微信支付等应用，用户可在线快捷安全地完成小额支付、转账、消费等业务。

总之，移动电子商务作为传统电子商务的延伸，是电子商务向移动化发展的重要方式。

对于电商企业，移动端电商给电商企业带来了新的竞争市场和发展空间。它增加了流量入口方式，使商务交易能随时随地完成；同时移动端庞大的用户群、稳定的支付渠道、成熟的数据基础为电商企业拓展业务创造了良好的条件。

对于传统企业，移动端电商模式带给传统企业的精细化搜索和个性化体验。传统企业过去依靠供应链信息化实现了供应商上下游企业的高度协同，通过物联网实现了供应链上对物的智能化管理和高度协同，如今，通过移动互联网还可以实现人的高度协同，极大地提高传统企业整体的供应链管理水平和竞争力，减少了交易成本。传统企业还是应当站在供应链竞争的角度，重视移动互联网的应用价值。

对于消费者，未来移动电子商务入口将更加多元化，手机、电子阅读器、智能手表等各种终端设备都有可能成为用户下单的入口，而且各种终端购物模式也会逐渐趋向融合，以方便用户在各类移动终端间体验无缝购物。

对于高新技术的应用，移动电子商务为下一代互联网、移动互联网中涉及的高新技术提供了庞大的市场需求和空间，它能及时引导技术成果在商业中的推广应用，最终达到技术产业与商务产业相互推进、联动发展和合作共赢的目的。

4.8.1.2 微信移动电子商务业务集群

公开数据显示，截至2013年底，微信用户数已超过6亿（是手机淘宝用户的2倍），其中海外用户数超过1亿，月活跃用户3.55亿。此外，2013年8月GlobalWebIndex公布的报告显示，全球移动互联网用户达到9.69亿，微信以27%的使用率排名第五，是我国第一款跻身全球前五的APP产品。如图4-7所示是微信平台业务版图。

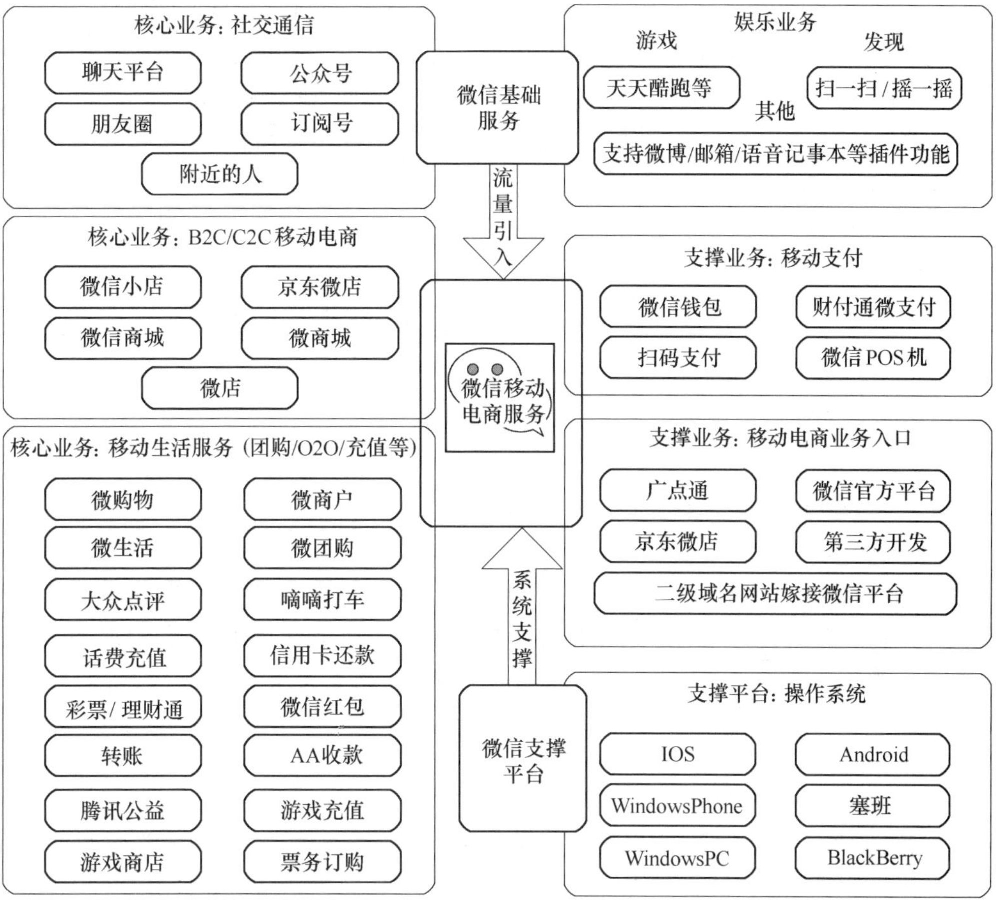

图4-7 微信平台业务版图

在庞大的用户群和功能齐全的业务支撑下，微信借助3G/4G网络商用，智能手机普及，移动购物、支付、二维码等成熟的技术，开始推进移动电商的发展进程。从微信5.0版可支持移动支付开始，现已发展为开放平台，整合各种交易、支付以及生活服务，打造出极具粘性的移动互联网接口，形成了以微信小店、京东微店、微信商城、微商城、微购物、微生活、微商户、微支付、微团购、第三方微商城、微店和微信推广平台等12项为代表的业务集群，这对移动电子商务发展起到了一定实质性的影响。图4-8是微信平台移动电商业务集群的详细布局图。

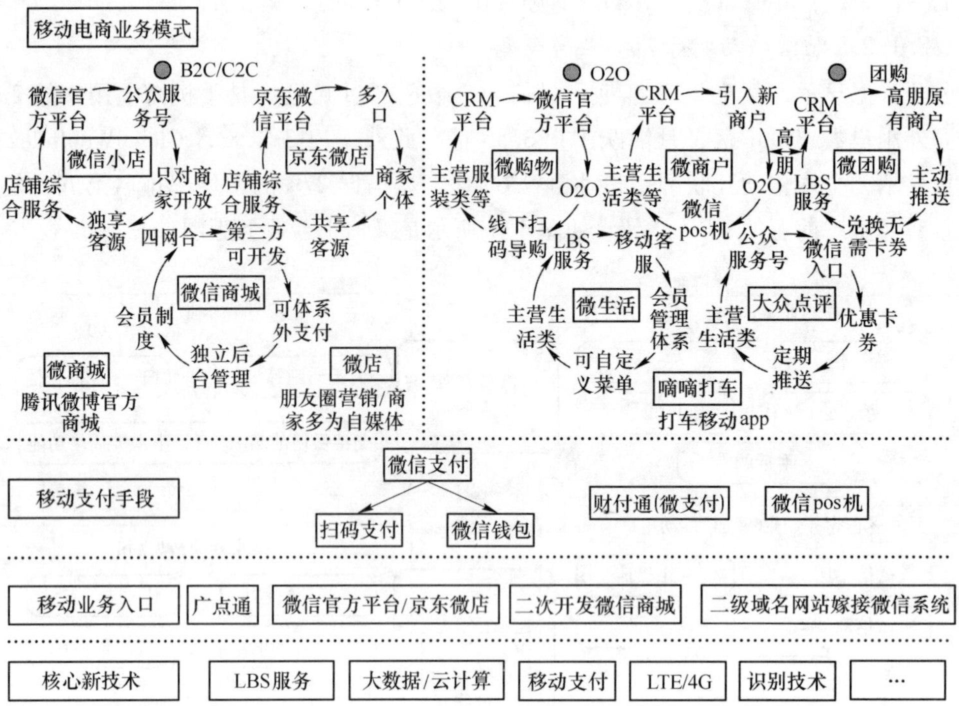

图 4-8　微信平台移动电商业务集群

主要业务平台介绍如下。

A　微信小店

2014 年 5 月 29 日，微信公众平台上线微信官方移动电商工具——“微信小店”，“微信小店”是基于微信支付并通过公众账号来售卖商品。企业在该平台服务中心申请开通后，可在“微信小店”的后台里实现添加商品、商品管理、订单管理、货架管理、维权等一系列操作，使没有任何技术开发能力的企业，也可以开展移动电商模式。其主要优势在于以下两点。

a　操作便捷可快速开店

(1) 提供固定的模板，卖家可自由选择店铺展示样式及风格，也可专门定制页面进行深度开发，技术难度系数低。

(2) 有微信官方的电商管理后台及接口，可批量添加商品，仅 1-2 名人员就可完成品类的上传及维护。

(3)“微信小店” 自动读取用户之前储存的送货地址，用户也可重新设置收货地址。

b　大数据数管理和营销

(1) 支持数据透析，为经营者提供完善、精准店铺营收数据报告、用户数据行为分析。

(2) 可充分利用到粉丝效应和微信社交平台传播。

“微信小店” 简要案例：平安“微信小店”提供在线交车险、汽车维修、在线预约看车、缴费上门服务等；“去哪儿网”基于微信推出呼叫中心式的微信客服，并开发出“一扫分享”和“优惠券云卡包”等旅游决策和旅游产品购买的创新服务；“易迅”“微信卖场“双十一”全天下单达8万单，主打闪购闪电送的模式；“聚美优品 Free 派”是微信首个美妆试用平台；“小米”在微信上提供预订小米手机、微信抢购攻略、订单查询、小米产品系列的介绍等信息服务，并在微信平台上发放了15万台小米手机3，通过微信支付绑定银行账号可完成在线付款抢购。

B 京东微店

2014年5月30日，京东在微信上开设电商开放平台“京东微店”，并享有一级入口（五年使用权）、搜索靠前和支付闭环三方面的独有优势。“京东微店”给商户提供了从基于微信接口的服务，到商品、订单管理（京东微店的后台管理），再到流量生态（自主引流能力）的完整经营能力。同时，“京东微店”作为平台方，其核心价值是由京东负责商户入驻的资质审核、服务体系认证以及中介支付担保。

“京东微店”店铺类型分为旗舰店、专卖店、专营店三种，入驻的商家主要为原QQ网购商家，但对于非QQ网购商户的招募标准也已经基本成型。

C 微信商城

“微信商城”于2013年7月上线，是一款允许微信第三方开发者基于微信公开接口进行二次自主研发的社会化电子商务系统，同时又是一款传统互联网、移动互联网、微信、易信四网一体化的企业购物系统。表4-21从多维度分析了“微信商城”的运营模式并和“微信小店”、“京东微店”进行相应的对比。

表4-21 微信商城、微信小店和京东微店多维度对比

	微信商城（四网一体化系统）	微信小店	京东微店
功能级别	高级应用，具有个性化、自定义商城规则、功能满足各电商要求	基础应用，功能单一	标准化，功能单一，京东定义规则，商家依赖京东平台
与微信平台的关系	基于微信平台做二次开发，与微信平台完全融合	商家需要申请微信公众号和微信支付	京东开发后台，前台由微信平台展示
系统对接	可与企业内部已有系统（ERP、CRM等）进行对接	无法对接	无法对接
销售形式	零售/批发并存，客户提交订单后根据不同等级显示不同价格	只针对零售	只针对零售
购物入口	传统互联网、移动互联网、微信、易信四网合一，全网数据同步	微信入口	微信端、PC端和APP
客源	独享客源，可开展二次营销，增强客户黏性	商家独享客源	商家在平台上共享客源，商家无法获取客户具体信息
后台管理	独立的后台管理：（1）商家可发布独家资讯；（2）商家可在后台添加“供应商管理角色”让供应商入驻；（3）商城规则由商家制订	商品需上传至微信指定分类下，在微信公众账号后台进行管理	第三方入驻型，商家作为供应商角色入驻京东微信平台
产品管理	可批量添加产品和批量上下架产品	可批量添加产品和批量上下架产品	—
数据分析	商品点击率、销量	商品浏览量、访问量、货架浏览量	商品销量

续表 4-21

	微信商城（四网一体化系统）	微信小店	京东微店
促销工具	内置多种促销方案	没有促销工具	红包、现金券等
营销工具	分拥系统	没有营销工具	没有营销工具
会员制度	会员制度	没有会员	个人中心
支付方式	客户下单付款后直接微信支付给商家账户	客户下单付款后直接微信支付给商家账户	客户下单微信支付后需京东转款给商家账户

“微信商城”简要案例：“微购易”作为第三方开发平台，助力企业把品牌商品引入微信商城；“口袋通”可迅速帮助企业搭建微店铺，已开通店铺有五芳斋、麦包包等知名商家。

D 微购物

“微购物”是微信端O2O购物模式，主要负责与服装家纺等零售品牌的合作，同时包括微信里的“精选商品”频道。其优势是扫码购物，即消费者可以便捷地在商场用微信扫描商品二维码，然后回家下单，等待快递送货上门。这种购物方式增加了产品出售率、弥补了实体店的空间限制、减少了购物付款时间和提高了购物体验质量等。

“微购物”简要案例：“微购物”与OPPO合作“99元抢购N1尝鲜版”活动；绫致66家品牌店与“微购物”合作三个月获1000万销量。

E 微生活

微生活会员卡X1版于2013年9月上线，是腾讯旗下专注生活类电子商务和O2O解决方案的提供商。平台整合移动CRM、微信自定义菜单、移动客服、微信支付和手机QQ优惠券平台等五大核心功能，借助微信和QQ账号体系在移动端植入虚拟会员卡，并通过匹配企业自身菜单、座位等SKU，帮助企业实现用户消费记录、精准营销、在线客服、移动支付等一体化的用户管理与营销。

商家在微生活后台可任意组合储值、积分、买赠、代金券、礼品券等营销工具，以高效的会员分类及筛选工具为企业达成精准、智能且效果可监测的营销活动；同时支持在线抽奖、在线支付及营销效果数据分析等功能，实现企业自身对数据管理的需求；而用户可基于微信LBS功能，查找附近商家和其微信公众号。

据微生活团队介绍，该平台目前已与超过1000家的全国知名品牌达成合作，领取过会员卡的用户超过3000万，会员卡发放数量超过5000万，相比于传统优惠券的到店使用率约4%，微生活优惠券使用率可以达到56%。

微生活简要案例：入驻商家有金凤成祥、金逸影城、欢乐谷、聚美优品、速8酒店、麦当劳等。

F 微团购

微团购是高朋网在移动端的转型产品之一，其依托于微信公众平台，为微信用户主动推送应季的热门商品和票务信息，并方便用户在线下场景一键式查找和购买。微团购与其他类型的团购最大的区别在于，微信用户不需要先购买团购凭证（卡券），而是直接通过微信公众平台确认用户的团购资格，在确定的时间范围内主动前往商品供应商处购买商品的一种购买行为。该团购平台的特点分析如下：

（1）商品类别广泛。凡是线下实体商品，都可以进行微团购，但主要以消费型的商品为主。通过特定的微信公众账号进行团购资格的确认，微信用户获得特定时间特定地点的特定商品的低价购买资格。

（2）微信用户无需先行支付团购商品的费用。微信用户获得微团购的资格后，即可在特定的时间内前往指定商品供应商处进行团购交易的购买行为，微信用户只需要和供应商进行微信团购资格的确认，便可以以微团购形成的价格购买商品。

（3）商品微团购灵活。微信用户可以随时随地可以在线主动发起某件商品的团购活动，微团购一旦成团，发起人便可以获得特定的团购奖励。

微团购简要案例：京郊采摘集社就是以应季采摘团购为主的微团购公众账号，管理者不断上线发起多种多样的团购单品：樱桃采摘团、草莓采摘团、苹果采摘团等。

G　微商户

腾讯高朋微商户是高朋网转型的另一延伸产品。其通过微信强大的导流推广渠道，完善的客服体系及运营系统，为商户提供从品牌传播，优惠信息发送、会员管理，到移动支付等一整套O2O移动应用解决方案。该平台涉及房产、酒店、旅游、汽车、培训、金融、电影、制造业、企事业等多个领域，并结合微信POS机推广，使支付环节进一步落地。统计数据截至2014年初，微商户总数已超过500家，且正以每月200家以上的速度入驻。

微商户简要案例：车多少网借助微商户平台，为用户提供不仅包括车型展示、促销信息及活动信息推送、车辆订购等基础的汽车生活本地化O2O功能，还能提供在线看车、售后服务预约等行业专属功能。

H　微信钱包

微信钱包功能正逐步完善，目前在该界面上可以操作的功能有：银行卡绑定、资金转账、话费充值、彩票购买、理财通（华夏基金）、嘀嘀打车、京东精选、Q币充值、信用卡还款、微信红包、大众点评、腾讯公益、电影票、AA收款、机票。

微信钱包简要案例：深圳供电局公众账号“深圳供电”于2014年6月8日正式接入微信支付，深圳市民只要将有效银行卡与微信绑定即可使用微信支付方式交电费。武汉交通管理局公众账号“武汉交警”是微信公众平台上第一家具有“移动推送”功能的政务类微信公众账号，用户通过关注“武汉交警”微信服务号，可以实现实时查询交通路况、查询交通违法信息、查询限行、交通事故快速理赔和微信支付缴罚单等多种服务。如用户关注“武汉交警”微信公众账号后，当车辆出现交通违法现象，可在微信进行查询违法纪录和个人身份、车辆信息；在核实信息后，即可微信支付“处理”罚单；支付成功后，“武汉交警”推送“罚款缴纳成功提醒”及罚单缴纳记录，包含车主姓名、车牌号、违法地点、驾驶证扣分情况等。

4.8.1.3　微信电商业务集群对移动电子商务发展的影响分析

A　对移动电商商业模式发展的影响

目前移动电商商业模式主要可分为四种：（1）由电信运营商主导“信息通道+电商平台”的商业模式，该模式具备广泛的信息通道，但缺乏电商运营经验；（2）由传统电子商务提供商主导“电商品牌+移动运营”的商业模式、如淘宝、京东、当当等，该模式拥有成熟的运营管理经验、商品渠道和物流实力，但多样化创新发展受限制；(3) 由设备提供商主导“移动设备+购物服务”的商业模式，如苹果的 app store，该模式为第三方软件开发者提供了高效平台，但目前该模式只有苹果公司运营较为成功；(4) 由应用提供商主导“创新应用+引导消费”模式，如手游应用等，该模式创新实践性强、能迅速吸引消费者眼球，但自身资源单薄，规模扩大有难度。

经上分析，现有的四种商业模式都存在各自的优势和局限，需强强联合才能实现“优势互补、合作共赢”。在此背景下，由微信电商业务集群主导的商业模式发展趋势为：“各方融合+开放平台”模式，即融合多方提供商的优势力量，将网络提供商（如 3G/4G 网络）的用户群、传统电商（如京东）的物流渠道和运营经验、设备提供商（如小米、华为等）的移动终端和应用提供商（如第三方应用开发商、手机游戏等）的创新应用有效联合，形成互利共赢的上下产业链承载关系，最终呈现出多样化、开放化和平台化的商业模式。

B　对移动电商业务发展的影响

目前移动电商业务开展的特征可总结为 3A 特性（即 Anytime、Anywhere、Anyservice，在任何时间、任何地点完成传统电商服务）、LBS+O2O/团购模式（即线下引流线上支付）和互联网思维方式（即扁平化、开放化、平台化的运营管理）。

微信移动电商业务集群的形成使移动电商业务的发展延伸出新的特征——社交化营销。微信移动电商平台最大的优势就是基于 6 亿用户的庞大社交基础和微信自身成熟的即时通信应用，其在短短两年内就改变了现代年轻人的生活社交方式，因此微信使得买卖双方的交流变得更为快捷、方便和主流。微信融合 SNS 和 LBS 理念，通过朋友圈增强推荐力度和客单转化率，在 LBS 的应用支撑下又能实现实时购买、高效配送，从而促进移动电子商务生态系统各个生态链协同发展。

综上，微信应继续大力推广和完善其“广点通”广告产品的功能；并为商家深度打开其社交流量入口、提高公共服务号在用户面前的活跃度；并在微信中增添公众用户评论、榜单、比价、推荐等社交化子平台，使社会化营销模式渗透至微信上的每一个移动电商业务。

C　对移动电商平台发展的影响

与传统电商或传统企业通过在移动端上线 APP 来开展移动电商的单一方式不同，微信是通过服务号来代替繁杂的 APP，提供一个能整合不同类型商家的移动平台来帮助商家开展移动电商。微信平台大大减少了移动端下载 APP 的数量，方便了用户管理商户和选购商品，同时还能保证买卖双方的即时通信及信息确认。

微信对移动电商平台发展更为关键的影响是其硬件服务平台的构建。2014 年 7 月，腾讯以微信服务号为入口接入智能硬件实现对智能硬件的数据获取和管理，引入“排行榜”和“维权”的社交体系，并添加“在线微购”服务，形成了基于其他智能移动硬件的用户数据采集、分析、管理、购买需求引导到购买需求实现的闭环，首批代表为 ihealth、咕咚、乐心和华为四家厂商的运动手环/手表类产品。该平台的意义是：在智能硬件（如可穿戴设备等）及其新技术（物联网技术等）发展态势大好的背景下，微信率先抢占对此类硬件的服务市场，一方面可以将移动电商平台从手机/Pad 端引向其他更多类型的智能移动端上，直接为平台增加用户数据量和数据维度；另一方面能获取客户更多可公开信息，再通过后台数据分析能精准引导用户在微信移动平台上二次消费，例如，购买运动手环的用户，依据微信上对应服务号的数据分析获得自身身体状况，并依此可在服务号上在线购买健康产品，使得用户消费具有延续性和重复性。

4.8.2 互联网金融

互联网金融是传统金融业与互联网相结合的新兴领域，其借助社交网络、电子商务、第三方支付、搜索引擎等形成的海量数据，云计算和行为分析理论作支撑的数据挖掘能力，数据安全技术对隐私保护和交易支付的保障以及搜索引擎使个体更加容易获取信息的优势，极大减小了金融交易的成本和风险，扩大了金融服务的边界，实现了资源配置、支付和信息处理等业务的新兴金融模式，包括第三方支付、P2P 小额信贷、众筹融资、新型电子货币、理财及其他网络金融平台，其典型特征见表 4-22。如今拥有科技背景的互联网企业逐渐涉足金融业务，并借助平台完成资金融通和资源配置，而以银行、证券公司、保险公司为代表的金融企业也逐步发展互联网金融。

表 4-22 互联网金融特征

	互联网金融
客户	面向互联网的所有客户进行营销，最大限度地提升客户入口。包括传统金融企业已有的线下客户和其他潜在客户
产品	涵盖互联网商业模式下几乎所有商业行为的产品和服务。不仅有基于互联网基因而生长的跨界创新金融与商业服务，也有互联网包装和营销下的传统金融产品与服务
渠道	所有与网络相关的渠道，如 Web 网页、移动设备、手持终端等
流程	基于互联网创新、高效的信用评估模式，同时结合传统银行信用模型作为流程开展的参考依据
模式	涵盖丰富的基于互联网发展的业务与服务模式，如 O2O、移动互联、B2B、B2C、C2C 等
需求	业务需求变化快、应用频繁更新；需要可灵活扩展的技术框架支撑新的业务需求和模式

互联网金融业务运行的关键主要由支付方式、信息处理和资源配置三部分组成：

（1）支付方式方面，以移动支付为基础。个人和机构都可在中央银行的支付中心开账户，即不再完全是二级商业银行账户体系；证券、现金等金融资产的支付和转移可通过第三方支付平台或手机刷卡器等移动支付硬件进行；支付清算电子化以替代现钞流通。

（2）信息处理方面，以云计算等技术为支撑。资金供需双方信息通过数据积累、分析、挖掘及交互等技术的处理后，借助网络揭示和传播，并被搜索引擎组织和标准化，最终形成时间连续、动态变化的信息序列。由此能以极低的成本给出资金需求者（机构）的风险定价、信用评价考核或动态违约概率的参考值。

（3）资源配置方面，以支付方式和信息处理为前提。在供需信息准确对称、交易成本极低的条件下，互联网金融模式形成了“充分交易可能性集合”，催生了新的商业模式，推进了新技术手段的运用，拓宽了中小企业融资、民间借贷、个人投资等金融业务的渠道。

互联网金融凭借其超越时间和空间的客户接入能力，低廉的用户价值转换成本，丰富的营销方法和手段，已渗透到更加广阔的客户群中，帮助发展了更多的中小型业务。下文将分析我国第三方支付、P2P 小额信贷、众筹融资、新型电子货币、理财宝等互联网金融业务的发展现状和趋势。

4.8.2.1 第三方支付

A 第三方支付概述

第三方支付是具备一定实力和信誉保障的独立机构，采用与各大银行签约的方式，提供与银行支付结算系统接口的交易支持平台的网络支付模式。在通过第三方支付平台的交易中，买方选购商品后，使用第三方平台提供账户进行货款支付，由第三方通知卖家货款到达、进行发货；买方检验物品后，就可以通知付款给卖家，第三方再将款项转至卖家。

B 第三方支付商业模式和盈利模式

第三方支付的商业模式可分为两种：一类是具备担保功能的非独立的第三方支付模式；另一类是独立的第三方支付模式。

非独立的第三方支付模式，也称为信用中介型模式。这种模式的运营商主要是借助电子商务交易平台和中间担保支付平台与用户开展业务，在交易过程中采用充当信用中介的模式，保证交易的正常进行。支付宝、财付通等是非独立的第三方支付模式的企业代表，它除了提供交易双方信用的第三方担保平台来确保线上转账、付款、还款的安全服务外，还提供话费、理财产品、票务、外卖等生活服务。

独立的第三方支付模式仅提供支付产品和支付系统解决方案的运营平台，其前端为网上商户和消费者提供多种支付入口，并相应的在后端联系着与各方支付入口相对应的银行电子接口。它除了提供基本的支付功能外，还可为签约用户提供订单管理和账户查询等增值服务。如拉卡拉创新了针对小、中、大商户的多种 POS 产品及针对个人消费者的手机刷卡器等便民金融服务；快钱是支付产品最丰富、覆盖人群最广泛的独立的第三方支付企业，其推出的支付产品包括人民币支付、外卡支付、神州行卡支付、联通充值卡支付、VPOS 支付等众多支付产品，支持互联网、手机、电话和 POS 等多种终端，满足各类企业和个人的不同支付需求。国付宝由中国国际电子商务中心发起组建，针对政府及企业的需求和电子商务的发展，精心打造的国有背景独立第三方支付平台。

这些第三方支付企业的盈利模式也可分为两种：一种模式是向客户收取极低或者免收手续费，此模式多出现在企业盘踞市场的发展期，只有整个运作和客户量达到一定规模后，可通过其他收费业务来平衡支出；另一种模式是支付平台与银行实现直通服务，在帮助商家促使更多消费者选择在线支付的同时，收取来自银行的利益分成和按每笔交易向商家收取相关服务费。

C 第三方支付发展及趋势

中国人民银行 2010 年 6 月 21 日制订并出台《非金融机构支付服务办法》，规范非金融机构支付业务；其后央行按批量共发放 5 批第三方支付牌照，分别是 2011 年 5 月 18 日 27 家单位获批；2011 年 8 月 29 日 13 家单位获批；2011 年 12 月 22 日 61 家单位获批；2012 年 6 月 27 日 95 家单位获批；2014 年 7 月 8 日 19 家获批；加之期间对个别企业的单独发放，目前我国持牌单位已有 269 家。典型代表有拉卡拉、网银在线、支付宝、财付通、快钱、北京银联、快付通、汇付天下、钱袋、易宝支付、盛大支付、帮付宝、畅捷通等。

在上述第三方支付公司中，北京以通融通、爱农驿站科技服务有限公司、钱袋网、银盈通为代表；杭州以支付宝、贝付科技为代表；深圳以财付通、钱宝科技为代表；上海以汇付天下、通联、银联电子支付、东方电子支付、快钱、盛付通、环迅支付、富友支付为代表；重庆以易极付公司为代表，共 17 家支付公司获得了跨境电子商务外汇支付业务试点资格，可以办理跨境收付汇和结售汇业务，业务范围涉及货物贸易、国际航空机票及酒店住宿、留学教育等。

中国支付清算协会 2014 年 5 月 28 日发布的《中国支付清算行业运行报告（2014）》显示：

2013 年全年，支付机构互联网支付业务向证券、基金、保险（放心保）等多个行业领域渗透，金融化趋势明显，业务规模快速增长，全国共处理互联网支付业务 150. 01 亿笔，金额 8. 96 万亿元，分别较上年增长 43. 47%和 30. 04%。支付机构共处理移动支付业务 37. 77 亿笔，金额 1. 19 万亿元，分别较上年增长 78. 75%和 556. 75%。

2014 年第一季度，全国共发生电子支付业务 70. 67 亿笔，金额 292. 89 万亿元，同比分别增长 25. 92%和 34. 60%。其中，互联网支付业务 63. 16 亿笔，金额 287. 75 万亿元，同比分别增长 20. 31%和 33. 81%；移动支付业务 6. 59 亿笔，金额 3. 89 万亿元，同比分别增长 232. 20%和 255. 37%。

央行公布 2014 年第二季度支付体系运行总体情况。数据显示，第二季度全国共办理电子支付业务 76. 96 亿笔，金额 327. 11 万亿元，同比分别增长 23. 24%和 30. 31%。其中，移动支付业务 9. 47 亿笔，金额 4. 92 万亿元，同比分别增长 1. 55 倍和 1. 37 倍，移动支付业务继续保持高位增长。

分析上述数据可概括出我国第三方支付业务继续保持高速发展势头。总体来看，第三方支付市场集中度高，呈现典型的平台经济特征。其中互联网支付业务向证券、基金、保险等多个行业领域渗透，金融化趋势明显；移动支付业务是未来发展趋势，正逐步向金融理财、保险和生活服务等多领域延伸，跨行合作也不断升级，移动支付产品和服务在业务模式、应用场景、终端载体等方面加速创新，提供差异化、特色化的便民及增值服务。我国还处于移动支付发展的初期阶段，其 200%的增长速度还可继续保持。表 4-23 给出了我国目前发展较有代表性的第三方支付企业。

表 4-23 第三方支付典型企业（排名不分先后）

平台	所属地	业务特色	商业模式
拉卡拉	北京	丰富的移动支付硬件产品	独立
国付宝	北京	具有国有背景、针对政府及企业的第三方支付平台，支持 P2P 项目	独立
易宝支付 YEEPAY.COM	北京	支持招商银行信用卡还款的实时到账业务	独立
钱袋宝 qiandai.com	北京	移动支付产品研发，如手机刷卡器	独立
网银在线 Chinabank payments	北京	覆盖航空、教育、旅游、数字娱乐、电子商务、零售等多个行业的电子支付方案解决提供商	独立

续表 4-23

平台	所属地	业务特色	商业模式
微博钱包	北京	社交环境下的一体化支付功能	非独立
盛付通 轻松生活，放心支付	上海	线上线下的全方位支付通络体系	独立
快钱 99Bill.com	上海	覆盖电脑、POS、手机、电话等所有主流支付工具在内的全面电子收付款解决方案	独立
支付宝 Alipay.com 第三方电子支付平台	杭州	支付宝付款可以缴纳学费	非独立
财付通 会支付 会生活	深圳	虚拟物品中介保护交易功能	非独立

由于整个金融市场的虚拟性较强、无时空限制等特点，使得第三方支付产业将逐步以服务种类形式繁多、客户对象级差范围大的态势发展，并且有各自领域创新能力的少数企业将会使该市场出现“割据”形势。

随着第三方支付平台行业化服务的深入，第三方支付业务也将更细化，走向更加细分的市场；同时这也会让第三方支付商的产品具有差异化和专业化，摆脱恶性价格竞争，步入良性循环。

当然企业要达到稳固自己的行业地位并稳步向前的目的还需大力开发增值服务，未来的第三方支付平台应会是一个结合支付、在线理财、供应链金融服务、P2P 与小额贷款资金监管等业务为一体的综合金融服务平台。

4.8.2.2　P2P

A　P2P 概述

P2P 网络借贷，根据银监会和小额信贷联盟的公文，是指个人通过网络平台相互借贷。即由具有资质的网站（第三方公司）作为中介机构，借款人在平台发放借款标，投资者进行竞标向借款人放贷的行为。其中中介结构负责对借款方的经济效益、经济管理水平、发展前景等情况进行详细的考察，并收取账户管理费和服务费等收入。

B　P2P 的商业模式

目前国内的 P2P 网站主要有四种经营模式：

（1）第一种为纯电商模式。以拍拍贷代表，即平台本身不参与交易、不提供担保，只提供借款信息上传和发布的平台，借款利率由交易双方决定。这种模式要求投资人需要具备一定的判断风险的意识和承担风险的能力，投资人承担的信用风险特别高，一旦出现逾期或者不良，只有依靠自身追款或承担损失，平台本身不承担任何责任。此外，招商银行 2013 年推出的“e+稳健融资项目” P2P 贷款也不提供本金和利息的担保，而且投资起点高、期限短，但融资方多为实力可信企业。

（2）第二种是债权模式。代表平台为宜信，宜信的主要模式为债权转让交易模式，创始人唐宁或其他宜信高管提前放款给需要借款的用户，唐宁再把获得的债权进行拆分组合，打包成类固定收益的产品，然后通过销售队伍将其销售给投资理财客户，借款人和出借人之间形成了多对多的形式。2012 年，宜信年放款额度高达 300 亿元，远超过美国第一大 P2P 平台 Lending Club 的放款额度（年约 36 亿元）。

（3）第三种模式为引入保险公司或担保公司模式。即 P2P 网站引入保险公司或担保公司后，担保单位通过向借款人收取担保费和平台咨询费等方式进行业务运转，代表公司有利网。

（4）第四种为 O2O 模式。代表平台是陆金所和联金所，这种模式的特点是小额贷款公司+P2P 平台+担保公司，在陆金所的引领下，国内采用相同模式的一批“所”类 P2P 平台相继诞生，但其中最为专注的只有联金所。这类模式由专业的小额贷款机构线下审核借款人，并由专业的融资担保公司对通过审核的借款人提供担保，通过审核的借款信息发布出去后由会员投资完成，整个交易流程通过第三方支付完成，是线上理财和线下借款的结合。若借款人发生违约，合作的担保机构将先行垫付全部本息，再向借款人追偿。这种本息保证模式比较符合中国人储蓄型理财的特点，也是 P2P 平台的主流模式。

C P2P 的发展及趋势

近年，P2P 平台数量持续激增。有机构发布数据显示，我国目前共有运营 P2P 平台 1283 家，2013 年 P2P 行业总交易额达 1058 亿元，较上年 200 亿元左右的规模增长了 4 倍多，其中广东、浙江等经济发达大省的网贷平台数量最多，成交量也最大，而广东又以深圳为最。山东作为民间贷款利率偏高的省份，也催生了数量可观的网贷平台。

除民间机构为，各大银行也相继推出线上融资业务。如光大银行推出了针对全程网络化、电子化的“阳光融 e 贷”线上融资业务，客户可通过网上银行将账户中的定期存款或国债作为质押，直接网上签约、自动申请、自动发放贷款；平安银行已经与 20 家以上的 P2P 公司签订了全面资金托管协议，部分平台的托管系统已经在投入使用；北京银行推出了“网速贷”，建行推出了“e 贷通”等网上信贷产品；招商银行推出“e+稳健融资项目”P2P 贷款，期限约为半年，投资者可向项目“放贷”，最低投资起点为 1 万元；华夏银行也在 2014 年 6 月份开始布局 P2P 业务。

然而为争夺市场资金和客户资源，部分 P2P 企业存在片面宣传、夸大收益等现象，还有部分金融产品采取补贴、担保等方式来放大收益，在风险提示不够充分的情况下，存在着损害消费者权益的隐患。由于互联网金融违约成本较低，部分 P2P 网贷平台甚至存在搞资金池、非法吸收公众存款、非法集资和网络诈骗的行为，而有 8 家平台出现跑路或提现困难的现象。因此 P2P 网贷平台的发展最亟待的任务是平台风控体系的完善，完成去担保化的转型；另外 P2P 已经涉足个人市场、小微企业市场、电商市场等，未来 P2P 市场的差异化将更加明显，专业化市场也会逐渐形成。表 4-24 给出了我国 P2P 网贷平台较为典型的企业发展情况。

表 4-24 P2P 网贷典型企业

平台	所属地	业务特点	贷款模式
宜人贷 宜信旗下在线P2P借款平台	北京	民间贷款资质深厚，客服专业，年放款额度大	线上+线下
有利网 YOOLI.COM	北京	年收益 12%左右，可小额投资，由小贷公司推荐合格借款人并作担保	线上+线下

续表 4-24

平台	所属地	业务特点	贷款模式
人人贷 renrendai.com	北京	通过风险准备金的垫付方式来解决风险问题，12%年化收益	线上
翼龙贷网 www.eloancn.com	北京	推行地区代理模式，由代理加盟商负责债权	线上交易，线下审核
红岭创投 HONGLING CAPITAL	深圳	投资人资金安全、注册 VIP 可以全额赔付本息	线上
拍拍贷 ppdai.com	上海	纯信用无担保网络借贷平台	线上
陆金所 中国平安集团成员	上海	担保模式+理财模式，两大金融服务平台，平安保险担保	线上+线下
网贷帮手 wangdaibangshou.com	辽宁	P2P 网贷行业专业的第三方资讯导航平台	线上
小马 bank	内蒙古	业务主要集中在债权转让，债权平台的投资人账户和风险保证金均由包商银行进行托管	线上+线下

D　案例分析——LendingClub 网站

LendingClub 是美国第一大 P2P 借贷平台公司。数据统计截止到 2013 年 3 月底，LendingClub 贷款方，平均 FICO 信用积分为 706，负债收入比（除房屋贷款之外）为 16%，个人人均年收入为 70491 美元，其中 12855 美元用来进行信用支出和还款；LendingClub 投资方，总投资额达到 15 亿美元，由此产生的总利息为 1.28 亿美元，默认的贷款初始利率为 4%，年均净利润率为 9.64%。LendingClub 月度表现，2013 年 2 月产生了 1.2 亿美元的贷款量，使得其总贷款量增至 14 亿美元。这个业绩使得 LendingClub 在 P2P 贷款市场里独占鳌头。

LendingClub 在 P2P 行业发展至如今领先地位，其业务模式经历了三个阶段：本票模式（2007 年 6 月～2007 年 12 月）、银行模式（2008 年 1 月～2008 年 3 月）、证券模式（2008 年 10 月至今）。

a　本票模式

在本票模式下，当贷款需求被成功认购后，借款会员向 LendingClub 签发贷款本票。随后，LendingClub 进行两步操作：一是向借款会员发放相应金额的贷款；二是将借款会员签发的贷款本票转让给相应的投资会员。

在这个过程中，LendingClub 实际上充当了贷款本票的中介转让方并为贷款提供后续服务，通过收取服务费盈利，并不承担贷款风险。但是，LendingClub 却成为了会计记录上的出借方（LenderofRecord）——它需要先向借款会员发放贷款，这意味着 LendingClub 需要取得各个州的借款执照，并确保每笔贷款的利率低于各个州的利率上限。这极大地限制了 LendingClub 以统一标准向全国各州扩展业务。

b　银行模式

为了保护借款人，美国各州对贷款分别设定了最高利率，而且各州的最高利率并不统一。因此，为避开各州的利率上限，向全国拓展业务。2008 年 1 月，在经历 6 个月的本票模式后，LendingClub 与 WebBank 签订合作协议，转为银行模式。在银行模式下，当贷款需求被成功认购后，借款会员不再向 LendingClub 而是向 WebBank 签发贷款本票。随后，WebBank 同时进行两步操作：（1）向借款会员发放相应金额的贷款；（2）将借款会员签发的贷款本票以无追索权的方式平价转让给 LendingClub，即时收回发放出去的贷款资金。

LendingClub 在获得转让后的贷款本票后，再将该本票转让给认购的投资会员，同时从投资会员在富国银行的集合受托账户中获得等额资金。不同于"本票模式"，LendingClub 在"银行模式"下不再成为会计记录上的出借方，这一角色由 WebBank 担任。但在实际意义上 LendingClub 所提供的服务与本票模式下并无区别——贷款本票的中介转让方并为贷款提供后续服务。

由于犹他州并未对借款利率设定上限，WebBank 作为一家犹他州注册并有 FDIC 承保的州立银行，可以向全国各州进行利率无上限的贷款。因此，借由与 WebBank 的合作，LendingClub 的贷款利率将不再受到限制，实现了贷款业务的"全国化"和"市场化"，极大降低了业务成本。

c 证券模式

2008 年 3 月，美国证券交易委员会认定票据为证券性质，需要准备申请注册。2008 年 4 月，LendingClub 主动向 SEC 提交注册登记，10 月完成注册，开始在"证券模式"下开展业务。证券模式与原有模式在大部分环节上并无差别，区别在于：在证券模式下，投资人购买的是 LendingClub 发行的"会员偿付支持债券"，投资人是 LendingClub 的无担保债权人，与借款人之间并不存在直接的债权债务关系，但收益完全取决于所投资贷款的表现。在此之前，投资人直接从 LendingClub（本票模式）或者通过 LendingClub 从 WebBank（银行模式）受让由借款人签发的贷款本票，从而成为借款人的债权人。

除业务模式的不断顺势更新外，LendingClub 竞争力的核心还体现在严格的会员管理制度——会员管理的担保模式和定价模式，即贷款重点是信用度高的贷款会员，并且利率是由贷款人信用等级决定，而非由投资者决定。该管理制度对投资人和借款人都有严格的审核，建立了完善的借款人等级划分体系，将贷款人和投资人的风险降到最低，形成了良好的发展态势。

LendingClub 的发展历程给我国 P2P 行业提供了一些可借鉴的发展经验，简要概括为：一是应完善 P2P 平台的外部监管和信息披露机制，适度提高行业准入门槛；二是需要完善相关法律法规，强化对投资者的保护力度；三是需要加强行业规划和引导，鼓励开展对实体经济有正面作用的信用模式创新；四是 P2P 网贷企业需要寻求差异化和多元化发展，并主动服从监管和规范化运营；五是 P2P 平台之间实现信用信息的共享以及与信用评级公司深入合作。

4.8.2.3 众筹

A 众筹概述

众筹，即大众筹资，是指用团购+预购的形式，向网友募集项目资金的模式。众筹利用互联网和 SNS 传播的特性，让小企业、艺术家或个人对公众展示他们的创意，争取大家的关注和支持，进而获得所需要的资金援助。相对于传统的融资方式，众筹还具有如下作用：一是提供兼具融资和宣传作用的渠道；二是降低融资门槛，增加创业机会；三是激发创新思维，加快创意向产品的转换；四是充分调动消费者主动性，促进制造业向按需生产方式改造。

B　众筹的商业模式

在筹资方面，主要是项目/股权预售模式和捐资模式；在收益回报方面，主要是商品或内容类奖励回报和进阶的股权类收益回报。据统计，至 2014 年 5 月，国内各众筹平台共募集资金总额约为 2053.67 万元，其中股权类众筹平台筹资金额约为 1112 万元，奖励类众筹平台筹资金额约 940.67 万元，分别占比 54.15%、45.85%。

C　众筹的发展现状和趋势

根据 Massolution 数据显示，全球众筹融资产业规模从 2009 年的 36.1 亿元飙升至 2012 年的 173 亿元，3 年增长 380%；全球融资公司规模超过 600 家，增长率为 41%。但是 2012 年亚洲地区众筹筹资额仅占全球的 1.2%，2014 年也只发展到占全球众筹筹资额的 3%。分析认为，影响亚洲众筹发展的因素主要有：亚洲还没有出现有重要影响力的众筹平台，因此无法形成规模效应；亚洲地区用户投资理念趋于保守，创新金融方式的接受能力较弱。

根据《2014 年中国众筹模式上半年运行统计分析报告》内容显示：2014 年上半年，国内众筹领域共发生融资事件 1423 起，募集总金额仅 18791.07 万元，参与人数为 10.92 万人。同期，美国众筹行业共募集资金 2.15 亿美元（约合人民币 13.3 亿元），项目数 5513 个，参与人数近 281 万人，在几方面都远远领先于中国众筹业。分析认为，我国众筹发展依旧缓慢、市场冷淡、价值认知度低，主要问题在于众筹平台功能不明显，普遍被当成推广平台使用；知识产权保护不成熟，优秀的项目或创意上线后容易被抄袭剽窃；平民投资理念重收益，缺乏专业知识评判项目；平台缺少筹资完成后服务，项目执行和回报难；众筹项目所涉及的产业（目前多集中于文化和智能硬件产业）若无拓展，易形成创新瓶颈。因此，我国众筹行业的发展趋势应朝着平台专业化、全面化，投资本土化，知识产权管理完善化、产业多样化的方向前进，即未来能呈现出专业的、按产业与项目分类的众筹平台，并能提供从项目筹资到项目实施、回报完成全服务；投资本土化降低投资风险、提高项目可信度，完善的知识产权管理保护项目知识产权，维护众筹双方的利益。表 4-25 给出了我国具有代表性的众筹平台。

表 4-25　众筹典型平台

平台	所属地	业务特征	发展程度
众筹网 zhongchou.cn	北京	为项目发起者提供募资、投资、孵化、运营一站式综合众筹服务，且不收取任何服务费	累计项目上线总数 3487 个、支持人数 117271 人、筹资金额 40568560 元。典型案例：众筹网联合长安保险推出的“爱情保险”项目创出了国内融资额最高众筹记录，筹资额超过 600 万元
天使汇 angelcrunch	北京	融资前指导—实现融资—宣传推广—后续融资	截至 2013 年 10 月份，天使汇平台上总共完成了 70 个项目，2.5 亿元人民币的融资 在天使汇平台上注册的创业项目达到 8000 个，通过审核挂牌的企业超过 1000 家，创业者会员超过 22000 位。典型案例：滴滴打车融资总额 1500 万元，黄太吉融资总额 300 万元，萌宠 360 融资总额 300 万元

续表 4-25

平台	所属地	业务特征	发展程度
京东金融 JD Finance	北京	筹资+孵化平台，为筹资人提供从资金、生产、销售到营销、法律、审计等全方位服务	主攻智能硬件、流行文化两个领域。首期上线的项目有 12 个，其中，7 个智能硬件项目，5 个流行文化项目
摩点网 MoDian.com	北京	定位游戏动漫领域的众筹网站，采用分期众筹的融资方式	目前摩点网众筹的项目已达到 10 个，首批众筹的三个项目均已成功
娱乐宝 会赚钱的支付宝	浙江	网民最低出资 100～1000 元就能投资热门影视作品，预期年化收益率 7%	首批上线项目分别为电影《小时代 3》、《小时代 4》、《狼图腾》、《非法操作》以及社交游戏《魔范学院》，总投资额 7300 万元
追梦网 dreamore.com	上海	“众筹项目”板块“创意行动”板块“梦享志”板块	网站有 5000+的项目申请，成功筹款的项目超过 500 个，成功率保持在 45%。该平台盈利模式是从成功的项目中抽取 5%的佣金，筹款资金由第三方支付平台承担周转，分两期打给发起人，失败的项目既得资金则全额返还给用户
轻松筹	江苏	发起人面向自己的社交圈（如微信、微博、QQ 等）发起轻资产众筹项目	—

D 案例分析——众筹网

众筹网是目前国内众筹企业中发展较好的企业之一，隶属于网信金融集团旗下，是国内首家在美国设立分站的众筹网站；其上线有众筹制造、开放平台、金融众筹、股权众筹等板块，主营业务涉及科技、文娱、生活用品等；并建立了专业的项目发起团队，是项目募资、投资、孵化、运营一站式的综合平台。

众筹网平台运营特点可概括为：多元化的业务板块、专业的项目发起团队以及前沿的众筹教育和行业研究。

（1）多元化的业务板块。首先是众筹项目品类多元化，涵盖科技、金融、音乐、影视、艺术、设计、动漫、出版、公益、体育、公开课、游戏等领域；其次是开放平台资源多元化，已联合淘梦网、乐童音乐、追梦网、先锋微电影、好梦网等多家垂直类众筹网站，打造开放化合作与资源共建共享的线上平台；最后是合作企业多元化，实现产品、流量等资源的互通。如金融方面与银行、保险等金融机构合作推出存款、理财等产品的众筹，其和长安保险共推的“爱情保险”项目筹资超过 600 万元；生活方面与本来生活网合作推出尝鲜众筹新模式，科技方面与映趣科技合作发布“众筹制造 inWatchZ”，共筹 112 万余元；文娱方面与天娱传媒共同发起《快乐男声》主题电影众筹，该项目筹集 501 万元等。

（2）专业的项目发起团队。众筹网幕后组织有专业的项目发起团队，负责发起项目的预审、联系、合作，确立合作意向后则为发起者提供项目需求分析、项目包装、营销推广策划执行、资金对接、商业计划书撰写、创业经营指导、创业圈人脉积累、财务风险管控、经营人才招聘与培养等相关服务，帮助项目发起者快速发起众筹计划，直到项目成功孵化。

（3）前沿的众筹教育和行业研究。网信金融集团开办全球首家“众筹大学”，定期邀请业界资深专家开展“众筹模式下创业与投资”等主题的培训活动，并为《中国众筹商业模式月度统计分析报告》等行业研究报告提供数据和智力支持。

4.8.2.4 信息化金融服务

金融信息化是金融业务发展重要趋势，而信息化金融服务则是金融创新发展的产物之一，主要包括供应链金融、网销基金、网销保险、虚拟货币、银行电商及其他相关服务。

A 供应链金融

供应链金融就是银行将核心企业和上下游企业联系在一起提供灵活运用的金融产品和服务的一种融资模式。供应链金融的特点：（1）将资金有效注入处于相对弱势地位的上下游配套中小物流企业，解决中小物流企业融资难和供应链失衡的问题；（2）将银行信用融入上下游企业的购销行为，增强其商业信用，促使中小物流企业与核心企业建立长期战略协同关系，提升供应链的竞争能力。

随着电子商务的蓬勃发展和企业供应链管理意识的加强，银行借助互联网建立了和大型 B2B 电商平台、供应链主制造商、主物流商等众多链主单位的大数据共享机制。根据大数据的聚集载体的不同，还形成了主制造商、主物流商、电子商务平台等多种在线供应链金融服务形式，其根本的目的是借助链主单位的大数据有效控制供应链融资风险，为供应链上下游中小企业提供方便、快捷、安全的融资服务。2013 年银行业供应链金融融资余额突破了 7 万亿元。

众多第三方支付机构和互联网企业也为在线供应链金融平台提供了很好的金融支付环境和手段。在一些大宗商品贸易平台和大型企业级电商平台上，透过银行和一些第三方支付的努力，“在线供应链融资”服务产品已经成为一大亮点，未来更多的大宗商品线上交易市场和企业级 B2B 平台将会标配“在线供应链融资服务”能力，这也为传统企业挖掘电子商务的价值链提供了借鉴和参考。表 4-26 给出了部分银行业和非银行业在供应链金融上代表性产品和服务。

表 4-26 部分银行业和非银行业企业供应链金融产品和服务

平台提供商	供应链金融产品	服务内容	业务成果
平安银行	“供应链金融 2.0”	以“N（上游企业）1（核心企业）+N（下游企业）”为思路，将供应链主控企业上下游的中小企业融资作为先导，逐步渗透至核心企业，再以核心企业为轴开拓供应链金融业务	2012 年获“最佳供应链金融服务银行”称号
中信银行	“三大平台”、“四大增值链”、“五大特色网络”	“1（核心企业）+N（上下游企业）”思路，充分利用其对公业务优势、直接切入核心企业、打通其供应链上下游，如中信银行和海尔物流的合作	2012 年融资突破千亿元大关。特色为汽车金融和钢铁金融

续表 4-26

平台提供商	供应链金融产品	服务内容	业务成果
招商银行	“智慧供应链金融平台”	平台通过与各个银行系统间的无缝对接，实现了业务的全程不落地处理，数据驱动贷款申请审批和额度管理业务	已面向电商平台、零售商超、大型生产企业、物流仓储平台、政府采购机构、大宗商品平台、日用快消品、电信通信八大类行业
京东	“京东白条”、“京东小额贷款”	“京东白条”是针对个人的小额信用贷款；“京东小额贷款”面向平台上供应商提供订单融资、入库单融资、应收账款融资、委托贷款融资、协同投资信托、资产包转移等服务	自 2012 年起京东和多家银行合作启动供应链金融业务以来，已累计向合作伙伴提供数十亿元的贷款金额
阿里巴巴	“阿里小贷”	阿里诚信商会员无需提供抵押品或第三方担保仅凭商店信誉就能取得贷款，并以借款人信用程度作为还款保证的；放贷资金来源为两种；一是股东的注册资金；二是银行贷款	从 2010 年开始至 2013 年，共为 64.2 万家小微企业提供融资服务，累计放款金额达到 1722 亿元

B 网销理财产品

网购理财产品正逐渐成为国人新的投资方式，团购“秒杀”保险、网购基金等火爆销售现象使得传统金融机构和互联网企业不断推出“宝宝”类基金、保险类或信托类的理财产品。2012 年 12 月 27 日证监会公布了《证券投资基金销售机构通过第三方电子商务平台开展证券投资基金销售业务指引（试行）（征求意见稿）》，开闸第三方电子商务牌照，这意味着基金公司的电子商务时代将逐步走向正轨。截至 2014 年 7 月，电商及银行系网络理财产品均已超 10 款，基金系网络理财产品超 30 款，券商系网络理财产品也已超 5 款。

a “宝宝”类理财

基金业协会数据显示，货币基金 2014 年 2 月份规模增长近 4700 亿元，总规模达到 1.4 万亿元，创出历史新高。规模的高速增长很大程度上得益于“宝宝类”基金产品。

近期，四大行均通过下调快捷支付额度的方式来限制“宝宝类”产品的购买额度（手机移动端）。虽然监管的趋严及银行限额等措施，短期将对快速扩容中的“宝宝类”形成一定的压制作用；但长远来看，凭借其操作、转账的便捷性和国民 15 万亿元以上的活期存储规模，“宝宝类”基金作为有效的现金管理工具，其未来仍有较大的发展空间。表 4-27 和 4-28 给出了部分市面上发展活跃的“宝宝类”理财产品和其信息对比。

表 4-27 各系“宝宝类”理财产品

平台	理财产品
电商系	阿里“余额宝”，京东“小金库”，苏宁“零钱宝”，网易“现金宝”，百度“百发”、“百赚”，微信“理财通”，新浪“微财富”，壹钱包“活钱宝”，挖财“挖财宝”等

续表 4-27

平台	理财产品
银行系	中国银行“活期宝”，平安银行“平安盈”，工商银行“薪金宝”，交通银行“快溢通”，民生银行“如意宝”，兴业银行“掌柜钱包”、“兴业宝”，中信银行“薪金宝”，广发银行“智能金账户”，招商银行“朝朝盈”，渤海银行“添金宝”，浦发银行“普发宝”等
基金系	广发基金“钱袋子”，银河基金“倍利宝”，国富基金“富钱包”，诺安基金“诺安现金宝”，招商基金“招财宝”，国泰基金“超级钱包”，中银基金“中银活期宝”，众禄基金“众禄现金宝”，易方达基金“壹钱包”，嘉实基金“活期乐”，南方基金“南方现金宝”，长城基金“长城货币”，新华基金“壹诺宝”，国投瑞银“国投瑞银货币”，博时基金“博时现金宝”，华泰柏瑞“华泰柏瑞现金宝”，中加货币“天添宝”，华安基金“微钱宝”，长盛基金“添利宝”，建信基金“增值宝”，中海基金“e通宝”，国富基金“天天理财宝”，交银施罗德“交银现金宝”，泰达宏利基金“泰达宏利货币”，大成基金“大成钱柜”，万家基金“万家现金宝”，宝盈基金“宝盈货币”，融通基金“融通现金宝”，申万菱信“现金袋”等
券商系	国金证券“佣金宝”，中山证券“惠率通”，长城证券“现金汇”，东方证券“东方汇”，第一创业证券“天天宝”等
运营商系	中国联通“沃百富”、“话费宝”，中国电信“添益宝”等

表 4-28　部分“宝宝类”理财产品对比

产品名称	发放平台	合作基金	7 日年华收益率（有浮动）/%	购买门槛/元	取现限额/万元
掌柜钱包	兴业银行	兴业全球基金	4.91	0.01	3000
至尊宝	广州农商银行	嘉实活期宝基金	4.61	20000	—
活期宝	中国银行	中银基金	4.38	1	30
如意宝	民生银行	民生加银	4.422	—	—
		汇添富	4.407	—	—
兴业宝	兴业银行	大成基金	4.133	—	—
薪金宝	工商银行	工银瑞信基金	3.922	100	—
现金快线	工商银行	工银货币	4.407	0.01	100
薪金煲	中信银行	信诚薪金宝货币基金	5.716	1000	50
		嘉实薪金宝货币基金	3.495	1000	50
小金库	京东	嘉实活钱包及鹏华增值宝	4.39	1	—
理财通	微信	华夏财富宝	4.445	0.01	6
百赚	百度	华夏现金增利货币 A/E	4.38	0.01	5
现金宝	网易	汇添富基金	4.407	0.01	500
零钱宝	苏宁	广发天天红货币	4.374	1	14.99
余额宝	支付宝	天虹增利宝货币基金	4.163	1	5

各系别开展网络理财产品的出发点有所不同，电商系更加关注理财产品与自身支付系统、平台业务等的嫁接，强化用户黏性；而其他机构则更多借助 PC 端与手机端为的巨大流量，盘活平台上理财产品的销路。随着年后市场资金面宽松、银行间同业拆借利率降

低，电商网络理财产品的效益逐日降低；而对于货币基金银行本就有比电商企业更多的主动权，当银行在对货币基金与其网络银行、信用卡还款、转账、汇款等业务结合强化支付功能后提高了用户体验。因此，如今呈现出电商系理财产品势头减弱、银行系理财产品渐入佳境的局面。

b 保险理财

与普通理财产品相比，保险理财产品除了具有普通产品类似的收益功能外，还带有保障方面的条款，因此成为互联网金融中一片新的蓝海。

2013 年 10 月，“众安在线”作为第一家互联网保险公司终于获得保监会的开业批复。众安在线主要股东有阿里巴巴的马云、中国平安的马明哲和腾讯的马化腾，是国内第一家获得网络保险牌照的公司，定位于“服务互联网”，主攻责任险、保证险等两大类险种。其特色是除注册地上海之外，全国均不设任何分支机构，完全通过互联网进行销售和理赔服务。

2013 年 5 月，阳光保险推出“稳操胜券投资连结保险”，其预期收益率为 7.43%，发生意外身故的情况下可按照 105%的比例返还本息。

2013 年 11 月，国华人寿、生命人寿和珠江人寿在淘宝上均推出过预期年化收益率高达 7%的万能险产品，而这些以高收益为卖点的产品也得到了市场的热烈反馈。如 2013 年“双十一”淘宝保险频道中的生命人寿 e 理财万能保险在 7 小时 46 分内销售突破 1 亿元。

2014 年 2 月，余额宝与天安人寿和珠江人寿合作正式推出两款保险理财产品，均为预期年化收益率 7%的一年期保本保底万能险。每个余额宝用户限购 2000 份，每份 1000 元，即单个用户的购买上限为 200 万元，预约金额达到四万亿元。

2014 年 7 月，京东金融联合珠江人寿保险公司联合推出其首款保险理财产品“安赢一号”。该产品属投资理财型寿险险种，兼顾预期 6.9%的年化收益率和账户价值 1.05 倍的身故赔偿。

随着越来越多的第三方机构介入保险销售，以具体保险产品为主导的销售模式会逐步转化为以客户需求为核心的销售模式。为满足客户的多重需求，互联网保险行业需不断独具特色的产品，吸引更多流量并转化成实际交易。

C 虚拟货币

虚拟货币本指非真实的货币。在虚拟跟现实有连接的情况下，虚拟的货币有其现实价值。知名的虚拟货币如百度公司的百度币，腾讯公司的 Q 币、Q 点，盛大公司的点券，新浪推出的 U 币米票（用于 iGame 游戏）、侠义元宝（用于侠义道游戏）、纹银（用于碧雪情天游戏）。网络虚拟货币一般可以分为三类：第一类是网络游戏币；第二类是门户网站或者即时通讯工具服务商发行的专用货币；第三类是含有附加信息并可以抵值现金的积分或者电子返券。

随着互联网的发展和电子商务模式的普及，虚拟货币又加入了如比特币、莱特币、PP 币、Terra 等新成员。它们的特点是分散化、匿名、有复杂算法和工具、只能在数字世界使用，不属于任何国家和金融机构，并且不受地域限制，可以在世界上的任何地方兑换它，也因此容易被用在不法金融活动中。2013 年底，我国五部委发文申明虚拟货币比特币非真实货币，并警告称比特币可能被用作投资和洗钱活动；同时表示，普通民众仍可以买卖比特币，但金融机构不得开展与比特币相关的业务，如比特币的储存、托管或抵押等业务。央行还禁止金融机构承保与比特币相关的保险业务或将比特币作为信托、基金等投资的投资标的。监管部门还要求提供比特币交易的网站提交交易记录，并采取措施防范比特币可能产生的洗钱风险。

D　银行电商

银行机构通过信息技术对传统流程进行改造，在实现经营管理全面电子化的基础上，凭借银行积累的强大支付结算能力和海量商户/客户渠道等资源，纷纷涉足电商平台，加速布局电商市场。目前包括建行、中行、交行、招行、工行、浦发银行、光大银行、兴业银行和民生银行在内的 18 家银行在网上经营商城，种类涵盖了金融类产品、食品、家电、珠宝、化妆品、服装鞋帽、旅游预订等领域。

商业银行经营电子商务主要有两种模式：一是为自有客户或某一类客户提供平台，以商业银行自建的积分商城、信用卡商城为代表；二是不局限于本行客户，货源也多元化，并提供专业的金融增值服务，其中，以 2012 年 6 月 28 日上线的建行善融商务平台模式为典型代表。

建行“善融商务”平台是电子商务与金融服务的深度结合，用户通过善融商务进行的一系列交易行为，能为建行提供更多参考依据用于给用户提升信用指数，从而和贷款额度相关联，建立信用机制。通过该平台对中小企业的对融资业务发展，同时对个人消费贷款、住房贷款、助业贷款都有很强的带动作用。

交行“交博汇”网上商城（2011 年 6 月上线）充分利用了银行的综合资源，包括客户、品牌和金融服务等，在资信认证、在线融资、账户结算、网点服务等领域树立金融特色，与传统电子商务网站形成差异化优势。“交博汇”打造“一轴四馆”整体服务，通过企业馆、商品馆、收付馆、金融馆的业务联动，全面覆盖企业及个人电子商务综合需求，为电子商务客户包括企业和个人，提供涵盖网上支付结算、企业融资、市场拓展等综合服务。

招行为其信用卡及一卡通持有人提供了“非常 e 购”信用卡网上商城（2010 年 9 月上线）和专属商旅预订“出行易”平台。商城提供具有品质保证的优惠商品；商旅预定平台提供包括国内 22 家航空公司，日超 7000 个国内航班票务服务及航班信息的服务，以及覆盖国内近 600 个城市，超过 1.3 万多家优质酒店的预订服务。2014 年 6 月，招行针对电子商务还提出特色商务撮合方案、特色结算支持方案、特色融资支持方案和特色增值服务方案。其中，针对电商行业的“特色结算支持方案”包括“银商转账通”、“商务支付通”、“跨境支付易”、“银 e 理财通”四大特色方案；针对电商平台会员推出“网供通”、“网盟通”、“在线订单贷”、“在线流量贷”四大特色融资方案。

银行丰富的金融产品、专业的服务团队，广大的企业和个人客户资源，有助于银行在电商领域提供更好的金融服务。而银行跨界从事电商也是其大力发展中间业务的表现，可以使银行的收入更加多元化，增加银行的非利息收入，有利于推动银行的转型。

综合分析得出，网络理财产品的同质化让投资市场日趋疲软、易陷停滞，对于资本的逐利性让用户为了寻求更高收益而不断更换投资对象。理财产品开始进入寻求更高收益的互联网金融“2.0 时代”，已不仅仅是货币基金范畴，将更多的对接保险理财、票据理财、P2P、众筹等领域，互联网金融开始朝着更加契合用户需求、个性化、将线下的不可能变为线上的可能定制化理财方向，帮助用户获得更高的收益。

4.8.2.5 互联网金融门户

伴随着金融市场化进程、金融创新步伐的加快，信托投资和私募基金行业快速发展，各类信托产品、阳光私募基金和私募股权基金（PE）层出不穷，给投资人带来丰富的投资理财产品。与此同时，这类投资理财产品合约条款复杂，投资收益起伏不定，加上投资人受到专业知识和投资技术的限制，投资人往往面对大量多元化的这类投资理财产品，很难做出明智选择、形成最佳投资组合，甚至对其中隐藏的风险不明而受到损失。在这样的背景下，不同于银行、信托机构的第三方理财专业机构及其开展的第三方投资理财网上服务平台应运而生，其中有少数机构已发展成该领域有影响力的互联网金融门户。

互联网金融门户分为第三方资讯平台、垂直搜索平台、在线金融超市及理财社区四大类，主要提供交易环节外的在线金融信息服务。在运营模式方面，互联网金融门户将大数据技术、垂直搜索技术与金融顾问、贷款初审等传统金融服务相结合，实现了金融搜索、比价方式以及金融业务流程的更新。其核心在于利用数据的可追踪性和可调查性等特点，依托数据分析以及数据挖掘技术，根据客户的特定需求，为其筛选并匹配符合条件的金融产品；在盈利模式方面，互联网金融门户的主要收入来源有佣金、推荐费、广告费、培训费以及咨询费等。总体来看，无论是佣金、广告费还是推介费，互联网金融门户盈利的核心在于流量以及转化率。

互联网金融门户模式的快速发展，满足了广大互联网客户对贷款、信托、保险、理财、财富管理等多元化信息咨询的需要。表 4-29 归纳了我国互联网金融门户部分代表企业（排名不分先后）。

表 4-29 我国互联网金融门户部分代表企业

平台	所属地	门户类型	主营业务
未央网 www.weiyangx.com	北京（清华大学五道口金融学院创办）	第三方资讯平台	国内外金融资讯；行业数据研究报告；举办商务互动、资源共享活动
和讯 hexun.com 中国财经网络领袖	北京（隶属于和讯信息科技有限公司）	第三方资讯平台	财经资讯信息、投资理财工具及金融数据产品的价值互动
网贷界	北京（隶属于北京睿晨恒通国际投资管理有限公司）	第三方资讯平台	财经资讯、时评；平台考察；网贷数据调研；
融360 RONG360.COM	北京（隶属于北京融世纪信息技术有限公司）	垂直搜索平台	为个人和中小企业提供金融产品的搜索、推荐和申请服务；业务涵盖贷款、信用卡与理财
好贷 haodai.com	北京（隶属于好贷天下信息技术（北京）有限公司）	垂直搜索平台	为个人和中小企业筛选出金融市场上的正规合法信贷渠道
大家保 dajiabao.com	上海（隶属于上海财华保网络科技有限公司）	垂直搜索平台	专业的保险类搜索引擎
91金融超市 WWW.91JINRONG.COM	北京（隶属于九一金融信息服务（北京）有限公司）	在线金融超市	91 旺财、增值宝、91 贷款、91 车险等自营金融产品
格上理财 licai.com	北京（隶属于北京格上理财顾问有限公司）	在线金融超市	产品线涵盖信托、资管、阳光私募基金、地产基金、PE 私募股权基金、海外基金，为投资者提供多维度理财配置方案

续表 4-29

平台	所属地	门户类型	主营业务
91 DaTong.com 大童网	北京（隶属于北京大童保险经纪有限公司）	在线金融超市	专业性保险商品网络超市；兼具 B2C 和 O2O 业务模式
她理财 财女养成社区	北京	理财社区	针对女性的理财社区；提供理财规划服务、理财课程、理财社区互动
雪球 聪明的投资者都在这里	北京	投资社区	投资者社交网络平台

4.8.2.6　其他金融服务

（1）房金所作为国内首家互联网房地产金融服务平台，是易居中国、新浪携手众安保险、新浪支付、知名房地产开发商等优质企业合作打造的房产类投资理财平台。针对投资人提供安全、透明、便捷、高收益的固定收益理财产品；针对借款人提供购房综合授信的金融服务。

（2）快钱云端会员管理系统基于快钱综合化电子支付平台，为商户提供整合了支付、营销管理、积分管理、储值卡等功能于一身的一站式会员管理解决方案，从而帮助商户有效提升客户黏性、实现精准营销管理。该系统通过云端服务的方式，让商户无需安装应用软件，即可直接登录云端进行会员管理，从而大幅简化了商户的操作体验、降低了商户的使用门槛。同时，该系统还具备极高的兼容能力，能够与商户现有软件系统以及未来的智能 POS 终端等硬件设备进行无缝整合。产品首期覆盖数十万商户，包括零售、餐饮、商超、娱乐、酒店、汽车服务等众多领域。快钱所推出的支付叠加战略，被业内视为电子支付产业迈入 2.0 时代的重要标志。

（3）小微金融数字地图是民生银行依托自身企业数据仓库、地理信息系统和定位服务系统，通过整合外部经济数据、银行业务数据、小微企业客户信息等信息，最终以屏幕地图形式可视化展示相关金融服务。通过该地图，民生银行在小微企业金融服务决策中可统筹分配小微企业客户资源，依托产业链设计批量化服务方式，根据行业特色为小微客户细分服务方案，实现产品管理空间化、客户服务数字化。

（4）上海银行业小微企业信贷产品信息查询平台是上海市银行同业公会 2012 年设计开发。平台提供的新型服务包括：将 65 家银行、361 款产品信息纳入平台，并提供产品对比查询分析、银企互动等功能。小微企业只需输入资金需求、贷款期限等基本要素，再通过多维度查询比较，便可以精确查找适合自身需求的产品，并可直接与相关银行在线互动接洽融资需求。该平台便于融资需求端自主甄选后精确发起融资行为，从产品服务匹配度方面改善了小微金融可获得性。

（5）决策引擎是招商银行针对小微企业推出的金融服务平台小微企业贷款申请信息通过该引擎后，经过风险评级模型、专家经验模型等若干阶段的评估，可直接得出自动审批、人工审批、自动拒绝等审贷结论及建议额度、利率。同时该引擎结合宏观事件信息、贷款客户风险评分、信用状况、贷款信息、资产流水信息、押品信息等数据，建立了逾 200 项自动触发式的风险预警策略。

4.9 案例解读：BAT 互联网全产业链布局研究

BAT（百度、阿里巴巴和腾讯）三家互联网企业在电子商务、媒体游戏、社交媒体、搜索门户以及 LBS 服务等领域，通过自建、投资、收购等方式建立了庞大的互联网产业链条。课题组以电子商务为着眼点重点分析 BAT 互联网全产业链发展意义和现状，为中关村电子商务产业的前景布局提供借鉴。

4.9.1 百度全产业链布局

百度在电子商务产业链布局中更倾向于做流量入口，注重专一性和连续性，从技术思维出发，以流量为中心。投资方面属于控股和全资收购型，目前，百度在 PC 端流量方面占据主导地位。

4.9.1.1 电子商务产业链主要环节

（1）电子商务平台。百度 2004 年收购 hao123，逐步加入其他电商的商品信息，hao123 成为电商流量入口；2013 年推出 B2C 购物平台百度微购，以导购方式，充当 B2C 平台流量入口，从商品层面整合各 B2C 平台，为用户带来便捷购物体验；同年推出百度团购，收购糯米网，涉足团购、O2O 领域；2014 年 8 月，万达、百度、腾讯联合成立电子商务公司，万达主导，百度负责大数据，并将糯米网、百度地图与新电子商务公司连接，腾讯主推财付通支付工具，并将 QQ 等 SNS 账号与电子商务公司连接。

（2）业务领域扩展。百度 2010 年投资齐家网，涉足家居生活消费品导购；2011 年投资去哪儿网，帮助百度涉足旅游电商领域和获得去哪儿在旅游搜索方面的优势技术；2013 年 12 月，百度收购完美世界旗下北京幻想纵横网络技术有限公司，进军文学电商领域。

（3）移动互联网布局。百度在移动端布局了移动搜索、应用分发、地图和视频四个入口，14 款移动产品，其中，搜索、分发、地图三种产品本身都具备平台属性，其布局过程中有两笔比较关键的收购；2013 年 5 月收购 PPS 影音，将 PPS 视频业务与爱奇艺进行合并，统一整合为“爱奇艺”，对百度移动端广告和流量予以了支持；2013 年 8 月百度收购 91 无线，将旗下众多应用产品导入该平台，帮助百度布局了基于搜索和应用商店的移动端复合入口，巩固了百度在移动互联网入口地位。

（4）团购和 O2O 领域。2010 年百度上线“百度身边”，搭建本地信息搜索和分享平台，提供便民服务和优惠信息。2012 年百度将 LBS 事业部从百度地图部门拆分出来，加大本地生活服务布局力度，百度身边 APP 数据导入百度地图，并不断融入第三方网站的优惠、团购类信息，百度地图从工具性产品变为本地生活服务入口；2013 年上线团购网站“百度团购”，主要经营本地生活服务类商品，2013 年 8 月投资糯米网，百度将糯米网团购资源与现有的移动 LBS、地图等业务进行了互补。

4.9.1.2 电子商务产业链其他环节

（1）广告环节。百度 2002 年成立百度联盟，提供互联网流量变现业务，与网站、软件、网吧、电信运营商和终端厂商等合作，推出网盟推广合作、搜索推广合作、开放平台合作和新业务合作等多种业务模式；2007 年 7 月百度与网盛科技合作，推出“生意广告联盟”。该联盟覆盖中国化工网、医药网等国内千家行业网站，通过这个联盟平台可以将广告投放到各行业网站；2014 年，百度上线基于全网图片的应用平台百度图+，通过百度图+商家可以将于自己产品或服务在网站图片中推广，消费者将鼠标移动到图片上，即可显示商家的产品或服务信息。

（2）搜索环节。百度2000年推出百度搜索引擎，致力于向人们提供“简单，可依赖”的信息获取方式，在技术方面拥有超链接分析专利，确保用户在百度搜索时，越受欢迎的内容排名越靠前；2003年，首创新闻图片搜索，从每天滚动播出的新闻中即时提取图片，用户搜索过程中可直接浏览图片；2011年投资去哪儿网，获得去哪儿在旅游搜索方面的技术；2012年百度上线“百度识图”图片搜索引擎，用户通过该引擎可搜索具有相似人脸的图片；2014年百度上线云端图像搜索，实现图片智能分类、自动去重等功能，并能以图搜图，在海量图片中精准定位目标，为拍照购物和图片识别购物提供了可能。

（3）支付环节。百度2009年推出百付宝，2014年推出百度钱包，提供超级转账、付款缴费、充值等支付服务，以及百度理财、众筹、贷款等资产增值、个人金融服务，将百度旗下产品、商户、用户连接，提供即搜即购的一站式支付和金融服务。

（4）金融环节。2013年10月，百度金融中心——理财平台上线，推出理财计划“百发”，2013年11月与91金融超市合作，形成金融产业链上下游关系，2014年4月，百度理财升级为“百度金融”，新增“贷款”和“互动金融”功能，贷款功能后端与91金融超市连接，由91金融超市负责提供贷款产品；2014年9月，百度与中影股份、中信信托北京德恒律师事务所联合发布国内首个电影众筹平台——“百发有戏”，实现消费者与影视业的深层融合，完善影视产业生态圈。

（5）数据服务环节。2010年百度推出开放平台，逐步对外提供数据、云计算、存储资源，以及开发环境、应用API接口等全方位的云平台服务。目前开放的云计算能力包括BAE应用引擎、存储、数据库等整合存储、大数据处理和分布式计算能力的基础云，包括云消息、云推送、LBS等面向移动开发的能力云，包括百度移动SEO、移动搜索联盟等的资源云，包括Frontia后端开发框架、APPbuilder轻应用云等开发者使用的程序云，以及包括网盘、通讯录、健康等的个人云。从产品来看，百度在云计算方面，主要有针对个人用户的百度云和针对开发者的百度开放平台。百度2014年4月发布大数据引擎，将包括开放云、数据工厂、百度大脑三大组件在内的核心大数据能力开放，通过大数据向外界提供大数据存储、分析及挖掘的技术能力，以及营销、预测、统计、推荐、分析工具和行业应用等方面的服务。

（6）诚信认证环节。百度2014年推出“百度信誉V”网站，针对互联网中卖假货、虚高原价、假抽奖等问题，对推广网站和自然搜索结果进行诚信认证，保障网民权益。

（7）市场调查咨询环节。百度2006年推出百度数据中心，开展网民搜索行为研究和网络舆情监测，为各行业客户提供专业的网络数据产品和咨询服务，提高客户品牌传播效果。

（8）人才培养方面。百度2012年成立百度营销大学，构建了线上线下培训、营销能力认证、个人求职与企业招聘、社区化交流、终身学习发展管理等一系列服务环节，学员不仅可以学习互联网营销知识，还能获得个人能力证书、工作所需信息、同行指点和帮助、参加百度举办的交流活动等。

4.9.2 阿里巴巴全产业链布局

阿里巴巴以B2B业务为切入点，通过横向一体化战略和纵向一体化战略的结合，覆盖了电子商务平台、软件服务、在线支付、搜索引擎、网络广告等电子商务产业链中诸多环节，各环节之间相互作用，相互影响，相互支撑。其布局特点是整合，通过资源的整合应用发挥最大价值，实现产业链协同，其整合的中心主要围绕信息流、支付流和物流展开。

4.9.2.1 电子商务产业链重点环节

（1）电子商务平台方面。阿里目前已经拥有B2B模式的阿里巴巴，C2C模式的淘宝网，B2C模式的天猫商城，B2B2C模式的速卖通（国外）和良无限（国内），网络商品团购模式的聚划算，生活类团购和O2O模式的淘宝本地生活平台，搜索引擎电商模式的一淘网，社交类电子商务模式的哇哦。

（2）业务领域扩展。阿里2010年收购深圳市——达通公司，以便为中小企业提供通关、运输、保险、码头、外汇、退税、融资等更全面的进出口服务；2011年，阿里投资名鞋库，涉足鞋业B2C；2013年，投资穷游网，为旗下淘宝旅行提供出境游服务及内容；投资ShopRunner，在中国大陆销售ShopRunner的服装、鞋履等产品；2014年投资美国高端奢侈品网站1stdibs，布局国外奢侈品电商；2014年入股中信21世纪，获得医药领域的相关牌照；2014年3月阿里入股文化中国，探索线上娱乐及媒体相关领域的电子商务。

（3）移动互联网布局。2012年推出隶属于淘宝本地生活平台的淘宝地图，投资陌陌和tango两个基于LBS的社交软件；2013年推出了移动即时通讯软件来往；2014年6月收购UC浏览器，与支付宝、手机淘宝等应用连接，弥补了在移动浏览器、手游和搜索方面的不足，同年，收购高德，弥补地图方面的不足。

（4）团购和O2O领域。阿里2006年收购口碑网，借此进入生活分类信息领域，2011年投资美团和丁丁网，掌控线下商户与开拓团队；2013年投资快的打车，投资旅游行业的佰程旅行网和APP在路上，推出移动餐饮服务平台“淘点点”，涉足打车应用、旅行、外卖和点菜市场；2014年3月在移动端阿里巴巴APP中添加O2O模式，联合线下市场打造无线O2O新品订货专场，4月入股银泰商业，涉足传统商场O2O领域。

4.9.2.2 电子商务产业链其他环节

（1）广告环节。阿里2007年成立互联网广告交易平台阿里妈妈，与B2C广告模式的百度联盟不同的是阿里妈妈是C2C模式，吸引了更多中小企业、个人网站和个人博客参与进来和阿里的商家合作，增加了商家入口。

（2）通讯环节。阿里2011年上线商务即时通信软件贸易通（阿里旺旺），从服务领域划分，阿里旺旺分为贸易通版、淘宝版和口碑网版三个版本，分别支持B2B业务、B2C和C2C业务、生活分类信息类业务，从服务对象分，分为卖家版和买家版，帮助卖家发布商品信息和与消费者实时沟通，帮助消费者了解商品情况、查看交易状态。

（3）支付环节。阿里2004年上线支付宝，与国内外180多家银行以及VISA、MasterCard国际组织等机构建立战略合作关系，提供支付及理财服务，涉及网购担保交易、网络支付、转账、信用卡还款、手机充值、水电煤缴费、个人理财等多个领域，推出快捷支付、余额宝等特色服务。在进入移动支付领域后，为零售百货、医院、电影院线、连锁商超和出租车等多个行业提供服务；并在2013年与12306网站合作，支持火车票购买；

2014 年，与医院合作，支持支付宝挂号、查看病历等功能。

（4）物流配送环节。2010 年淘宝推出“淘宝大物流计划”，选择国内外优秀的仓储、快递、软件等物流企业组成服务联盟，建设与物流企业连通的物流信息平台，统一部署物流工作，提供一站式电子商务物流配送外包服务；2011 年阿里巴巴升级物流战略，投资千亿元建设覆盖全国的物流体系，阿里巴巴仓储定位为专业的物流地产商和开放的社会化仓储服务平台，该战略主要包括两个方面：一是物流宝（信息管理系统）；二是仓储（只负责建仓）。2012 年，阿里联合中国邮政集团公司等 10 家快递企业共推“24 小时送达”和“次日达”服务，上线物流 123 时效服务，根据商家或买家选择，在 1 天、2 天或 3 天内送达货物；2013 年成立菜鸟网络，打造遍布全国的开放式、社会化物流基础设施，计划建立一张能支撑日均 300 亿元网络零售额的智能骨干网络；2014 年 5 月，投资新加坡邮政，通过合作建立国际电商物流平台来把握东南亚地区电子商务机遇。

（5）电商代运营环节。阿里 2010 年 1 月投资宝尊电商，在商家和消费者之间建立一个桥梁，与阿里的交易平台形成了互补；2013 年 6 月，阿里投资 360shop，360shop 与阿里的聚石塔、淘宝天猫数据，以及新浪微博、微信等都有较深的对接，与阿里合作开发过淘店通、天猫外店等产品，此次收购有利于阿里商家获得更好的运营服务。

（6）媒体环节。阿里有淘江湖和淘帮派，用户可以在上面分享购物经验、发布广告和组织活动，帮助阿里集聚人气、免费推广和获得反馈；2013 年阿里入股新浪，实现双平台账户互通，淘宝商品信息在微博中表现为 CARD 形式，信息展现更丰富，加速购物决策，数据方面实现互通，帮助电商平台、商家准确把握消费需求和趋势，简化查询、购买、支付和分享等过程。

（7）金融环节。阿里 2007 年与建行、工行联合推出中小企业贷款服务，阿里巴巴和银行共同建立信用评价体系与信用数据库，减少暴露风险，帮助企业降低贷款门槛。2010 年阿里与复星集团、银泰集团、万向集团等联合成立浙江阿里巴巴小额贷款股份有限公司，获得国内首张电子商务领域的小额贷款公司营业执照，小额贷款公司主要在 B2B 业务和淘宝网等平台上运营，2013 年，投资天弘基金，上线余额宝，用户在支付宝网站内就可以直接购买基金等理财产品，同年投资众安在线，涉足保险行业；2014 年阿里巴巴收购恒生电子，控股后台系统服务商，切入金融行业后端，更贴近金融行业。

（8）网络环节。阿里 2010 年收购中国万网，为阿里巴巴及其他需要电子商务服务的用户提供域名服务，2014 年入股华数传媒，获得 IPTV 运营牌照、3G 手机电视全国集成运营牌照和互联网电视牌照等。

（9）软硬件环节。阿里 2004 年成立阿里（中国）软件研发中心，2007 年注册成立了阿里巴巴软件公司，进入企业商务软件领域，采用 SaaS 模式为广大中小企业提供全生命周期的软件服务，满足其在电子商务和企业管理方面的需求。2009 年将阿里软件业务归入 B2B 业务中，帮助中小企业定制商务管理软件。2013 年 6 月，阿里收购擎天科技，帮助阿里开发出口退免税系统和出口退税数据处理系统软件。

（10）数据服务环节。云计算方面，阿里 2009 年成立“阿里云”，致力于提供完整的互联网计算服务，基础云包括云服务器、开放存储等，能力云包括云安全、万网、云市场等，程序云包括 Phpwind 社区框架、Dubbo 开元服务框架等，个人云包括联系人、信息、通话记录等，阿里云为大数据分析提供了可能，并吸引了更多 ISV 和第三方开发人员帮助阿里开发应用，为商家提供更丰富的服务，增加了阿里盈利点；2012 年 7 月，天猫与阿里云、万网联合推出聚石塔平台，为天猫、淘宝平台上的电商及电商服务商提供 IT 基础设施和数据云服务。

大数据方面，2009 年阿里推出量子恒道产品，提供网站流量统计分析，分析搜索引擎规律、发现用户访问网站的规律，另一方面提供店铺数据统计分析，统计访问使用者店铺的用户行为和特点，帮助使用者了解用户偏好；2011 年推出数据魔方，提供行业数据分析和店铺数据分析，包含品牌、店铺、产品分析，以及购买人群的特征分析，为商家的数据化运营提供了支撑。

（11）诚信认证环节。2002 年阿里推出诚信通内贸会员制产品，为会员提供线上信用查询、诚信保障、产品推销、优先推荐等服务，线下提供展会、采购洽谈会、培训会、交流会参与机会和咨询服务，解决网络贸易信用问题。

（12）市调咨询环节。2007 年阿里成立阿里研究院，与业界学者、机构合作，聚焦电子商务生态、产业升级、宏观经济等领域，推出 aSPI-core、aSPI、aEDI、aCCI、aBAI 及数据地图等多个数据产品，撰写出了大量信息经济领域研究报告，数千个小企业案例，为电子商务的发展提供借鉴和参考。

（13）人才培训环节。2006 年阿里成立淘宝大学，建立了包括淘宝大学手机 APP、淘宝大学互动直播培训、电商创业系列课程、电商精英、电商经理人等在内的教学体系，通过线上课程和线下培训班帮助网商成长。

4.9.3 腾讯全产业链布局

腾讯的产业链布局策略是提供一站式服务，在 PC 端的互联网产品都可以通过 QQ 这个入口进入，移动端的互联网需求可以通过微信这个入口得到满足。围绕这两个入口通过不断的投资、收购和创新，形成了以 QQ、微信为中心，其他产品散点分布的产业链格局。

4.9.3.1 电子商务产业链重点环节

（1）电子商务平台。腾讯入股了 B2C 模式的京东和易迅网，在微信中推出 B2C/C2C 模式的微信商城、微店、微商城，团购和 O2O 模式方面，入股高朋网、58 同城、大众点评，在微信中推出微购物、微商户、微生活、微团购。

（2）业务领域扩展。2011 年腾讯入股艺龙网，涉足酒店预订服务，并开始向腾讯用户推广艺龙酒店产品。

（3）移动互联网布局。在移动端浏览器有 QQ 浏览器；通信方式有 QQ 和微信；电商 B2C 业务为京东提供一级入口，同时布局移动微信电商平台；支付方面上线有微信支付；搜索方面，2012 年 12 月，腾讯收购通卡网络技术（北京）有限公司，获取通卡客户资源和 CRM 技术与人才；2013 年 10 月投资了搜狗，获得搜狗搜索引擎、搜狗输入法等产品；地图方面腾讯自己有 SOSO 地图，并在 2014 年入股甲级地图测绘拍照企业四维图新，为腾讯提供了地图基础数据以及测绘资质；2014 年 3 月推出微购物，提供移动 CRM 解决方案、移动客服平台、扫码支付等工具，为发展生活服务类电商打下铺垫。

（4）团购和 O2O 领域。2013 年 4 月，腾讯投资滴滴打车，涉足打车类 O2O 服务；2013 年 7 月入股高朋网，在 QQ 电影票方面达成合作，并将 QQ 的 F 团、QQ 团并入高朋网；2013 年 9 月推出微生活、微团购，建立基于手机的消费圈、社交圈，实现闭环运营；2014 年 3 月，入股 O2O 房地产服务提供商易居，授权乐居在微信平台上批量开通地产项目公开账号，并将微信支付作为乐居用户在微信平台进行房地产交易的默认支付方式；2014年6月入股58同城，双方互为合作伙伴，获得58同城的本地商家资源。

4.9.3.2　电子商务产业链其他环节

（1）通信环节。腾讯1999年推出QQ，2011年推出微信，围绕QQ和微信腾讯电子商务产业取得了良好的发展，陆续加入财付通、微信支付等支付产品，京东购物、滴滴打车、大众点评等电商平台，推出微信小店、微信商城、微店、微商城等B2C/C2C移动电商平台，微购物、微商户、微生活、微团购等团购、O2O电商平台，QQ和微信成为腾讯电子商务的重要入口；2012年5月腾讯投资韩国最大手机聊天应用kakaoTalk，2014年投资美国"阅后即焚"照片和视频分享应用Snapchat，开拓了海外业务。

（2）搜索环节。腾讯于2006年推出soso，可以实现网页、图片、音乐、论坛等搜索功能；2013年入股搜狗，将soso的通用搜索、问问、百科和QQ输入法相关团队与搜狗原有团队融合，组建成新的搜狗团队。

（3）支付环节。腾讯2005年推出第三方支付平台财付通，业务涉及电商、旅游、保险、基金等行业，并根据这些行业特性提供快捷支付、财付通余额支付、分期支付、委托代扣、epos支付、微支付等产品；2013年8月发布微信支付，布局移动端支付，应用场景包括公众号支付、扫二维码支付和APP支付等。

金融方面，腾讯2014年推出互联网金融产品，在微信平台推出微信理财频道和微信财付通，合作方为华夏基金，提供增值服务，满足用户消费金融需求。

（4）媒体环节。腾讯2005年推出Q-zone，2011年1月开放Q-zone，允许部分第三方网站接入，2014年5月大众点评入口加入到QQ空间中，整合大众点评基于熟人圈的本地生活相关信息。

（5）地理服务环节。腾讯全资收购了甲级测绘资质公司科菱航睿空间信息技术有限公司，该公司主要产品包括：各类电子地图产品、导航系统软件、GPS车辆监控系统、LBS综合应用系统、网络地图应用系统等。

（6）数据服务环节。云计算方面，腾讯2013年上线云计算服务，基础云包括云服务器、弹性WEB引擎等，能力云包括云安全、云监控、个人云存储PCS等，资源云包括社交广告、社交传播、云支付、QQ登陆等，程序云包括DIiscuz社区框架、开源的iWeibo、JET等，个人云包括微云网盘、微云相册、微云剪贴板等。从产品来看有腾讯云、微云等，腾讯云主要用来降低创业者成本，微云主要用来帮助用户实现手机、电脑之间文件同步、照片推送和数据传输。

大数据方面，腾讯拥有的主要是关系数据和社交数据，技术低调，封闭开发，主要满足自己内部需要。2014年开始向外公布大数据分析的报告，包括社会热点分析和互联网、移动、手游等行业的行业分析。

（7）人才培训环节。腾讯2014年成立腾讯大学，设立微信、电商、开平、互联网四个学院，为设计者、创业者提供线上线下培训服务，共同开发腾讯电商资源。

4.9.4　BAT产业链对比分析

为更清晰的对BAT产业链进行对比，按照电子商务产业链的内容对其进行分类和分析，见表4-30。

表 4-30 BAT 产业链对比分析

	类别	百 度	阿里巴巴	腾 讯
基础服务	电子商务平台	导购：百度微购、hao123 团购及 O2O：百度团购、糯米网、百度地图	B2B：阿里巴巴；C2C：淘宝网；B2C：天猫商场；导购：一淘网；B2B2C：速卖通、良无限；团购及 O2O：聚划算、淘宝本地生活平台、淘点点、丁丁网、快的、阿里巴巴 APP；社交类电商：哇哦	B2C：京东、易迅网、微信商城、微商城；C2C：微信小店；团购及 O2O：高朋网、58 同城、大众点评、微购物、微商户、微生活、微团购、滴滴打车
	垂直电商	齐家网、去哪儿网、北京幻想纵横网络技术有限公司	穷游网、佰程旅行网、在路上、中信 21 世纪、文化中国、1stdibs、超级课程表、ShopRunner	艺龙网、易居
	社交和通讯	无	阿里旺旺	QQ 和微信
	物流服务	无	菜鸟网络、新加坡邮政、卡行天下	无
	广告	百度联盟、生意广告联盟、百度图+	阿里妈妈	无
	支付	百付宝、百度钱包	支付宝	财付通、微信支付
	SNS	无	新浪微博、来往、陌陌、tango	Q-zone、腾讯微生活
技术服务	软硬件服务	百度开放平台、百度云	阿里云、聚石塔、一达通	腾讯云、微云
	搜索	百度搜索引擎	UC 浏览器	搜狗
	卫星定位和地图	百度地图	高德地图	SOSO 地图、四维图新、科菱航睿空间信息技术有限公司
	数据基础服务	百度大数据引擎	量子恒道、数据魔方	腾讯云分析
	安全服务	百度开放平台	阿里云	腾讯云
衍生服务	金融	百度金融、百发有戏、百度钱包	小额贷款公司、余额宝、恒生电子、天弘基金、众安在线	微信财付通
	电商大学	百度营销大学	淘宝大学	腾讯大学
	电商运营	无	宝尊电商、360shop	无
	诚信认证	百度信誉 V	诚信通	无
	市调咨询	百度数据中心	阿里研究院	腾讯云分析
布局思路		从技术思维出发，以流量为中心	围绕信息流、支付流、物流展开布局	以微信和 QQ 为中心，投资、收购企业加以创新

综合来看，BAT 三家各有核心优势，百度因为搜索技术的绝对领先而形成在 PC 上的流量分发能力，提高用户搜寻商品的效率；阿里以阿里巴巴、淘宝、天猫等电子商务平台

为核心，建立了庞大的生态群落，吸引了大量优质商家，为用户提升了选择和获得商品的效率；腾讯因为QQ和微信形成了覆盖全网用户的社会关系，通过不断在电商产业方面的投资，主要提高了围绕社交活动展开的商务活动效率。

BAT三家围绕自己的核心优势，在电子商务产业链中重点布局了包括云计算、大数据、互联网金融、卫星定位和地图等环节，提升了自身电子商务的附加价值，减少了商家、开发者等的投入成本，吸引了大量优质商家、开发者加入，保证产品和服务的及时、个性和全面，为消费者带来了便捷、舒适的购物体验。此外，百度在广告领域形成了独特的竞争优势，拥有百度联盟、百度图+等；阿里建设了庞大的物流网络，保证快递效率和质量，并成立了研究院进行行业研究、案例分析等工作，为阿里的决策提供支持；腾讯在微信、QQ中加入了大量电子商务平台，结合微信支付，为移动电子商务的发展带来巨大潜力。

从BAT投资和并购思路来看，BAT选择投资、入股的主要是垂直电商和一些发展较为成熟的行业机构，快速进驻其他行业。百度在试图将拓展的业务、移动互联网、O2O相连，投资和并购中看重两点；一是投资或并购企业的业务前景，包括市场机会、商业模式及核心要素、团队等；二是与百度的战略协同性，包括对百度的战略价值、对目标公司的战略作用，以及双方整合的可能性。阿里在为淘宝生态系统和移动互联网探寻伙伴和机遇，其投资或并购的思路是入股或收购能与阿里业务整合或生态圈、平台有关的公司，在布局时并不看重业务数据的表现，强调布局和共生关联性；腾讯是在确立业务主线的同时，不断补充所需的相关业务，投资和并购中强调战略价值和财务价值并重，注意前瞻性布局，如投资一些短期之内看不到明显合作点而有长远战略价值的企业等。

从布局热点来看，2013年、2014年是BAT投资并购爆发期，带来的影响是PC端电子商务发展逐步成熟，朝向稳定状态收敛，形成规模经济，并给整体价值链带来整合优化，整体布局的侧重点开始向物流、大数据、互联网金融、生活服务行业、导购类综合信息平台等倾斜，并且整体有向国外扩展的趋势。在移动端，移动互联网、O2O迎来初期爆发和增长，成为布局的热点和重点，浏览器、APP应用市场、手机地图是入口布局重点，团购网站、优惠券网站、会员卡业务是业务布局重点。

5 中关村电子商务创新发展模式研究

电子商务作为网络化的新型经济活动，正在不断深入全球经济一体化的诸多领域，已成为经济发展的重要增长点。对此，我国政府积极促进电子商务产业的创新和可持续发展，进而推动经济社会科学发展、跨越式发展。

首先，我们通过网络信息搜集、专家会议等方式对电子商务模式的发展现状，尤其是国内外相关创新模式进行了总结，并对电子商务未来一段时期内的运营模式进行了展望；其次，以京东、拉卡拉、小米等成功企业为例，就电子商务生态圈的构建展开了研究；最后，根据中关村电子商务产业的实际情况，结合前面两个部分内容，总结出中关村电子商务在模式发展方面值得借鉴的经验，为中关村电子商务产业的发展提供智力支持。

电子商务产业发展模式总体调研将分 B2B、网络零售、团购和 O2O 电子商务模式四个部分，分别列举各种电子商务的主流发展模式和新兴的创新发展模式，并对每一种电子商务模式的发展趋势进行了展望。此外对国内外新出现的相关其他类型的电子商务模式进行了列举。

5.1 B2B 电子商务市场发展模式分析

B2B 商家（泛指企业）对商家的电子商务，即企业与企业之间通过互联网进行产品、服务及信息的交换。

5.1.1 B2B 电子商务

2013 年，我国电子商务 B2B 市场格局稳定，市场整体呈乐观增长趋势。全国 B2B 电子商务市场交易额达 8.2 万亿元，同比增长 31.2%，高于电子商务平均增长水平 1.3%，如图 5-1 所示。

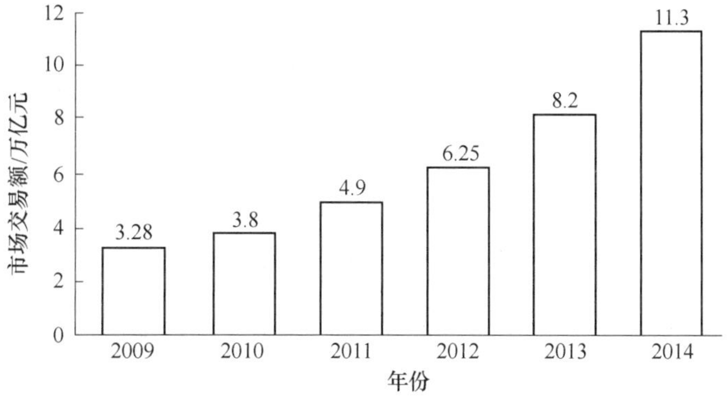

图 5-1 2009~2014 年我国 B2B 电子商务市场交易额

2013 年电子商务市场细分行业结构中，B2B 电子商务占比 80.4%，比 2012 年高出 0.8%。B2B 仍然是我国电子商务市场最主要的组成部分，如图 5-2 所示。

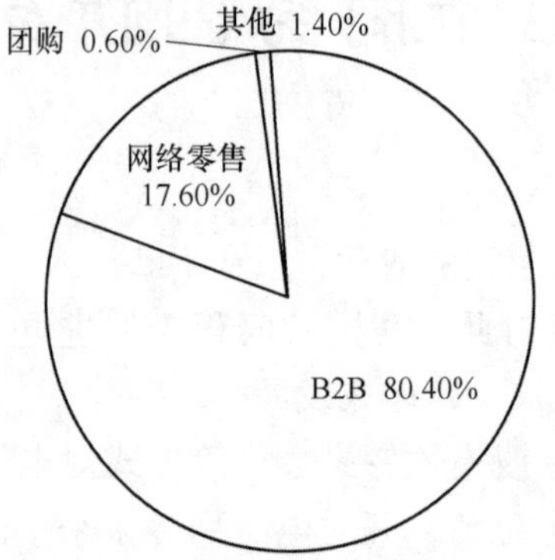

图 5-2　2013 年我国电子商务市场细分行业构成

从 B2B 平台总营收市场份额看，9 家核心电子商务 B2B 企业合计占比 70.3%，阿里巴巴、我的钢铁网及环球资源位居 2013 年 B2B 电子商务市场前三位，三者的份额之和达 51.3%。B2B 电子商务平台的集中度很高，大而全的综合型交易平台仍然是最主要的模式，如图 5-3 所示。

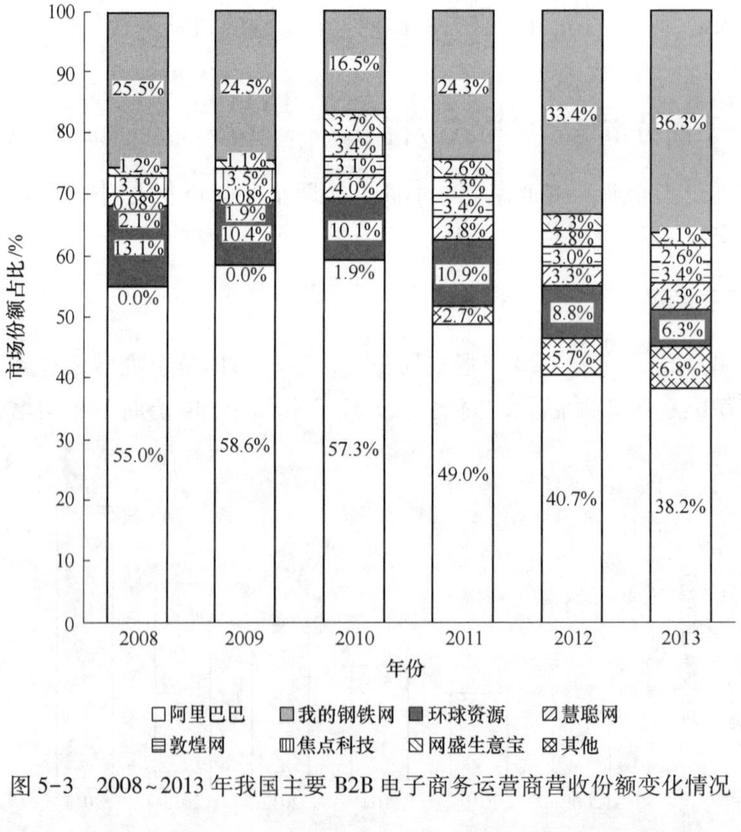

图 5-3　2008~2013 年我国主要 B2B 电子商务运营商营收份额变化情况

B2B 电子商务运营模式的重心正在从信息服务转向交易服务。核心电子商务 B2B 企业格局保持稳定，同时不断推出新模式增强市场活力。目前 B2B 电子商务经营领域主要集中在小额商品内贸、外贸和大宗商品采购三个方面：

（1）小额商品内贸方面，慧聪网在市场份额上稳居第一。2013 年，慧聪网实现线上支付，整体市场稳步发展。慧聪 14 个产业带的逐步建成为买家提供优质货源地资源，帮助卖家提升竞争力。同时，这些产业带也达到了中关村电子商务产业与地方政府和相关部门有效合作的目的，共同推动中关村电子商务产业辐射全中国和区域重点产业、特色产业电商化的进程。2014 年上半年，浙江天台、山东临沂以及河北省邢台、邯郸等城市也相继签约慧聪网产业带。

（2）外贸方面，阿里巴巴继续保持最高市场占有率。紧跟其后的敦煌网摒弃传统卖家付费模式，推出买家按交易金额付费的动态佣金模式的小额外贸业务。2014 年 4 月，敦煌网联手网贷机构拍拍贷、e 云贷合作推出无抵押、无担保的“敦煌个人小额信用贷款”项目将基于卖家在平台的交易进行放款。未来，敦煌网将借助互联网金融，为全球中小企业跨境电商提供多样化的金融和信贷服务。焦点科技下属的中国制造网借助其母公司的客户资源保持了稳定的增长，但其长期以信息服务为主的盈利模式已经导致其发展缓慢。

（3）大宗商品采购方面，环球资源网采用了一种以买家为核心的服务模式。环球资源网定位于为其买家会员提供综合采购服务的网站，服务方式偏向于向买家推送产品信息和精确搜索。上海钢联旗下的钢铁类垂直网站“我的钢铁网”近两年来交易总额跻身前三。2013 年“我的钢铁网”净利润大幅下降，同时企业继续加大对大宗商品电子商务纵深领域的开拓和投资。未来，我的钢铁网将通过综合发展媒体、数据、电商、金融和物流五大方面，打造全产业链闭环来提升市场利用率。网盛生意宝 2013 年持续推进垂直化进程，并且投资设立生意通 B2B 在线支付平台，加强对 B2B 电子商务中资金流的控制力。

我国主要 B2B 平台服务模式对比，见表 5-1。

表 5-1　我国主要 B2B 平台服务模式对比

业务	盈利模式	运营商类别	贸易范围	商品定位	运营模式
阿里巴巴	会员费，竞价排名等增值服务收入，在线交易佣金	资源整合型	全球	小额商品	综合平台
慧聪网	买卖通、搜索产品等互联网服务收入，工商业及黄页目录收入，会议及其他服务收入	信息服务型	内贸	小额商品	综合平台
环球资源	网站收入（会员费）与杂志收入（广告费），展会收入，其他增值服务收入	信息服务型	外贸为主，兼具内贸	小额商品	综合平台
焦点科技	中国制造网旗下会员服务、认证商服务、增值服务、展示类网络广告收入，文笔天天网业务、保险佣金等收入	信息服务型	外贸为主，兼具内贸	小额商品	综合平台
我的钢铁网	钢铁交易服务收入（自营电商），信息、网页链接、会务培训、咨询、广告服务等收入	信息服务+自营型	内贸	大宗商品	钢铁垂直类

续表 5-1

业务	盈利模式	运营商类别	贸易范围	商品定位	运营模式
网盛生意宝	网络基础服务收入，网络信息推广服务收入，广告收入，生意通电子商务服务收入，化工贸易服务收入，展会收入	信息服务型	内贸	大宗商品	基础物资垂直类+小门户
金银岛	会员费、广告收入，交易佣金及在线融资业务收入	交易服务型	内贸	大宗商品	综合平台
敦煌网	交易佣金，商品展示，辅助在线交易工具等增值服务收入，推广营销服务收入，在线融资服务收入	交易服务型	外贸	小额商品	综合平台

2013 年随着信息服务模式市场饱和，服务于“长尾市场”（个性化、零散、小量需求的市场）的 C2B2B 模式出现，受互联网金融影响的 B2B 小额信贷模式快速发展。会员费、点击付费、展位推广及竞价排名传统盈利模式的盈利空间缩小，通过提供多种综合服务赚取佣金的方式逐渐代替会员费模式占据市场主流。B2B 市场的迅速发展主要得益于网络设施的不断完善，互联网自身高速发展，大数量的批发业务从线下转移线上。其次，由于过去 B2B 交易需要经过考察卖家工厂、样品订单等多道流程，再加上 B2B 交易的金额较高，用户的网络支付意愿较低。网银支付、第三方支付、银行保证金模式、支付中心对账模式的 B2B 电子商务支付手段进一步成熟，保证了支付的便捷性和安全性，使 B2B 电子商务线上支付更加普及。2013 年 5 月，网盛投资 1 亿元建设 B2B 支付平台“生意通”，同年 10 月底，慧聪网宣布首款专注于内贸市场的全行业全品类 B2B 在线交易系统正式上线。在此之前，民生银行、工商银行等已陆续推出了 B2B 支付业务。最后，创新模式出现，市场活力不断增强，主要表现在：受互联网金融影响的 B2B 小额信贷模式快速发展，以数据搜集模式为代表的市场分析与预测服务进入市场，基于大数据技术的产业链上下游资源整合协调服务正在 B2B 市场中不断地被推广。

5.1.2　B2B 电子商务发展趋势

5.1.2.1　运营商加速向资源整合平台发展

我国中小企业 B2B 电子商务行业经过十几年的发展，已经逐渐从信息服务向交易服务发展。从 2014 年开始，B2B 企业所提供的服务将加速从仅限于交易前拓展到产品追踪、售后服务等后续环节，从提供信息服务拓展至在线交易、融资等多方面的服务，逐渐成为企业在线资源整合的平台。

在线交易与线上融资业务的拓展，强力地推动中小企业加速开展 B2B 电子商务业务。众多中小企业都具有小额、短期的融资需求，但传统银行授信模式下，贷款门槛较高，审核流程复杂且周期较长，难以满足中小企业的需求。B2B 电子商务融资担保服务的出现或可满足市场的这部分需求。B2B 电子商务企业转型交易平台对各中小企业和运营商本身都具有重大意义：(1) 对于中小企业来说，平台作为沟通和担保工具，在线交易既可以节约交易前的沟通成本，又可以规避交易中的风险；(2) 对于运营商来说，参与到企业间交易的全过程既可以转变盈利模式，扩大营收规模，又可以获取并积累企业的深层次数据，为大数据挖掘应用提供基础。

这一趋势同时也推动国内 B2B 行业从收取会员费转向按交易佣金收费。2013 年阿里巴巴国际站、敦煌网分别推出了“按效果付费”和“全程外贸开放平台”，引领平台转型方向。2013 年，各 B2B 平台服务商纷纷推出在线交易平台，促进在线交易。B2B 电子商务平台逐步从依靠影响力、流量收取会员费的方式转变为依靠实际交易量提成获取利润。但从 B2B 现状来看，以会员费作为主要利润来源的盈利模式在一定时期内还将持续。

2014 年我国主要电子商务 B2B 平台的发展方向，见表 5-2。

表 5-2 2014 年我国主要电子商务 B2B 平台的发展方向

B2B 平台	发展方向	B2B 平台	发展方向
阿里巴巴	基于大数据的金融服务平台模式	金银岛	打造“三流合一”交易模式
生意宝	打造全程在线供应链金融平台	一达通	电商金融超市创新金融渠道
慧聪网	与银行合作共推多款融资产品	珍诚医药在线	全天候自助式跨区域网络融资平台
敦煌网	借融资服务打造跨境电商生态圈	全球网	打造领先网络金融理财投融资服务平台

5.1.2.2 运营方式差异化，贴合行业特色

B2B 电子商务作为行业的沟通产业链上下游的营销方式，所提供的服务需要切合不同产业链的结构。各细分领域的 B2B 电子商务根据行业属性特征形成了不同的运营模式，具有代表性的有：IC 元器件行业的“现货认证”、农产品大宗商品的挂牌交易，竞买交易、竞卖交易和专场交易、医药行业中处方药的政府管制和逐步开放。其中，钢铁垂直类网站“我的钢铁网”市场份额超过慧聪网和环球资源网，跃居第二，占 B2B 市场整体 6.8%。义乌购首创的 B2R 模式则将商家对零售商这一领域进一步细分出来，依托实体市场和信用体系，降低了 B2B 电子交易的信用成本。2013 年 5 月，义乌购投资 1000 万元在北京建立仓储基地，将来，义乌购将通过遍布全国的仓储基地，让全国的各地小商品终端批发商可以直接面对终端零售商进行贸易。可以预见，电子商务市场综合平台市场份额将继续缩减，电子商务 B2B 行业化将愈发明显，垂直类 B2B 电子商务网站将迅速发展。

5.1.2.3 B2B 电子商务平台成为传统产业转型升级的重要渠道

B2B 电子商务平台将进一步推动电子商务产业园和城市及地方产业带的建设。由政府牵头，借助 B2B 电子商务平台，地方有明显优势的产业集群用电子商务化的方式整合供应商，提升采购效率，达到转型升级和推动整个地方经济和行业发展的目的。2013 年 7 月 22 日，慧聪网与各地方政府职能部门和当地电商协会合作的产业带平台正式上线，共涉及 15 个省市、13 个特色产业行业。对采购商来说，该项目会带来源头货源的成本优势，以及扁平化的供应链质量控制两大好处；对供应商来说，产业带平台为他们提供了采购需求强烈采购商，提升了交易的成功率。产业带不但可以协助地方政府推动区域市场经济发展，电子商务带来的行业数据也为政府产业决策提供数据支持。

在京津冀一体化的大背景下，为了减少北京市内批发市场人流量，集约资源，动物园、新发地等集贸市场也有通过电子商务的方式，把贸易从线下转移到线上的需求。

除交易以外，传统 B2B 商务中越来越多的环节将聚集到电子商务平台。电子商务平台

集成金融、咨询、供应链管理等环节，为用户打造全流程的商务服务。同时，B2B 电子商务会进一步贴合不同行业交易和流通的需要，演化出各具行业特色的商务模式。

由政府部门牵头，信息技术与现代服务业较落后地区的传统企业与发达地区的电子商务平台合作是传统行业电子商务化重要捷径之一。中关村作为全国科技创新中心，积极配合各地方传统企业完成电子商务化的升级转型任务，也为自身电子商务产业的发展带来更大的空间。

5.2　网络零售电子商务市场发展模式分析

网络零售是指交易双方以互联网为媒介进行的商品交易活动，即通过互联网进行的信息的组织和传递，实现了有形商品和无形商品所有权的转移或服务的消费。网络零售，包括 B2C、B2B2C、C2C 等多种形式。

5.2.1　网络零售电子商务

截至 2013 年 12 月我国网络零售市场交易规模达 18851 亿元，较 2012 年增长 42.8%，预计 2014 年突破 2.7 万亿元，如图 5-4 所示。

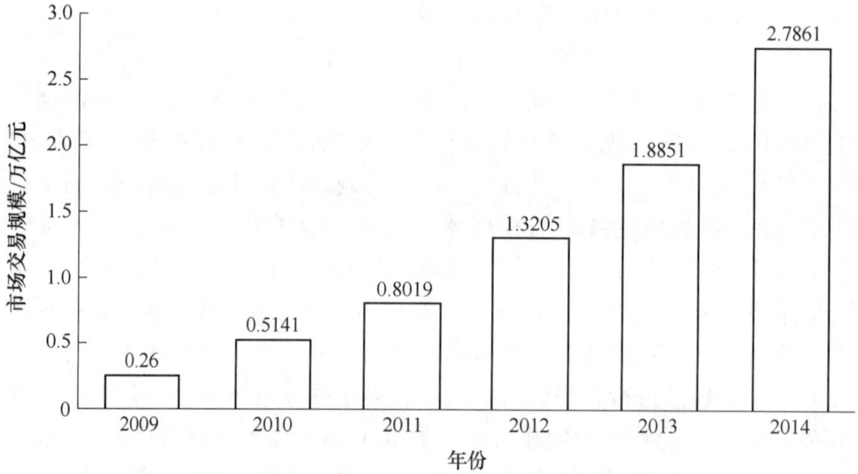

图 5-4　2009~2014 年我国网络零售市场交易规模

从市场占有率看，平台式发展的天猫商城占据市场份额的一半左右，自营电商中市场占有率最高的则是京东商城。从经营品类看，排名前五的电商企业均为综合型电商，但排名靠后的 1 号店、唯品会、当当网、国美在线等电子商务平台均在保持自有优势品类的同时，逐渐扩充经营品类。从盈利方式看，像天猫等纯平台型电商的收益来源主要是佣金、广告费、移动增值服务；京东、苏宁等自营型电商的盈利渠道主要是商品销售的利润；淘宝集市、腾讯拍拍等 C2C 电子商务网站的收入来源则主要是广告费。由于平台化带来的高流量和高毛利率，自营电商也出现一定程度平台化、开放化的发展趋势。

2013 年网络零售电子商务市场份额，如图 5-5 所示。

我国网络零售市场空间巨大，有形成京东集团和阿里集团寡头垄断竞争的趋势。相对欧美零售业而言，我国线下零售业尚不成熟，供应链扁平化程度低，尤其是在三线以下城

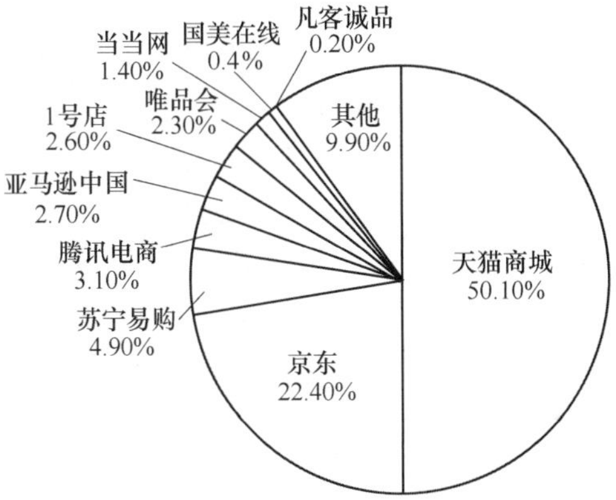

图 5-5　2013 年网络零售电子商务市场份额

市，零售非常分散，这就给线上零售业的发展留下了很大的空间。国内线上零售业的核心竞争优势是规模大、成本低、效率高，这需要非常先进的信息和物流系统来支撑。近年来为了支撑庞大的客单量和物流需求，阿里巴巴建立了菜鸟网络、阿里云，京东商城也自建物流，推出了京东云。借助物流和信息的优势，排名靠前的综合性平台为后面的竞争者留下了巨大的竞争压力，也意味着更多缺乏个性化的小型电商会逐渐加入综合性平台或者被市场逐渐淘汰。

随着电子商务服务的不断深入和跨界合作的加强，一批在垂直领域提供深层次服务和电子商务闭环服务的企业将会崛起。这类垂直电商将结合传媒、互联网社区、APP、电子商务、线下活动、体验店、俱乐部、专业服务（教练、私人医生、美妆咨询等）等多种方式，打造文化氛围、建立粉丝群体，以内容、设计、创意众包的方式不断对产品和服务推陈出新，从而在某个细分领域占据主要市场。洛阳哈他是一家以经营瑜伽用品为主的电子商务企业，同时经营运动营养品、瑜伽门户网站、SNS 网上社区、人才网等相关产业，未来计划举办瑜伽比赛、瑜伽主题旅游、与各大瑜伽俱乐部合作等方式打造瑜伽领域的商务闭环。哈他公司旗下哈他瑜伽、奥义瑜伽、青鸟三个品牌均占据瑜伽用品电子商务市场份额的前十。

社交媒体平台成新的线上购物流量入口。2014 年 5 月，美国用户可以将自己的亚马逊账户和 Twitter 绑定，在 Twitter 上回复#AmazonCart 标签可以将亚马逊的心仪商品链接添加进自己的购物车。另外，英国用户可以用#AmazonBasket 标签完成类似的操作。新浪微博于 2012 年已联手阿里巴巴旗下的淘宝网，为用户提供了从手机端浏览和购买附近商品的功能，并允许用户绑定支付宝账户，为其提供与阿里巴巴上一致的查看和支付服务。2014 年，腾讯开始在微信中加入了购物功能。

5.2.2　网络零售电子商务创新发展模式

5.2.2.1　电商导购模式

电商导购是指靠对海量电子商务信息梳理，从中挑选出有某种特征商品的电子商务营销模式，代表品牌有美丽说、七格格、韩都衣舍、裂帛、欧莎等。

YOHO！是流行时尚类的传媒企业，其核心业务包括网络社区、杂志、在线商城、线下音乐会、时装设计大赛等。YOHO！的电商导购是将自身媒体、网络社区和电子商务结合起来，从其会员中选取一部分了解和熟悉时尚潮流的人和职业编辑组成买手团队，负责标注和精选产品在电商平台和线下体验店销售。

韩都衣舍品牌创立于2008年，是一个为都市时尚人群提供高品质的流行服饰的电商导购品牌。韩都衣舍的电商品牌买手制的运营模式是由公司组建买手制小组，并给予每一个小组独立的全流程品牌运营权利，包括商品选择、计划和库存等。在符合公司规定最低定价标准的前提下，小组可以自己决定具体产品定价、生产数量、具体款式、促销时机和价格等。为了避免小组相互竞争，公司还设立企划部规定每个小组的专业品类并对品牌整体风格进行把关，同时协调各个小组的利益冲突。

5.2.2.2　社交化电子商务

社交化电子商务是指将关注、分享、沟通、讨论、互动等社交化的元素应用于电子商务交易过程的现象。从消费者的角度来看，社交化电子商务既体现在消费者购买前的店铺选择、商品比较等，又体现在购物过程中通过IM、论坛等与电子商务企业间的交流与互动，也体现在购买商品后消费评价及购物分享等。从电子商务企业的角度来看，通过社交化工具的应用及与社交化媒体、网络的合作，完成企业营销、推广和商品的最终销售。

500 Trends支持用户通过社交好友或品牌商家关注流行趋势。用户和品牌商家可在网站上编辑或发布自己感兴趣或推广的商品，其他用户可对这些商品进行评价或投票。然后，500 Trends将与品牌协商，以较优惠的价格在网站上贩卖票选出的商品。商品上线后，网站还会对关注此商品的用户进行信息推送，其基本理念在于用户分享自己喜好产品或对享有的优惠折扣意愿强烈，这种分享行为同时又可以向品牌直观的提供产品的受众/流行度等必要信息，500 Trends即可通过这种优势向品牌与商家争取更优惠的价格。

台湾乐天与新加坡图像搜索平台ViSenze以及亚洲时尚社交网络Clozette合作，将推出一款名为“O’Share”的新社交电子商务平台。这款产品允许用户上传自己的照片或者是需要匹配的衣服照片或者URL，系统就会自动查找到所有可以匹配的服装。这种由用户主动查找商品的应用打破了传统商家对用户的主动营销方式。近期京东也推出了类似的“试衣间”功能，用户在京东上看到满意的服装时，可以将服装的图像直接拖到自己的照片上进行比对。这款应用甚至支持一些简单的动作。

C&A Marketing展开社交电子商务的方式主要是“买手制”，C&A Marketing有100多个买手，每个买手都会专注一个产品品类，比如手机挂件、海滩产品、厨房用品等。买手们每天会到AMAZON网站去看用户对产品的评论并从中挖掘灵感。比如有用户在音箱产品下评论：如果这款音箱能够防水，不用直接电源，让我能够在淋浴的时候也听广播就好了。C&A Marketing的买手看到这类用户评论后会借助行业专家和大数据分析工具，然后微创新设计出新的产品，再配上新的品牌。这种针对用户需求的原创产品因为缺乏竞争者，利润极高。现在C&A Marketing已经有1000多个品牌在网上售卖，每年收入上亿美元，增长速度30%以上。

在美国还有很多类似的融合电子商务、媒体和社交网络于一体的网站。比如The Fancy是一个让用户分享、购买他们喜欢的各式商品的平台，其中最受用户喜欢的商品图片会被自动置顶，Fancy将从每一笔交易中获得价格10%的提成。Brit+Co. 是一个集手工艺指南、产品介绍、DIY工具销售和新闻推送于一身的混合体。Houzz是一个把业主和设计师、家装专业人士连接到一起的网上装潢和设计平台，它提供创意风格的家居设计目录用户浏览。用户也可以在该平台上阅读专业文章和参与社区讨论。Polyvore 是一个服饰搭配网站，用户可在平台上搭配服饰、评论或为他人服饰评分，增加社交活动。

5.2.2.3 按月订购电子商务

按月订购是指用户在购物网站上预先支付或者绑定账户定期支付，之后按照固定的周期收到所订购的商品。按月订购模式适用于重复性消费品，目前服装、化妆品、日用品、食品等多个领域都出现了按月订购网站。对于消费者而言，按月订购省去重复性的寻找、选择、付款等环节；对于商家而言，按月订购用户的一次选择带来了持续的购买行为，提高了单笔订单的交易量，同时还可以基于数据分析进行精准营销。

Birchbox 是美国一家化妆品发现及零售平台，提供按月订购化妆品小样的服务，是试用式按月订购的典型代表。Birchbox 于 2010 年 9 月上线，用户每月支付 10 美元（或者每年支付 110 美元）费用，每月可以收到包含了 4~5 件高级化妆品试用装的礼盒，其中包括一些很少见的小众品牌，当消费者对小样满意后，可通过 Birchbox 进行订购，参加线上活动的积分也可以获得折扣。

Swag of the Month 是一家为男士提供创意 T 恤按月订购的网站，每月向用户寄送一件 T 恤，并收取 9 美元。在订购时，用户除了需要提供年龄、衣服尺寸等信息外，还需要回答一系列有关生活偏好的问题，例如，周五晚上最常去的场所、最常去的品牌店、工作时的着装偏好、择偶倾向等。2011 年 11 月，Swag of the Month 获得了 10 万美元的天使投资。

Trunk Club 为男士提供高端服装的按月订购。与 Swag of the Month 相同之处在于 Trunk Club 通过问卷调查了解用户喜好；不同之处在于 Trunk Club 会为用户寄去一大箱衣服，用户可以挑出自己喜欢的进行购买，并将不喜欢的退回。用户还可以与 Trunk Club 的服装顾问联系，探讨服装搭配问题。

Plum Gear 的童装采取按月租赁的方式，按件付费，每月最低 33 美元。当小孩长大，衣服穿不下的时候，用户可将衣服寄回公司，经过特别的清洗，再租给其他用户。

国内的袜子按月订购网站“袜管家”除提供按固定周期购买袜子的服务外，还提供一种“无限装”服务，即用户缴纳一定的费用，可在有效期内无限次领取三双袜子，但每次需要支付快递费 10 元，例如全棉男袜一年期的无限装为 699 元。

Little Black Bag 采用了日本的福袋（不透明的袋子，其中物品往往有可观的折扣）概念，采取了随机发送商品的策略。用户可订购价值为 49.95 美元或 59.95 美元的神秘袋子，袋子中有 3 件物品，用户可以自己选择一件，另两件在订购后可见，用户可将不喜欢的物品与其他用户交换，不想交换的用户也可以选择跳过本月的消费。用户可以在任何时候取消订单，邀请好友可获得额外的礼物。Little Black Bag 是推广产品的有效途径，欧莱雅就曾在福袋中向用户赠送样品。从 2012 年初成立到现在，Little Black Bag 已经获得了两轮投资，共计超过 1000 万美元。

除了商品，按月订购的也可能是一项服务。BeCouply 为那些想制造浪漫但创意匮乏的情侣提供安排约会的服务，每月收取 149 美元。BeCouply 尝试了许多特色约会形式，例如豪车接送、直升机观光、多对情侣共同约会等。

5.2.2.4 沙集模式

沙集模式是指农户自发地使用市场化的电子商务交易平台变身为网商，直接对接市场。沙集模式出现在江苏省睢宁县，发源于东风村。2006 年，第一个沙集农民自发在淘宝网上开店销售家具获得成功，拉动了加工制造、配件、原材料、物流快递等业务，形成了年网上销售额 3 亿元以上的新的产业群。2000 多家农民网店带动了当地的产业链条，全镇已拥有 16 家物流企业，现代金融保险业、信息服务业等产业也开始成长。这种电子商务模式以复制的方式向周边辐射，带动制造及其他配套产业发展，进一步推动当地市场发展，塑造出以公司为主体、多种形式并存共生的新商业生态。这个新生态又促进了农户网商的文化程度和农村信息化的发展，"农户+网络+公司"相互作用、滚动发展，形成信息网络时代农民的创业致富的良性循环。

在网络零售电子商务各种商业模式中，导购和社交是目前电子商务吸引用户的重要手段，其中导购以广泛撒网式推广引流为重心，社交主要是以提高用户黏性和加强用户互动体验为重心。逐件购买，月订等新颖模式也会因产品的特殊性和用户的个性需求而慢慢发展起来。电子商务与传统行业的结合也将会挖掘出更多的用户需求带动更多产业链条。

5.2.3　网络零售电子商务发展趋势

网络零售电子商务发展趋势，有以下几点：

（1）网上商城与实体零售加速融合。O2O 模式将线下商店与网店融合起来的营销渠道组合。消费者在网店通过在线支付购买商品或服务后，在线下实体店取货或享受服务，也可在实体店看好商品后在网上购买。传统零售业将传统渠道向线上延伸，如苏宁开始逐渐寻求线下线上资源的整合进行 O2O 的转型；沃尔玛也在加强对在线商城的建设，并在实体店尝试为线上业务提供配送节点、售后等多种服务。同时电商企业也开始注重线下，如 2014 年京东开始大范围布置其社区超市，线下线上的融合将会向更多的行业扩散。

（2）电商纷纷推出金融服务，互联网金融市场加速扩张。2013 年电子商务平台纷纷涉足金融领域，积极开拓互联网金融相关业务。B2C 电子商务的金融服务是通过网销金融产品和支付工具从海量小用户吸纳储蓄，根据信用记录、大数据分析等工具为用户（包括入驻商家和个人用户）提供借贷、分期付款等金融服务。目前国内淘宝（天猫）、京东、苏宁、国美在线等 B2C 电商企业都已经开展电商金融。

2013 年，互联网金融成为继物联网、大数据、云计算、移动互联网之后又一经济社会广泛关注的焦点领域。如 2013 年阿里推出余额宝，京东推出京保贝、建行推出善融商务，2014 年年初苏宁推出零钱宝等。互联网金融将形成对供应商和对个人业务两翼齐飞的局面，银行、基金等金融机构的主动参与将推动整个生态圈的繁荣。

（3）自营电商转向开放平台，融资并购加剧。2013 年至 2014 年上半年，电商自营商品普遍亏损严重，为了实现流量变现，各大电商纷纷开放第三方平台，吸引外部商家入驻，从而提高毛利率。从商业模式来说，开放平台更能带给电商整体业务、交易量的快速增长。2011 年淘宝商城（现天猫商城）宣布 38 家垂直 B2C 网站入驻，这些网站具有较高知名度并且涵盖产品种类丰富。苏宁正在利用自己的资本优势大规模对垂直电商进行并购，以丰富自己的品类及提升销售额。苏宁已与国内数家垂直类的 B2C 企业洽谈收购及入股事宜，除了此前传出与苏宁洽谈并购事宜的红孩子外，主打高端服饰品牌的玛萨玛索也在苏宁并购的计划中。当当网将和1号店签署协议，两家相互入驻。2014年3月，腾讯旗下电商业务并入京东，同时腾讯收购京东15%上市前股份。这表明2014年电商市场优胜劣汰竞争强劲，电商并购潮仍会持续。

网络零售已经形成由阿里集团和腾讯—京东体系两大寡头竞争，苏宁、当当、亚马逊等综合型电商紧随其后的发展格局。综合型电商会将逐步转变为开放型平台，进而以自身为中心构建产业生态圈；垂直电商将在各自领域内不断精细化运作，增强其与用户的交互性，形成各自的特色和用户群体。随着电子商务的不断深入和跨界合作的加强，实体门店、互联网金融等将不断融入到电子商务的过程中。

5.3　团购电子商务模式

团购（Grouppurchase）就是团体购物，指认识或不认识的消费者联合起来，增强与商家的谈判能力，求得最优价格的购物方式。

5.3.1　团购电子商务

2013年全年团购市场交易额累计达532.89亿元，与2012年相比环比大涨52.8%，交易额净增184亿元。团购行业经历三年的起伏，2013年国内大型团购网站相继实现盈利共同推动团购市场规模逼近600亿元，团购已经成为本地生活消费类重要的消费形式之一，并有力地带动了国内市场经济，如图5-6所示。

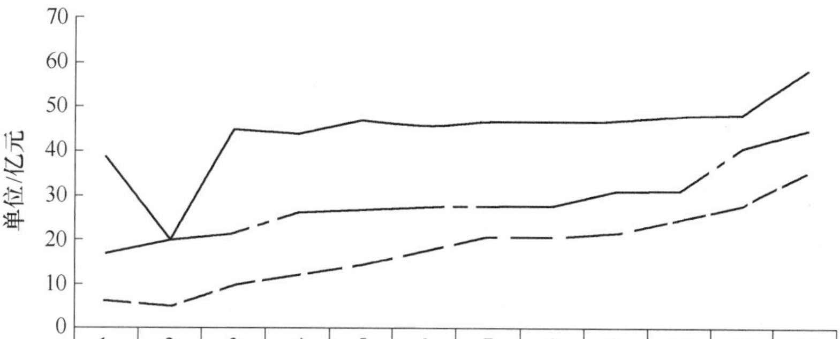

	1	2	3	4	5	6	7	8	9	10	11	12
——2011年	6.07	5.08	9.68	12.2	14.5	17.7	20.51	20.56	21.8	25.25	27.86	34.87
–·–2012年	16.81	19.88	21.44	26.17	26.74	27.42	27.96	27.58	30.86	30.98	40.72	44.48
---2013年	38.57	19.88	44.72	43.64	46.5	45.71	46.42	46.21	46.74	47.9	48.49	58.15

图5-6　2011~2013年团购交易额对比图

以美团网为首的前十强团购网站已经牢固占据市场主导地位，在移动团购、O2O等方面也占有优势。在商业模式方面，团购市场以生活服务和折扣商品两大类为主，其中实物类团购交易额为212亿元，占团购市场的40%；以餐饮美食、休闲娱乐、旅游酒店、美容保健为主的服务团购交易之和为320亿元，占团购市场的60%。

与此同时，2013年上半年，全国团购网站新增总数高达6218家，其中已经关闭4650家，淘汰率高达75%。服务同质化竞争和用户体验差导致现金流短缺和扩张过快等问题，引发了团购网站的大规模倒闭，如图5-7所示。

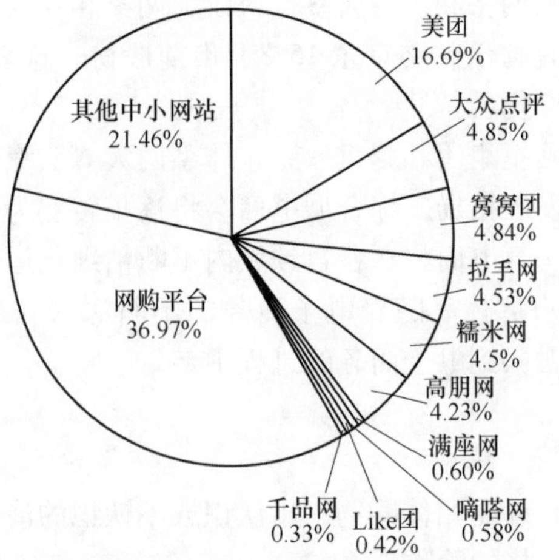

图 5-7　2013 年团购网站市场份额对比图

5.3.2　团购电子商务创新发展模式

5.3.2.1　CPS 电子商务

CPS（Cost Per Sales）电子商务是指电子商务网站聚集用户，提高销售份额，在把商家支付的交易佣金的一部分返还给用户的电子商务模式。

返利网是国内首家电子商务类 CPS（Cost Per Sales）效果营销服务提供商。返利网的基本模式是把用户带给商家，商家支付佣金，返利网把部分佣金分给用户，实现共赢。返利网成立 7 年来，累计给消费者返利 2.1 亿元。其注册用户 2000 万。目前有 400 多家电商及 70 万家开通淘宝客的商家与其合作。

5.3.2.2　闪购

闪购模式又称限时抢购模式，起源于法国网站 Vente Privée，闪购模式是限时限量形式的团购电子商务交易活动。“闪购”产品通常在线时间短，折扣大，每日定时更新，顾客在指定时间内必须完成交易，否则商品会重新放到待销售商品的行列里。

Zulily 是美国一家母婴用品闪购网站，于 2010 年上线，截至 2014 年 3 月底，公司活跃用户总数达 370 万。Zulily 采用的闪购模式满足了顾客追求新颖的心理需求，网站每天 6 时定时更新，平均每天同时在线 4000 多款产品，平均折扣率大于 50%，限时 3 天限量抢购。另外为了保持产品的更新速度，Zulily 采用了零库存管理方式，同时也导致了物流的低速和高成本。Fab.com2011 年 6 月在美国上线的一家创意产品闪购网站，网站只销售自行设计的有创意或背景故事的商品。其他国内外闪购网站例举见表 5-3。

5.3.2.3　团购 2.0

团购 2.0 最初起源于美国，是电子商务和互联网广告融合体，它与传统的团购最明显的区别是在同一时段内，团购 2.0 只提供极少量商品，避免用户花费大量时间浏览无关的页面，国内网站特优团（teyoutuan），国外网站 woot 都属于这一类的网站。由于团购 2.0 网站以精选的方式推出极少量产品，对参与商家具有很强的广告宣传效益，这种宣传效益的价值可能会高过团购本身销售的价值，因此团购 2.0 也可以作为一种让利形式的品牌推广方式。

表 5-3 国内外闪购网站例举

闪购网站	国家	简　介
Exclusively. In	印度	只为会员提供服务的闪销网站，销售印度工艺师和设计师制作的时装、珠宝、家居装饰等商品。最近该公司还推出旅游和婚礼服务
One Kings Lane	美国	2009 年创立，主要提供家装、家具、礼品、酒类、食品等居家类产品的大比率限时折扣
Home Sav	美国	高端居家类商品闪购网站
Gilt Groupe	美国	美国最大闪购网站，成立于 2007 年，出售男女和儿童设计师服装和配饰、家具用品和高端旅游产品，主要通过限时折扣和电子邮件广告来吸引女性用户。实行会员制奢侈品打折模式，只有受邀加入的会员才能进入选购商品
KupiVIP	俄罗斯	以时尚品牌折扣闪购起家，多年来在俄罗斯中产阶级中很受欢迎
稀品网	中国	2011 年底成立，仿照 Fab 产生。与大多数 B2C 电商不同的是，是基于社区化商务（Social Commerce）的概念来运行，透过以消费信息为媒介的微博平台，再由微博会员的高速成长，再将微博上的会员逐渐转换至电子商务实际消费者。稀品网面向的族群是高端消费者，打造的是预购模式
立即购	中国	成立于 2008 年底，是国内第一家融合手机购物和闪购的网站，商品品类集中在化妆品、食品保健、配饰等热销品类，定位在“你的个人用品商城”
唯品会	中国	最早将闪购引入中国，一家专门做特卖的网站，每天 100 个品牌授权特卖，以低至 1 折的深度折扣及充满乐趣的限时抢购模式，为消费者提供一站式优质购物体验
聚尚网	中国	于 2009 年 7 月正式设立，与众多知名国际品牌建立了战略合作关系，低至 1 折起供专属会员限时抢购，搭建中国首家国际名品限时特卖购物网
闪购商城	中国	全国首家手机物联网售物平台。公司从 2005 年成立，便专注于具有自主知识产权的闪购开发应用；2007 年构建闪购应用平台，2009 年基于手机终端，用物联网应用科技，打造时尚、便捷的品质消费生活体验平台，实现企业与消费者随时随地、点对点的信息交互，闪购随之诞生

团购 2.0 和 CPS 作为团购的一种营销模式在未来还会作为普通团购的一种补充，在小范围内存在下去。而闪购模式由于制造了商品稀缺的现象，迎合了现代用户个性化追求的心理，有广阔的市场前景。

5.3.3 团购电子商务发展趋势

在经历高淘汰率后，2013 年团购市场仍能保持稳步增长，主要源于移动团购的迅猛发展。

（1）结合 LBS 技术，团购进入 O2O 社会化模式，并向纵深发展。2013 年，团购行业的经营模式进一步转型升级，团购已经从传统的通过炒作、短期促销的经营模式发展，成为稳定的可以规模盈利的闭环 O2O 模式。同时，团购也为推动传统行业商务渠道普及移动互联网技术。团购与 LBS 的天然契合使得本地生活服务的 O2O 快速发展，并成为现代都市人不可或缺的消费指南与生活导航。2013 年，美团网、窝窝团正在试图完成线下领域的闭环追踪，以低毛利获取商户资源点评功能。

（2）团购网站差异化经营日趋明显，团购市场进一步细分。2013 年上半年，在全国团购市场 238.98 亿元的市场份额中，团购网站贡献了 148 亿元，占据 62%的市场份额；团购平台贡献了 91 亿元，占据其余 38%的份额。

团购电子商务市场将出现综合型团购平台抢占实物类团购市场，独立的小型团购网站分割本地服务类团购市场的格局。虽然就市场份额来看，目前小型团购网站远高于大型团购平台，但是面对具有电商巨头支撑的团购平台的强势竞争，独立的团购网站仍面临巨大的生存和发展压力。团购网站应与团购平台实行差异化竞争。过去传统的实物类电子商务的优势在于仓储、物流和交付环节，而生活服务类电子商务恰好不需要仓储和物流，窝窝团专注于生活服务类商品的团购业务，正是从差异化的角度争取市场份额。“细分”是大多数团购网站未来发展的正确选择。团购平台的优势在于巨大的流量和平台上商家丰富的 SKU，而优秀的专业团购网站深耕于本地服务行业，也深刻地把握团购用户的需求，能很好地平衡线上和线下两个方面的需求。由于容量瓶颈，中小商家难以入驻大型团购平台，却适宜与区域性中小型团购网站是展开。区域垂直类团购网站对细分领域的深入运作，是全国大型团购网站的重要的补充。

我国未来团购大格局将会是各自垂直领域几家独立大型（携程、聚美优品、红孩子、去哪儿、汽车之家、奶粉团）团购网站与几家大型团购平台或团购门户（美团、大众点评、窝窝团、拉手网、糯米网、淘宝的聚划算、当当的唯品会、京东的京品惠）耦合的众多分布广泛的行业细分或区域特色的小型精细化团购网共同组成。前者为行业的标准化作出贡献，后者为团购的多样性做出贡献。

（3）团购市场中剩余产品和剩余服务份额进一步增加。传统团购市场以正常商品和服务的促销为主，这种折扣模式难以保障团购的可持续性发展，未来类似唯品会出售尾货和以窝窝团等出售生活服务商家剩余服务能力的团购网站将会占据团购市场的主流。团购只有通过出售生活服务商家的剩余服务能力来为商家优化营运的效率，保证商家团购行为的持续盈利效果，团购才能保持持续性低价，进而改变消费习惯，将消费行为从线下迁到线上。

2011 年 9 月，正式上线的今夜酒店特价（京东收购）就是一家典型的指向剩余产品和服务的电子商务企业，其模式为：每晚六时以后，用户通过手机客户端以比较便宜的价格（大概为原价的六折以下）预订当晚尚未售出的酒店空房。目前今夜酒店特价 APP 已上线 3 万余家酒店，用户规模在 700 万左右，每天的订单数目近 2000，年收益在千万元。

综合类团购市场将进一步被排名靠前的网站瓜分；垂直类团购市场中，能够为社会剩余产品和服务找到合适的买家，达到优化社会资源配置和满足用户特殊需求的团购网站前景广阔。

5.4　O2O 电子商务模式

O2O 模式作为线下商务与互联网结合的新模式，解决了传统行业的电子商务问题。这种模式充分利用了互联网的海量消息和无边界性，挖掘线下资源的同时缩短消费者的决策时间，实现了消费者降低购物成本的愿望。现在 O2O 模式迅速被国内众多传统企业所熟悉，提升了对传统商业的渗透率。

5.4.1 O2O 电子商务

据相关数据显示，2012 年我国 O2O 市场规模增长 109.2%，达到 755.6 亿元，预计到 2015 年用户规模将达到 2.93 亿元。截至 2013 年，我国 O2O 市场从营销方式上分，有团购 O2O 和非团购 O2O，从交易内容上分有实物类 O2O 和生活服务类 O2O。

2013 年全国团购市场较稳定，为 O2O 市场的发展奠定了有力基础。目前，商户点评、地图导航、在线预订、优惠券等网站已经成为 O2O 服务的主要入口。2013 年团购 O2O 类型发生很大的变化，各种团购类型的占比与上年截然不同。实物类团购 O2O 由 2013 年 5 月份的 55%下降到 9 月份 27%，餐饮美食、休闲娱乐、旅游酒店等皆有不同幅度的上升，这也为 O2O 市场的快速发展给予有力的证明。

O2O 电子商务模式呈现以下四个大的种类：

（1）线上向线下引流模式。线上向线下引流模式是目前国内主流的 O2O 电子商务模式，它是指把门店作为 O2O 的核心，将线上商城作为为线下门店服务的工具，电子商务网站主要用来为线下门店导流、提高线下门店销量。例如，线上发放优惠券线下使用，增加门店销量；线上发布新品预告和相关搭配，吸引用户到店试用、刺激用户购买欲望；收集门店用户数据，做精准营销；通过地理位置定位功能帮助用户快速找到门店位置，为线下门店导流等。

线上向线下引流模式主要应用于同城类电子商务网站以及电子地图的增值服务，电子地图、手机商城等移动终端的应用是这种电子商务的重要环节，具体方式有：门店查找、优惠券、品牌宣传等。代表性企业有百度地图、美团网、拉手网、大众点评等。

（2）O2C 模式。O2C 英文全称 Office to Customer，即企业对客户进行专人定制服务。商家利用 O2O 工具（第三方 O2O 平台、自有 APP 等）建立起品牌商与消费者之间的长期联系和无缝沟通，充分利用国内微信、微淘等移动 APP 大入口的便利优势，结合自身的服务、体验，进行融合式的创新，为用户提供个性化的服务和体验创新。消费者可以在线完成交易的同时还可以到现实的商店中去消费和享受服务。这种线上线下一体化的私人定制模式充分利用其线下门店的优势，为用户提供专业导购、DIY、试穿试用、售后等多方面的服务。借助 O2C，品牌商可以基于消费者过去的消费记录向其单独推送商品和优惠信息，消费者也可以主动向品牌商提出自己的个性化需求（个人设计、送货上门等），品牌商会有专人为其提供一对一服务，满足消费者的个性化需求。其代表企业有以高级西服定制服务为主的德国服饰品牌 AFTERNINE 和广州数码化家具设计和家具定制的家居企业尚品宅配。

（3）生活体验店模式。生活体验店模式是指品牌商建立生活体验店，为到店消费者提供 WIFI、平板电脑、咖啡等更便利的生活服务和消费体验，从而吸引消费者长时间留在店内使用平板电脑或手机上网，登录和下载品牌自有 APP，以此实现线下用户向手机 APP 用户的转化。该模式的代表企业有苹果公司、星巴克咖啡、美特斯邦威等。

（4）粉丝营销模式。粉丝营销模式是社交化电商模式在 O2O 领域中的一种应用，指品牌商把 O2O 工具（第三方 O2O 平台、自有 APP 等）作为自己的粉丝平台，利用一系列推广手段吸引线下用户不断加入进来，通过品牌传播、新品发布和内容维护等社会化手段黏住粉丝，定期推送给粉丝优惠和新品信息等，吸引粉丝直接通过移动 APP 购买商品。

粉丝营销模式适合有特色、创新性的品牌，利用社会化平台的粉丝聚集功能，通过门店对现场用户的引导，然后通过粉丝在线互动提高黏性，这样在新品发布、优惠活动或者精准推荐的拉动下，可以提高移动端的网购能力。粉丝营销模式的代表企业有小米公司、歌莉娅。

5.4.2　O2O 电子商务创新发展模式

O2O 电子商务创新发展模式有以下几种：

（1）便利店 O2O。便利店 O2O 主要是利用便利店实现电子商务的宅配过程。近两年来，京东、顺丰、沃尔玛等大型网络零售企业纷纷开展便利店 O2O 电子商务业务。

2014 年，顺丰启动第三代顺丰门店节点，提供物流、广告展示、虚拟销售、预售、试衣鞋等服务。2014 年 4 月，已经启动 300 家门店，6 月落地 1500 家，年底将达 4000 家，未来全国将落地 3 万家。2014 年 3 月，京东商城宣布与北京、上海、广州等 15 个城市的上万家便利店进行 O2O 合作，年底计划覆盖全国所有省会城市和地级市。顺丰打造的自有电商平台，商家可直接从线上返回线上，从而完成反向 O2O 的开放平台入驻模式。未来用户可以直接享受在顺丰电商平台下单，然后由顺丰配送或者到顺丰便利店自提的便捷服务。除了商品展示功能外，顺丰店还增设了更多的体验场所，如数码、电玩产品的互动专区。

实体便利店 7-Eleven 也联合 EMS、DHL 等大型快递公司，拓展服务平台，打造可以与手机移动端相结合的便利店。这种被 7-Eleven 称为自主式 O2O 模型是基于线下扫码购买、商家发货、到店自提或送货上门的新型社区虚拟购物平台，可以实现门店位置引导与商品搜索以及移动端订购，门店取货和支付等功能，最终打造 7-Eleven 的固定消费群体。

2014 年 4 月，沃尔玛在美国开出第一家名为“Walmart to Go”便利店。该店不仅为沃尔玛电商提供的线下服务功能，还增加了快速服务餐厅的功能。由于小型店业绩增速较快，沃尔玛美国计划 2014 年要投资 60 亿美元到 65 亿美元小型店面和电子商务中心，店面类型以社区店和快捷店为主。

（2）百货商场 O2O。百货商场 O2O 是指传统百货商场利用电子商务的手段，实现自身零售业务的线上线下一体化。与国内以线上线下相互引流为主的百货商场 O2O 不同的是，欧美百货商场对物联网、互联网、社交媒体和移动终端的应用更加深入，使得整个购物过程更加智能化、便利化。

位于纽约 Herald Square 的梅西百货部署基于无线传感网络的室内定位解决方案的 IBEACON 系统。进入门店以后，该系统将提示消费者开启 APP 并完成双向确认的签到（这个环节是保护消费者隐私的核心步骤）；然后入口的传感器会推送本店促销信息以及电子优惠券等；当用户进入浏览动线后，经过每个区域都可以从智能手机 APP 上浏览到附近区域商品的促销情况和查询进一步的信息，例如，评价、商品原材料和价格比较等。然后，这些信息将链接到虚拟渠道和各种社交媒体，完成了渠道间的无缝转移。

在支付方面，顾客将可以在完成购买选择后自行扫描商品条码，通过移动支付完成；也可以在设定的一些有人或无人的收银点通过传统方式或者非接触电子钱包支付。在购物体验和管理方面，顾客可以提前通过 APP 设定自己的关注商品和一些提示信息，当进入实体门店后，将得到相关的信息。例如设定了“晚装”，进入门店和经过相关商品的时候，都会得到精准提示以及相应的促销信息，甚至是针对特定消费者的特殊折扣或者电子券。

（3）基于位置服务的 O2O。基于位置服务的 O2O 平台主要是利用 LBS 工具实现本地化服务的 O2O 模式。欧美的一些电子商务与 GPS、电子地图、无线传感网络等技术结合得非常紧密，使得大大信息的搜索和推送都变得便利和高效。

美国第一大农产品 O2O 平台 LocalHarvest 是连接中小型农场、CSA 农场（周末农场）和消费者的平台。它将本地农场信息汇集起来，为消费者提供了丰富的食物选择，通过地图检索系统使人们能够便利选购本地农产品。消费者输入本地区号，就可以检索到本地农场。吃在当地的好处是物流难度高的农产品例如叶菜和禽蛋，通过本地区宅配就可送达消费者。这样可以有效地降低了因长途运输而带来的高物流费用。LocalHarvest 这种专业化的垂直电商网站，大大促进了食物生产和消费的透明度和便捷度。对于农场来说，LocalHarvest 还提供了农场管理软件 CSAware，其功能主要有在线订单管理、会员管理、配送管理和财务管理，可以极大地提升了农场管理的效率。

欧美 O2O 电子商务开发出了多种多样的基于 Wi-Fi 和定位技术的营销信息推送应用。英国上市保险公司 Hiscox 利用 Wi-Fi 热点，针对小企业投放广告——人们在 Hiscox 户外广告附近登陆无线网络时，会看到相应的数字广告并且可以直接拨打电话咨询保险业务。此外，其广告会利用 Wi-Fi 用户资料信息和机场、车展、旅店、商务中心等地点信息针对这些潜在客户投放广告。麦当劳推广“Restaurant Finder” APP 应用，该应用能把用户带到离他们最近的麦当劳营业餐厅。美国塔吉特百货公司与移动优惠券应用 Shopkick 进行合作，向走近其门店的用户赠与奖励积分。南美洲危地马拉的时尚运动鞋垫 MeatPack 推出一款名为“Hijack”的 APP 应用，当用户走近其门店附近的竞争对手的店里时，GPS 功能就会向他们显示 Meat Pack 门店随时间减少额度倒计时优惠信息。通过这种方式吸引竞争对手店里的顾客。法国服装零售商乐都特推出只有通过该企业的手机应用“Street Shopping”才能访问的虚拟商店，该应用还推出了虚拟寻宝活动，用户可以根据 GPS 的指示找到虚拟宝物获得奖品和优惠券等。英国费雷泽百货（House of Fraser）与移动运营商 O2O 合作，通过其门店内免费提供的无线网络向顾客推送促销活动的富媒体信息。

国内美餐网的 slogan 支持用户在地图模式下，基于所在地点，选择附近提供外卖服务的餐厅，用户在下单后还能追踪订单进度和催餐。

便利店 O2O 将会是下一个 O2O 电子商务市场的重要增长点。餐饮、百货等传统零售、服务行业将会逐渐向 O2O 电子商务过度，通过电子商务的方式，其服务深度和精准度都须要进一步加强。O2O 将会与物联网、LBS 等新技术结合得更加紧密，并不断带来新的购物消费模式。

5.4.3 O2O 电子商务发展趋势

O2O 电子商务发展趋势有以下几种：

（1）传统百货商场转型 O2O。在电子商务和市场低迷的冲击下，用户转化率再度降低，整个百货行业步入十年来最艰难的时期，传统百货行业面临电子商务化转型。转型道路有两条：其一是通过在线商城引导客流，推进线上线下无缝融合，布局全渠道零售，将门店逐渐转变为在线商城的服务中心，以线上拉动线下完成 O2O 化的转变；其二是向生活服务中心转型，以消费者为中心进行体验是改造，增加娱乐、餐饮等业态的比重，将门店互联网化、移动化，逐渐转变为本地生活服务中心。最终购买行为不再是简单的“线下体验，线上下单”，消费者自然地在各种现实和虚拟的购物环境中转换，渠道之间的界限越来越模糊，门店、移动终端和互联网完全融合在一起。

2013 年 6 月，北京王府井百货与腾讯签署协议，双方将基于微信公众平台商户功能、微信支付服务开展具体合作。2014 年 2 月美丽说也介入微信平台来销售时尚产品。此外，天虹商场、友阿股份、南京中商、上品折扣、红旗连锁、步步高等也不同程度地接入微信生态。另一方面，2014 年 2 月 26 日的“38 淘宝生活节”，王府井、华联、大悦城、新世界等大型百货公司和购物中心也已经和阿里巴巴展开 O2O 电子商务合作。

朝阳大悦城就是百货商场转型本地生活服务的典范。除传统零售以外，朝阳大悦城还引进了大量休闲娱乐、生活服务、餐饮水吧等商家，包括绿茶餐厅、西贝西北菜、雕爷牛腩、云海肴、乌巢等热门餐厅和深受儿童欢迎的玩具反斗城、Mothercare、小鬼当佳等店铺。为吸引客流，朝阳大悦城还举办了各种线下展会活动。在社交媒体营销方面，朝阳大悦城积极展开与微信、微博的合作，如 2013 年 8 月，朝阳大悦城宣布将微信微生活卡与实体会员卡绑定，成为北京首家实现这一功能的购物中心。在大数据应用方面，朝阳大悦城的运营管理都以大数据为基础来部署：如 2012 年，朝阳大悦城在商场不同位置布局近 200 个客流监控设备，并通过 Wi-Fi 站点的登录情况获知客户的到店频率，通过与会员卡关联的优惠券得知受消费者欢迎的优惠产品；如通过基于 POS 机系统对销售收入的分析、基于 CRM 系统对商户的研究和消费者调研来掌握客群特质。朝阳大悦城微信会员卡用户数现已突破 17 万，2013 年朝阳大悦城销售额达到 21 亿元，客流超过 2100 万。

传统百货行业在电子商务化方面，采用简单从线上向线下引流这种初级模式较多，电子商务化发展仍然有待深化。

（2）本地生活服务类 O2O 向垂直领域的深度服务延伸。前文所述的团购 O2O 大规模倒闭，正是因为其线上产业同质化和线下服务不够深入，从而无法产生用户粘性。纯粹价格的比拼导致了产业内的恶性竞争。

生活服务类 O2O 将会出现更多垂直领域的深度服务。以格瓦拉为例，除了传统的电影票团购、优惠券以外，格瓦拉精准地抓住了用户对订座的需求，在国内推出了电影票订座系统，大幅提升了用户黏性。而在扩大规模之后，格瓦拉又在电影院里放置了取票机，线上查票、线上订座、线上付款、线下取票，最终实现了交易的闭环。本地生活服务类 O2O 只有深入到垂直领域，才能最大满足用户需求，做到服务差异化。除了传统的在线交易以外，网站还须提供深度的服务增强用户体验，创造持续的消费习惯和用户粘性，另一方面也对入驻商家产生更大的吸引力。

社交服务是一种重要的 O2O 深度服务的方式，O2O 电子商务企业先掌握本地生活服务资源（住家，商户等），然后再引来用户并激发活跃度，最后完成 SNS+O2O 的转型。SNS+O2O 的模式具有多种优势：第一点就是通过电子社区，用户会不停地进行交互，转化到本地业务上的数量和频率均会高出许多；第二点是社交产品用户的黏性高，有利于深度服务的开展；第三点是个人用户通过平台获得线上服务之后可以方面延伸到其他服务以及线下实体，形成商业闭环。

（3）基于场景衍生技术将在 O2O 领域被广泛推广。随着通过移动终端获得产品信息、便捷的购买和支付接口等应用的推广和 LBS、语音识别、三维图像、指纹识别等技术的成熟，未来基于场景衍生技术将在 O2O 领域被广泛推广，使得 O2O 电子商务可以结合游戏、社交、媒体乃至结合线下的各类演唱会等方式，在不同的咖啡厅、购物中心等不同情境下衍生出多种多样的商务模式，简化购物流程，提升购物体验，充分体现移动 O2O 的便携性、个性化。

(4) 阿里、腾讯和百度 O2O 产业格局。阿里集团、腾讯和百度构建了国内 O2O 电子商务产业最大的三个生态圈。与传统的消费者在商家直接消费的模式不同，在 O2O 平台商业模式中，整个消费过程由线上和线下两部分构成。线上平台为消费者提供消费指南、优惠信息、便利服务和分享平台，而线下商户则专注于提供服务。完成整个 O2O 商务过程需要经过引流、转化、消费、反馈、留存这五个过程，见表 5-4。

表 5-4　O2O 商务过程中的五个环节

环节	功能
引流	作为线下消费决策的入口，汇聚大量消费者或引发消费者的线下消费需求
转化	通过展示商铺的详细信息，方便消费者搜索和对比，并最终帮助消费者完成消费决策
消费	消费者利用线上获得的信息到线下商户接受服务、完成消费
反馈	消费者在线上平台分享经验，提供消费建议，而平台通过梳理反馈丰富信息库，帮助引流
留存	线上平台为消费者和本地用户建立沟通渠道，维护回头消费率

本节将基于这五个环节比对阿里集团、腾讯和百度 O2O 产业格局。

5.4.3.1　阿里巴巴 O2O 产业布局

阿里集团的 O2O 产业布局是以交易闭环为核心，其投资和兼并的企业从品类上非常丰富，从产业链环节上则比较完整。

从行业上看，2013 年阿里集团投资了 Fanatics、快的打车和美团网，2014 年投资了在线教育网站 TutorGroup。2014 年 2 月，阿里集团旗下移动餐饮服务平台淘点点 17 日发布通告，计划在全国 20 个城市招募服务商合作伙伴，补贴上亿元，加速推进淘点点业务在各地外卖、点菜商户中的普及，打造餐饮 O2O 生态圈。2014 年 3 月投资的银泰商业，为阿里集团零售业的线下业务打下了基础。

从产业链的角度看，阿里集团在物流领域投资 ShopRunner、海尔日日顺，再加上其自身构建的菜鸟网络，已经形成较为完整且功能强大的物流体系。在金融方面阿里集团投资的天弘基金在 2013 年将互联网金融推向了高潮，再加上其本身的支付和信贷系统，当今阿里金融已经覆盖到电商金融的所有范围。此外，在 IT 方面，阿里还投资了 Quixey、中信 21 世纪、恒生集团等企业。

从媒体和入口上看，阿里集团 2013 年投资新浪微博和丁丁网，2014 年投资视频社交类网站 Tango 和优酷土豆集团，在文化传媒方面投资文化中国和华数传媒。2014 年 2 月 11 日，阿里集团以 10.45 亿美元现金收购高德地图余下 72%的股份，从而借高德地图目前在地图市场 31.3%的份额抢占 LBS 入口。据《21 世纪经济报道》称，阿里集团正在计划以购买 360 股票向 360 注入资金，从而将奇虎 360 流量体系纳入阿里集团体系内，达到将流量转换为收益的目的，详见表 5-5。

表 5-5　2013 年 4 月～2014 年 4 月阿里集团投资企业

时间		投资企业	投资额（亿元）	所属行业
2013 年	4 月	丁丁网	联合投资额度不详	电子地图
		新浪微博	36. 69	网络媒体
	6 月	快的打车	0. 63	生活服务
		Fanatics	3. 13	运动装备
	8 月	ShopRunner	4. 7	物流配送
	10 月	Quixey	3. 13	搜索引擎
		天弘基金	11. 8	金融
	12 月	海尔日日顺	15	物流
2014 年	1 月	中信 21 世纪	10. 64	信息服务
	2 月	高德地图	65. 43	电子地图
		TutorGroup	6. 26	在线教育
	3 月	银泰商业	53. 7	零售
		Tango	13	视频社交
		文化中国	50	文化产业
	4 月	优酷土豆集团	73. 2	网络视频
		华数传媒	65. 4	文化传媒
		恒生集团	33	IT 系统

历经 2013～2014 年的大规模投资以后，阿里集团的 O2O 布局在引流环节，有新浪微博、高德地图等企业，实力与百度相当；在转化层面有美团、丁丁、聚划算等企业，再加上淘宝、天猫巨大的市场份额和用户资源，阿里集团拥有腾讯和百度无法比拟的优势；线下消费方面，阿里集团有淘点点的合作商户和银泰商业；在用户反馈和留存层面，阿里集团尽管有新浪微博、来往等产品，仍然逊色于拥有庞大用户数量的腾讯。

5. 4. 3. 2　腾讯 O2O 产业布局

腾讯的 O2O 产布局是围绕微信展开的，目前已经形成“微信+京东+大众点评+微信支付”的 O2O 格局。

2014 年 3 月，腾讯入股京东，获得约 15%的股份，超过了刘强东个人持股。2014 年 2 月 17 日腾讯入股大众点评，投资 4 亿美元持股 20%。根据大众点评官网的信息，大众点评收录商家超过 800 万，移动客户端用户超过 9000 万，2013 年 O2O 交易额达到 100 亿元。此外，2013 年腾讯收购搜狗、投资滴滴打车，2012 年底腾讯还收购了团购网站高朋网等。

在流量入口方面，腾讯凭借微信已经成为了最大的 O2O 入口，这是腾讯最大的优势。在转化层面上，腾讯以前的问题是 O2O 市场份额低，服务品类不全。在生活服务类 O2O 领域中，百度投资的糯米网覆盖商家约 7 万，月交易额约 3 亿元；阿里投资的美团网覆盖商家约 10 万，月交易额为 17 亿元；腾讯投资的高朋仅 3000 万交易额，微信尚未公开其二维码覆盖的商家数量。2014 年 2 月，腾讯入股大众点评在很大程度上弥补了这一不足，大众点评为腾讯 O2O 产业带来了 10 亿元的月交易额。在线下消费方面，为了丰富生活服务类电商，腾讯基于微信支付推出了一系列商超 O2O 的合作。2013 年微信与深圳天虹商场、步步高等百货公司合作，2014 年初，腾讯入股华南城。2014 年 2 月腾讯与北京王府井签署协议，双方将基于微信公众平台商户功能、微信支付服务开展具体工作。用户购物时扫描二维码，绑定微信支付。在移动端电子商务方面，腾讯还基于微信平台开发了微生活、微购物、微信红包等应用。此外，腾讯还计划与美丽说和猎云网展开合作。在用户反馈和留存方面，腾讯凭借微信、QQ 等产品获得了最大的用户优势，而入股大众点评，使得腾讯在用户反馈这一环节优于阿里和百度。

5.4.3.3 百度 O2O 产业布局

百度 2013 年先后收购 91 无线、糯米网、PPS 等公司，更早的百度投资齐家网、安居网、去哪儿网。目前百度在基础层有百度地图，凭借搜索引擎、91 助手、去哪儿网、安居客的信息入口体系；百度在信息层积累了大量用户数据，尤其在对用户进行搜索喜好分析上，具有极大有优势；在用户层，百度将已有搜索引擎用户转换为 O2O 用户的能力还处于弱势。

在仔细比对阿里巴巴、腾讯和百度 O2O 布局之后，可以发现百度是散点式布局，偏向于根据项目布局，体系化比较弱。百度是中国互联网的流量的最大入口。截至 2014 年 3 月，在我国 6.18 亿网民中，百度搜索引擎占有率份额达到 58.76%。百度是流量汇集、分配的起点，而淘宝、京东则占据了流量变现的终点。凭借百度搜索引擎、百度地图以及二者留下来的巨量数据，百度在引流、转化和反馈方面拥有巨大的潜力。然而在将流量转变为实际消费方面，百度则远不如阿里巴巴和腾讯。2011 年 4 月，百度旗下 C2C 网站百度有啊被迫关闭调整，2012 年 4 月，百度与乐天合作的 B2C 电子商务网站乐酷天宣布倒闭。2013 年 3 月 31 日，百度微购上线，至今经营惨淡。在团购方面，百度旗下糯米网在团购市场份额方面排名第五，达到 4.51%。

百度拥有最大的流量入口和成熟的 IT 技术，但是缺乏将潜在用户转化为实际消费者的能力。在将流量转化为消费者方面，糯米网比起阿里体系中的聚划算和美团以及腾讯体系中的大众点评、高朋和微生活还相对不足。此外，百度还需要加紧在社交平台方面布局，聚集一批黏性较高的用户。

阿里、腾讯和百度的 O2O 布局对比，见表 5-6。

表 5-6 阿里、腾讯和百度的 O2O 布局对比

形式	阿里巴巴	腾讯	百度
引流	点评网站：淘宝生活、丁丁	点评平台：腾讯微生活	地图：百度地图
	地图：高德地图、丁丁地图	地图：SOSO 地图	搜索：百度搜索
	社交网站：新浪微博、陌陌	社交平台：微信、QQ	
转化	商户信息：淘宝生活、丁丁	商户信息：微生活	商户信息：百度地图
	交易平台：美团网、丁丁、聚划算	交易平台：大众点评、高朋、微生活会员卡	交易平台：糯米网、百度团购
	在线支付：支付宝	在线支付：微支付/财付通	支付工具：百付宝
	预订服务：淘点点	预订服务：微生活+通卡	

续表 5-6

<table>
<tr><th>形式</th><th>阿里巴巴</th><th>腾讯</th><th>百度</th></tr>
<tr><td>消费</td><td>美团、丁丁、淘宝生活、聚划算和淘点点的线下团队以及合作商户</td><td>高朋、微生活、通卡的线下团队以及合作商家</td><td>糯米网线下团队和合作商家</td></tr>
<tr><td rowspan="5">反馈</td><td>点评平台：淘宝生活、丁丁</td><td rowspan="2">点评平台：腾讯微生活</td><td rowspan="3">团购平台：糯米网</td></tr>
<tr><td>社交平台：新浪微博、陌陌</td></tr>
<tr><td>团购平台：美团、聚划算</td><td>社交平台：微信</td></tr>
<tr><td>地图：高德地图</td><td rowspan="2">团购平台：高朋</td><td rowspan="2">地图：百度地图</td></tr>
<tr><td>预订平台：淘点点</td></tr>
<tr><td rowspan="2">存留</td><td>点评平台：丁丁、淘宝生活</td><td rowspan="2">社交工具：
以 QQ、微信为核心</td><td rowspan="2">无</td></tr>
<tr><td>订餐平台：淘点点</td></tr>
<tr><td>布局思路</td><td>以交易闭环为核心</td><td>以微信为核心</td><td>以搜索和地图为核心</td></tr>
</table>

电子商务使得传统零售和服务业由以卖家为中心转变为以买家为中心。线上线下一体化的实质是商家与用户沟通方式的转变。传统服务业须充分利用电子商务带来的新技术和新工具与用户互动，根据用户的需求改进自己的产品与服务。

5.5 其他典型模式

5.5.1 区域性行业电子商务交易平台发展模式

区域性电子商务交易平台是指面向某个区域的 B2B 交易形成的网上市场，通常是垂直的。区域性平台模式起源于大型批发市场的统一结算中心，是 B2B 交易信息化发展到一定程度的结果。区域性电子商务交易平台与电子商务产业带有许多相似的地方，不同之处在于产业带模式通常是由政府牵头，引入电子商务平台拉动当地企业电子商务化转型；区域性电子商务交易平台模式则是当地企业而迫于网上交易的实际需求自发形成的平台。产业带模式在技术上更加先进，在运营模式上更加成熟；而区域型平台则会衍生出更具特色的交易和流通模式，更加符合本地区、本产业的实际需要。区域型平台发展到一定程度后，也会有全国化、国际化和综合化发展的趋势。

例如，广西糖网是一家以现货交易和物流配送为发展方向的食糖批发市场，是 2003 年在原广西食糖批发市场的基础上改制重组的，其两大股东分别是上市公司和国有资产经营公司。平台最初只是提供统一结算和物流配送服务，平台已经整合社会仓储、运输、金融、质检等各种服务资源，建设起了全国范围内的食糖物流配送体系。截至 2014 年 6 月，广西糖网先后在柳州、南宁、广州、昆明、郑州、武汉、上海等食糖重要集散地设立四个分公司、五个客服中心。在全国主要食糖产销区设立配送仓点 140 多个，整合利用社会仓储资源 100 多万平方米，打造了“一个中心，八大区域”的食糖物流配送服务体系。广西区内 95%以上的制糖企业集团以及国内 80%以上食糖经销商均已成为广西糖网的客户，涵盖全国 20 多个省、市、自治区的物流配送体系基本实现了食糖网上交易，就近提货的功能。

区域性电子商务交易平台提供的服务更加贴合本地本产业的网络交易的实际需求。

5.5.2 众包电子商务发展模式

众包又称为网络化社会生产，是指把过去由员工执行的工作任务，以自由自愿的形式外包给非特定的大众网络的做法。在国内，众包电子商务也被称为“威客”。

人人快递是由四川创物科技有限公司开发的快递众包电子商务平台。人人快递提供了用户根据自己的行程，随程捎带快件的服务，使得普通的社会公众可以成为“自由快递人”。人人快递通过新一代信息技术的综合应用，实现全程无纸化操作，GPS 全程跟踪，数据信息服务后台自动加密保存及信用卡（银联卡）绑定。

位于美国纽约的 Quirky 采用创意众包的模式，利用其在线社区收集并筛选人们的产品创意，并将创意转化成适销产品。该公司每周都会通过互联网挑选所提交的最好的产品创意，然后由 25 万名会员和其产品专家对那些创意进行微调。最终的成品则将由 Bed、Bath Beyond、Staples、塔吉特（Target）等零售商和 Quirky 自建网站出售，再向每一个参与到产品创意、评论、设计开发、营销等各个环节的用户分成。Quirky 专注的细分市场包括厨卫小工具、数码设备配件、儿童玩具、运动与旅行辅助装备等。从 2009 年创立至今，Quirky 已获得 9130 万美元的融资。

国内主要众包网站，见表 5-7。

表 5-7 国内主要众包网站

众包网站	定 位
猪八戒威客网	设计、文案、编程、策划、推广等创意服务平台
一品威客网	全免费威客平台，涉及领域：设计、创意、软件开发、营销推广等直接雇佣服务
智八星威客网	推广、设计、开发、网游等服务
全球设计网	设计外包
百脑汇威客网	为企业提供创意设计、策划推广、IT 网络、文稿撰写等智力服务平台
拍拍赚手机应用	基于移动互联网以众包模式为企业提供兼职劳务服务的平台，侧重于各种商业检查和消费者调研
任务中国	以设计、IT、文案、多媒体为主的综合类众包网站
中国赏金写手网	第三方文章、稿件代写平台
创易网	实现创意服务产品在客户与创意人之间进行交易
互帮网	原名“互帮中国”，中国最大的残疾人在线工作平台
精英 e 族网	涉外贸易类众包网站
导航威客	综合多方信息，帮助威客新手成长、防骗，威客接单技巧分享
K68 威客网	为企业提供装修设计、平面设计、LOGO 设计、创意、文案、营销策划、起名、网站建设等数字化工作
智库威客网	创意、设计、营销威客网站
5973 游戏威客	游戏推广服务外包平台
热狗悬赏网	同城任务发布平台
推我网	网络营销、软文等网络推广类外包平台

众包与其他电子商务最大区别是：在众包电子商务中，个人用户不仅是消费者也可以是生产者。众包将充分利用了社会剩余生产力，将快速发展并成为传统电子商务的有益补充。

5.5.3　C2B 电子商务发展模式

C2B 是电子商务模式的一种，即消费者对企业（customer to business）。C2B 电子商务先有消费者提出需求，后有生产企业按需求组织生产，一般模式为消费者根据自身需求定制产品和价格，或主动参与产品设计、生产和定价，产品、价格等满足消费者的个性化需求，生产企业进行定制化生产。

麦包包是浙江嘉兴的互联网时尚箱包的品牌。麦包包并不仅将互联网作为展示产品的平台，还把定制产品的功能加入到网站中，让消费者自己选择喜爱的产品，根据产品的订单安排生产，实现了产品的零库存。

IDX 爱定客定制商城致力于 C2B 电商领域，拥有多项专利技术，提供按需生产零库存销售模式，并拥有 O2O 线下体验店。爱定客的用户可以基于给定的鞋服模板，使用一个在线编辑器设计自己想要的产品，提交后由爱定客的柔性生产线为你定制生产。用户可定制的范围主要是颜色、材质、喷绘图案和个性化签名等项，从下单到交货整个周期只有 7 天。2013 年底，爱定客推出了线上开店系统，将自身供应链开放给设计师入驻并与设计师合作分成。

钻石小鸟创立于 2002 年，是比利时钻石高阶议会和国际铂金协会在中国的唯一网络战略合作伙伴。钻石小鸟的运营模式是将金刚石原石的照片放在网店里，同时附上形状、质量、颜色、净度、切工等等有关钻石参数的全部介绍。顾客选择了金刚石原石之后，再来选择喜欢的戒托或款式，按照顾客的需求，向上游供应商下订单，完成镶嵌，最后送达顾客。库存与实体店面这些成本的节约，让钻石小鸟在保持利润的前提下，可以将钻石饰品的销售价格控制到实体店面销售价格的一半。

True&Co 是一家于 2012 年 10 月份在美国创立的创业公司，True&Co 提供了一套算法来计算出女性内衣的大小，并引入 Amazon 的推荐机制，给女士推荐适合自己的内衣。True&Co 为登录到该网站的用户提供一套快速测试题，测试题包括身材、钟爱款式和品牌、尺寸和体重情况等，通过用户的答案计算出合适的文胸尺寸并推荐合适的文胸。这样用户就无需到实体店通过试穿选择文胸了。如果用户需要购买所推荐的文胸，那么 True&Co 会一次性寄去 5 件文胸，用户可以选择最适合的三件留下，然后将另外两件邮寄回去，往返运费皆有 True&Co 公司承担。

以上的 C2B 模式，用户都需要主动参与其中，个性化的产品生产使得上述 C2B 很难做到规模化。大数据技术则能在一定程度上解决规模化的问题。天猫商城基于大数据的生产线承包的会全程记录用户的搜索浏览、驻留时间、购物车、下单、评价数据等，同时联系用户的个人资料进行交叉分析、定点分析、抽样分析、群体分析。通过这些分析结果，对商品进行改造，还可以指导生产线不同季节的产量和不同地域的库存。这是一种用户被动参与的 C2B 模式，它既帮助厂家更好地满足用户的需求，也有助于帮助厂家减少库存、提升销量。基于大数据的 C2B 电子商务模式多种多样，具体而言，有三大类：其一是模块化定制，代表模式有 Ipad 支持的个性化雕刻和可口可乐支持的个性化标签；其二是群体调研定制，代表模式有小米手机和上汽的 MG5 极客汽车；其三是预售模式，代表模式有可以让用户从手机外观、手机硬件、手机服务、手机软件等几个方面进行设计和定制的青橙用户定制手机和可以实现由用户先定制方案再组织生产戴尔直销网站。

随着用户个性化需求的逐步增加，不仅 C2B 电子商务会广泛开展，而且其他类型电子商务也会融入 C2B 的理念和运行方式。在下一代电子商务中，商家会更加注重根据用户需求提供个性化的商品和服务。

5.6 中关村电子商务生态服务圈构建

电子商务生态圈是以开放型电子商务平台为核心，相互竞争、合作的电子商务产业环境，是开放的共赢的，把丰富、多层次的经济生态系统建立起来，向社会分享资源，鼓励共荣、无边界，不断优胜劣汰、自我创新的经济系统。

5.6.1 电子商务生态服务圈概述

电子商务生态圈是开放型电子商务平台在提供基础服务之上，协同各类生态伙伴，为海量消费者和商家创造出丰富多样的应用，为整个网络购物市场打造一个透明、诚信、公正、公开的商业环境，以便利和丰富社会大众消费，提升生活品质、进而带动线下市场和生产流通环节的共同发展。

5.6.1.1 电子商务生态服务圈的层次结构

电子商务生态服务圈与产业链不同，除基础的供应—交易—消费结构以外，还需为这个交易过程提供技术支撑和服务支持的第三方服务产业。电子商务生态服务圈是以电子商务平台为核心，包含围绕平台提供运营、支付、物流、市场营销和软件等第三方服务业的产业集群。此外，更外延的中介、教育、政府等机构和政策、法律、技术、舆论等环境因素也对电子商务生态服务圈产生影响，详情如图 5-8 所示。

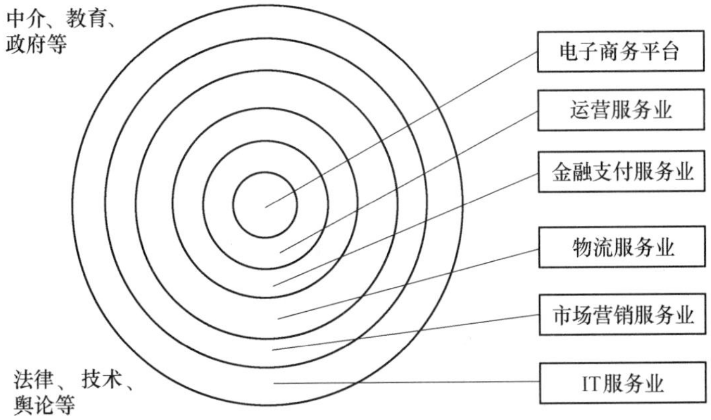

图 5-8 电子商务生态服务圈的层次结构

随着电子商务产业在品类上的扩展和对用户服务的加深，商户对于支撑服务的需求不再限于在线交易、物流、支付这些基本的功能，而是日益多样化和个性化。平台企业无法满足庞大而复杂的市场需求，产业集群中便延伸出广阔的第三方服务业市场。例如，在原有的电子商务产业集群中出现了生鲜农产品，会延伸出冷库仓储市场；随着打包发货数量的增长，会延伸出专业的印刷包装市场；随着商户对店铺美化需求的提高，会延伸出摄影美工、专业模特市场；随着客服需求的增加，会延伸出专业的呼叫中心。这些市场将第三方服务商吸引入电子商务生态服务圈以后，又反相促进原有产业集群服务质量和工作效率的提高。电子商务的社交化发展使得许多设计师和个人用户也成为了生态服务圈中的一分子。

为电子商务第三方服务产业包括软件服务、市场营销服务、运营服务、物流服务和金融服务五大领域，其细分领域和服务内容见表 5-8。

表 5-8　电子商务服务商

领域	说　明	服务内容
软件服务	工具类软件	满足商家店铺管理需求，如流量统计软件，自动客服软件等
	管理软件及系统集成	如后台进销存系统、ERP 等与网店系统的对接，独立外店系统、CRM 系统、分销系统等
市场营销	市场研究和咨询	支持商家进入电子商务所需要的市场研究与咨询
	营销推广	低成本地找到适合品牌定位的目标用户流量、包括直通车、营销众包（淘宝客）、搜索引擎、广告投放等
		吸引用户转化为实际消费者的店铺营销工具的手段
运营服务	摄影美工	如网店装修，商品拍照、美化，专业模特等
	客户服务	包括通过即时通信工具、电话等方式进行售前服务和报销、理赔、返修等售后服务，代表机构是呼叫中心
	分销服务	包括分销渠道建设、分销促销活动、渠道管理等服务
	人才服务	包括人力资源、人才培养和培训等
	认证服务	认证和评估商家和商品的资质
物流服务	物流基础设施	提供物流园区建设、管理的基础设施投资者
	物流咨询	提供流程、作业标准的服务提供商
	运输配送	提供运输、配送服务的运输、配送服务商
	仓储库存	包括各种仓库提供商和库存管理服务提供商
	物流信息	提供技术支持的 ISV 管理软件服务商
	印刷包装	提供包装材料、加工、售后服务的流通加工服务提供商
	物流金融	提供交割库、流通融资服务的流通融资服务提供商
资本服务	支付	提供各种支付渠道，以及分期付款等支付衍生类服务等
	金融	为电子商务活动服务的各类资本等
	信用	提供信用认证、评级等服务

5.6.1.2　电子商务生态圈的核心价值

电子商务生态圈的核心价值在于功能上的横向一体化和环节上的纵向一体化。生态圈中的企业之间共享信息，共同推广，并将共同遵守的标准向全社会推广。生态圈同时还担负着信任的传递，将生态圈内熟人的信息传递到陌生人。

电子商务生态圈为合作伙伴创造巨大的价值：

（1）分享网络时代的前瞻理念与价值观。在市场电子商务化的时代，了解用户需求比提高生产力更为重要，对市场趋势的把握和对于互联网思维的理解是极具价值的稀缺资源。电子商务生态服务圈可以攫取海量市场信息，调动圈内大量商家共同探索与实践，较早感知市场发展趋势，把握互联网精神内涵，从而在方向上领先竞争对手。

电子商务生态圈中各类角色的创新行为，沉淀和累积了大量的电子商务隐性知识，同时也预示着未来的发展趋势，这是网络时代的企业所必须要学习和掌握的商务理念与技能。电子商务生态服务圈中企业相互沟通、相互磨合，有助于合作伙伴在服务商家和消费者的过程中，有更多机会去快速学习该领域的隐性知识和行动技能。

（2）降低沟通成本。生态圈内企业共享信息，遵守共同的行业标准和运营流程，可以降低供应链中因沟通和对接产生的成本。生态圈内企业在长期的相互磨合中形成共同遵守的行业规则，使得供应链的运作更加顺畅。

（3）分享巨大市场空间。电子商务生态圈的核心平台通常由微信、阿里巴巴这一类拥有大量用户的电子商务企业承担，经由电子商务生态圈全面的技术支持和业务支撑，生态圈合作伙伴可快速推进自身解决方案的形成于实施，低成本地触及大量消费者和商家，分享巨大的市场空间。

5.6.2 电子商务生态服务圈的发展模式及趋势

5.6.2.1 自由市场中电子商务生态服务圈的构建模式

电子商务产业是典型的平台型结构，交易活动都是在某个平台进行的，这个平台通过一定的价格策略向双边或多边交易方出售产品或者服务，并促使他们在平台上实现交易。平台型企业推广阶段多靠免费为用户提供服务，建立稳定的用户群体，比如百度搜索、腾讯 QQ、安全卫士 360、网易 163 邮箱等免费服务。在获得稳定的用户群体以后，平台型企业开始依托平台推出收费服务，并且将平台开放给第三方。随着产业链不断延伸，电子商务平台运营商无法满足用户日益膨胀和多样化的需求，印刷包装、摄影美工、物流仓储等第三方服务企业纷纷接入电子商务平台提供专业化和个性化的服务。电子商务平台连接起价值链的各个点，蜕变成以平台为核心，开展与第三方服务商的大规模合作，形成生态服务圈。

控制产业链和享受协同效应是平台型企业构建生态系统的动机。就控制动机来说，对产业链控制的需求会使企业控制范围朝着纵向和横向两方面发展，促使企业向生态型发展。阿里巴巴集团利用支付宝解决第三方支付问题，并通过并购雅虎进入搜索领域，与九大物流企业共建菜鸟网络完成物流建设，实现“流量入口—交易—支付—物流”的纵向一体化。阿里巴巴以 B2B 平台为切入点，分别以阿里软件和阿里妈妈进入管理软件领域和网络广告领域，实现横向一体化。就协同效应来说，生态服务圈可实现规模效应、增强研发能力，为生态圈节约成本或创造价值。在我国，微软每创造一元人民币收入，与微软合作的其他企业就会创造出合计 16.89 元人民币的收入。

5.6.2.2 政府主导型电子商务生态服务圈的构建模式

随着国内电子商务经济的快速兴起和传统产业转型升级的迫切需求，一些传统产业成熟、电子商务产业相对落后的区域无法等待由自由市场自然形成电子商务生态服务圈，转而采用了政府主导型电子商务生态服务圈构建模式。

政府主导模式通常分为三个阶段：规划阶段、招商阶段和运营阶段。首先，政府邀请相关科研院所或行业中介机构针对本地区的区位、产业优势、网商水平等情况进行调研，并制定出战略规划，确定区域电商的发展方向和扶持方法；其次，根据规划划定电子商务园区和扶持政策，有计划地逐步引入电子商务平台企业和重要节点企业；最后，扶持和监管引入企业在本地区开展正常的经营活动，做好投融资、工商税务、政策扶持、生活配套完善等许多环节的保障服务。在之后运营中，这些电子商务平台同在自由市场中一样会产生对第三方服务业的需求，为当地仓储配送、印刷包装、摄影美工等服务业打开市场，自然形成电子商务生态服务圈。电子商务生态服务圈逐渐成熟以后，就可以为传统产业开展电子商务提供一站式的服务，降低当地传统企业电子商务化的门栏，从而推动整个区域产业的转型升级和经济的快速发展。

5.6.2.3 生态型企业将主导电子商务产业的发展

随着客户将需要更多的一体化解决方案，将进一步拉动产业链由单一线型向生态型进化，而且由于生态型企业具有良好的内部平衡能力，具有极强的自我调整和自我修复能力，抵御风险能力更强，以生态型企业为核心的产业生态圈将会是电子商务产业链未来进化方向。

一些企业通过生态系统与对手展开竞争已经卓见成效。微软生态系统的构建得益于Windows操作系统平台的强悍地位和庞大的合作伙伴数目，并支撑起三百多亿美元的市场规模。谷歌生态系统中的企业与谷歌的合作关系多种多样：有的为谷歌的产品提供服务，有的创造基于谷歌的平台运行的产品，有的谷歌产品协同工作。得益于庞大的合作伙伴生态系统，谷歌的安卓操作系统已经运行在超过10亿台智能移动设备上，2014年第一季度，Android平台已占全球移动广告流量来源的42.8%。2013年京东网站注册用户超过1亿，供应商超过14万家，拥有13大类数万品牌超过700万种商品，日均订单处理量超过100万单，网站日均页面浏览量超过2亿。凭借其B2C电子商务平台优势，京东商城通过吸纳合作伙伴将其业务扩展至自营电商以外及其延伸服务市场。京东的生态服务圈已全面涵盖了个人零售购物、个人生活服务、互联网金融、智能物流、以及云计算和大数据等IT服务。产品和服务的内容提供商、电子商务服务商和消费者是以京东为核心的生态圈中的三大群体。京东商城、京东物流、京东金融和以京东云为代表的科技创新平台是京东生态圈的四大平台。网银在线、京东宙斯、京东白条、京东通信、京东云鼎等是生态圈中的工具和资源，为平台的成员服务。

电子商务生态服务圈是电子商务平台化发展到一定程度的必然结果，其实质是提供渠道和基础信息服务的电子商务平台与各种功能提供商的分工合作。电子商务生态服务圈对于推动区域产业升级和经济发展具有巨大作用。

5.6.3 典型的电子商务生态服务圈

电子商务生态圈的形态多种多样，这些产业圈可能基于某个环节，某个细分市场，甚至某个营销渠道。下面以基于信息服务、基于社区便利店和基于硬件的这三种电子商务生态圈为例，描述典型的电子商务生态圈的结构（见图5-9）。

5.6.3.1 基于信息服务开放平台的产业生态圈

由于精准营销、供应链协同、库存控制、互联网金融等新需求，基于云计算和大数据技术的信息服务开放平台成为综合性 B2C 电子商务产业生态圈形成的核心动因。这种产业生态圈的核心是信息服务开放平台，其次是各种数据和信息服务的提供商，更外围的是基于这些数据和信息提供各种功能外包的服务提供商，包括营销战略、信用等服务，最外层则是购买和反馈这些服务的商户。

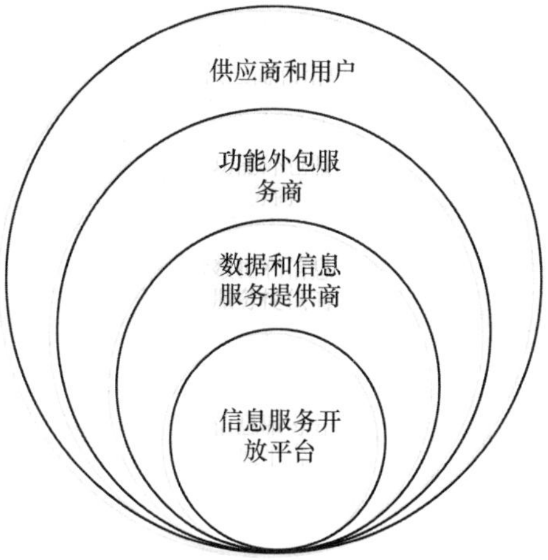

图 5-9 基于信息服务开放平台的产业生态圈

信息服务开放平台为用户提供商品管理、会员体系、交易流程、支付功能、物流信息、信用评价、营销推广等核心电子商务服务，以应用程序接口的形式对第三方合作伙伴开放，帮助他们开发、定制、推广更专业，更个性化的电子商务服务和应用，更好地服务生态圈中的商家和消费者。

以京东商城为例，综合型交易平台需要复杂的供应链系统、配送系统、售后服务系统等作支撑，所有这些系统的开发都依赖京东的私有云平台。作为特大型电商网站，京东商城的促销活动所产生的高工作负荷对 IT 架构、运营团队等方面产生巨大冲击，采用云平台综合调配各部门与合作伙伴的各种资源是最好的解决方案。事实证明，京东私有云架构在 618 店庆等大规模促销活动中经受住了服务压力。京东已经推出了京东宙斯、京东云鼎、京东云擎、京东云汇、京东云峰等云计算解决方案，向合作 ISV 和个人开发者，提供京东系统开放接口、服务交易市场、电商应用云托管平台、应用开发云平台、社区生态环境等电商云服务，初步形成了一个完整的电商云服务链条。2015 年，京东将开放电商业务的全部资源和能力，以云的形式向全产业链各个环节提供京东云服务。

大部分信息开放业务规模庞大。以阿里云为例，现阶段 TOP 开放 API 达 200 多个，涉及订单、宝贝、用户、淘江湖、旺旺等，为合作伙伴提供了越来越大的商业想象空间，API 调用量日均 4 亿开放形式自由是基于业务型的综合开放平台，将业务尽可能地开放形式最为自由，限制最少，不限言语；不限平台，支持浏览器、桌面；不限使用场所，鼓励和支持外部网站使用 TOP 服务。

作为一个信息形成和分享的平台，平台既需要管理平台内所产生的原始数据，还需要广泛分享加工后的信息。信息服务开放平台应遵循两个大的原则，即原始数据、产品和服务分层次开放，涉及消费者个人或企业隐私数据绝对保护。以阿里巴巴信息开放平台为例，平台内开放数据的有以下三个层次（见图 5-10）：

（1）原始的基础数据，实行免费开放策略，如宏观数据、最新消费数据。

（2）简单分析后的标准化产品，以数据魔方、量子统计等产品形式实行商业开放。

（3）面向高端用户的专业数据产品和服务，由合作伙伴第三方分析机构提供。

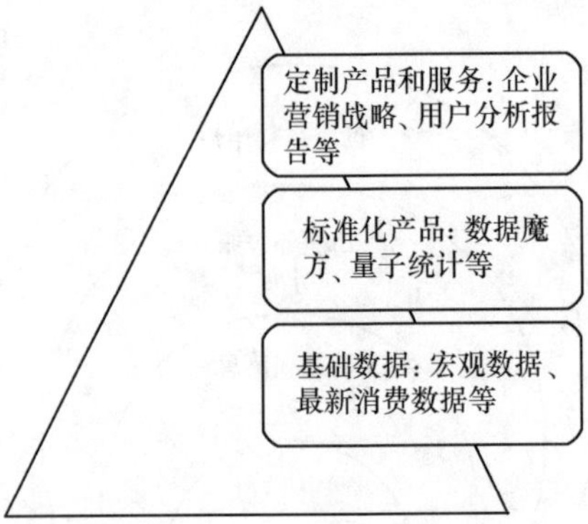

图 5-10 阿里巴巴信息开放平台数据开放的三个层次

2013 年，天猫启动了数据共享计划，将天猫累积的行业数据分享给厂商，从价格分布、消费者需求、增值卖点来指导厂商的研发、设计、生产。此外，阿里巴巴的平台服务还开始与金融、物流、法律、IT、营销等外部机构合作，为用户提供更丰富的细分服务。

5.6.3.2 以社区便利店为核心的 O2O 商业生态圈

随着生活方式和消费结构发生变化，消费者的需求也逐渐便利化。正是因为便利功能的深化和提升，使得便利店成为电子商务行业打造新型 O2O 电子商务生态圈的核心之一。这种生态服务圈一方面为便利店吸引客流、提供利润分成，另一方面也为入驻其中的电商、金融、民生服务、票务等服务商打开销售渠道。

拉卡拉依靠社区店铺，结合线上电商、金融、支付、生活业务，通过开店宝平台，正在布局其 O2O 商业圈。除已经推出的 POS 机、手机刷卡器、充电宝刷卡器、收货宝、生意通等产品外，拉卡拉还通过对各种客户资源和其他资源的整合，已在 230 多个城市开通了约 5 万个拉卡拉便利支付点，遍布在城区的便利店、超市、卖场和社区店中。

拉卡拉推出的开店宝是一款基于社区金融及电子商务平台，除了传统的 POS 支付功能，该设备还内置了在线商店，用户可以直接下单购买，商铺从中获得提成。开店宝具有自助银行、便民缴费、生活服务、电子货架、POS 收单五大功能让居民在其周边的社区店即可完成汇款转账、信用卡还款、保险购买、特价商品购买、火车票飞机票订购、水电煤费用缴纳等生活所需的一站式电商和金融服务模式。开店宝主要针对社区商铺，用户可以在开店宝的在线商店中购买商品并完成支付，社区商铺负责待收货，买家再从社区商铺取货。在线商店中包括 3C 家电、数码、红酒、生鲜等品类的产品。开店宝主要满足社区大部分年长用户或不方便上网购物的用户需求，用户可以通过开店宝完成选购、支付和收货流程，对社区商铺而言，可以从商品利润中获得一定提成。此外拉卡拉开店宝还集成了信用卡还款、转账汇款、公缴费、购买彩票、电影票、打印周边商户优惠券等便民支付功能。拉卡拉在线商店中的商品都是由生产商或代理商发货，并没有接入第三方电商。

拉卡拉全国 300 多个城 7.5 万台社区便民公共终端，将用户扩展到了 5000 万，拉卡拉手机刷卡器活跃用户 145 万，出货量为 200 万台，其中移动支付端的用户六成从地面用户转化而来。拉卡拉还计划将其商户收单市场的 200 万家商户将转化为便利金融用户。

顺丰基于社区便利店的嘿客模式提供了一种用户体现更加丰富的虚拟购物方式。嘿客在入口橱窗摆放样品，满足用户线下体验，同时在店内的海报、二维码墙放置虚拟商品，通过手机扫码，直接跳转到品牌商的移动商城中。通过顺丰打造的自有电商平台，商家可直接从线下返回线上，从而完成反向 O2O 的开放平台入驻模式。未来，用户可以直接享受在顺丰电商平台下单，并享用顺丰宅配或者便利店自提的便捷服务。此外，顺丰还在其门店提供包括退货在内的多种售后服务。除了商品展示功能外，顺丰店还增设了更多的体验场所，如数码、电玩产品的互动专区，顾客在顺丰店里甚至可以打游戏。同时，顺丰新店还提供物流、广告展示、虚拟销售、预售、试衣间等多种服务。顺丰在快递物流领域运营多年，有大量的用户和数据基础，但是想要在零售行业为用户提供更多的产品和服务，还需要提升管理运营能力与入驻生态圈的其他运营商展开更加紧密的合作。作为实体便利店，顺丰嘿客虽然提供了丰富的用户服务，却因为缺乏实体商品造成了其便利性的缺失。

小区无忧是定位于碎片化生活服务的社区移动平台。其商务模式是邀请小区周边商家及个体生活服务业从业者在平台上注册信息，为用户提供小区生活服务信息检索、匹配、支付和小区周边配送服务；其盈利模式向商家提供推广和展示的同时从商家订单流水中收费。小区无忧的内容板块共四块：小区送、上门易、享周边和个人中心，向家庭用户提供餐饮宅配、家政服务、电器维修、教育培训等 100 多个服务类别。“小区无忧”完成 A 轮 2000 万美元融资，公司核心团队近百人，地推员工近 1000 人。“小区无忧”在全国范围内已开通 56 个城市，辐射 28 万小区，注册的服务商家和手艺人近 100 万，生活服务需求日匹配量过万单。社区服务与电子商务平台合作需要一个共赢的基础。电子商务企业将用户群体开放给社区商家，从线上向线下引流，社区商家还须要想方设法为电子商务平台提供更多的价值，这种合作才能稳定下去。

5.6.3.3 以硬件为核心的产业生态圈

硬件产品虽然利润微薄，但是附着在硬件产品上面丰富的数字内容和巨大流量入口却使得硬件产品也可以成为生态圈的核心。硬件生态圈通常以硬件和操作系统为核心，用流量入口吸引各种应用软件和数字内容服务提供商入驻并分成。

小米构建产业生态圈基本模式是以手机为中心、MIUI 为软件+互联网平台，两者互相叠加带来规模效应。首先，小米手机带动辐射周边配件，包括小米盒子等硬件设备；其次，MIUI 重点构建“软件+互联网服务平台”，打造围绕小米手机为中心的生态圈。

MIUI 在全球拥有 1600 万用户，超 10 万人参与了 MIUI 系统开发。2013 年，小米应用市场排名我国前五大安卓市场，是用户活跃度最高的市场。小米手机硬件打开了 MIUI 生态圈最为重要的终端环节，1100 万台销量转换为直接的 MIUI 用户，这种天然优势相比于各种安卓 ROM 更具黏性。2013 年 5 月发布的 MIUIV5 是小米构建手机生态链的重要步骤，至此 MIUI 围绕小米手机为中心的“硬件+软件+互联网服务”生态圈初步构建完毕。

MIUI 在 1.3 亿用户帖的反馈下，与上 10 万米粉共同开发，每周更新功能，这种自发的“极客”开发模式造就了一批互联网重度活跃者。在互联网的模式下，形成了日渐成熟的产品特点。MIUI 官方适配 36 款机型，网友自适配 143 款机型，MIUI 在其他品牌手机中得到了延伸，它将完成小米生态链最终的闭环，并将以此产生极大的市场价值。

在 MIUI 系统内，小米账号已和游戏中心、主题、云服务等功能相打通，小米应用市场超5亿次下载，涵盖了游戏、生活、娱乐等16类产品2万款应用，排名我国前五大安卓市场，是用户活跃度最高的市场。而小米游戏中心总下载超6000万次，日均100万次下载。同时，MIUI云服务已经储存了3亿张图片，20亿条短信，云服务每天新增350万张图片、2000万条短信。再加上米聊、米吧、小米分享等软件产品，小米手机生态链布局已经初步形成规模。

亚马逊是全球第一大在线零售商，2007年亚马逊推出了Kindle电子阅读器，并在上面出售图书、音乐等数字内容。近年来，亚马逊又相继推出了KindleFire平板电脑和FireTV机顶盒出售媒体、娱乐、在线游戏等数字内容。亚马逊正在依靠其电子书、平板电脑、机顶盒等终端设备在电子商务领域构筑硬件生态圈。

亚马逊的硬件产品价格低廉，其主要目的是通过后续的数字内容和其他产品创收。FireTV主要是一款流媒体视频设备，流媒体服务为其硬件产品带来巨大的附加价值。通过FireTV，用户便可观看来自Netflix、YouTube和Hulu的视频内容。该产品还可以获取亚马逊自家的Instant Video服务，并收听亚马逊、Pandora和TuneIn的流媒体音乐。此外，FireTV也可以充当一个平台，吸引开发者设计各种Android移动应用和游戏实现商业化，比如亚马逊应用商店。

为了吸引更多用户成为亚马逊数字内容的金牌会员，亚马逊不仅积极购买版权，还投资拍摄自制剧。亚马逊已经向优质的电视节目和电影投入了数亿美元资金。金牌会员可以毫无限制地观看他们最喜欢的电影和电视节目。亚马逊向金牌会员支付99美元的年费后，不但可以观赏流媒体视频，还可以享受亚马逊优惠的物流服务（不限次数的两日送达）。然而会员费并不是亚马逊最主要的收入来源，用户在购买亚马逊的硬件或成为亚马逊的金牌会员后，额外购买的商品和数字内容才是亚马逊最重要的利润来源。

2014年6月，亚马逊还将推出智能手机，并参与到实物电子商务的市场中。这款智能手机将融合3D显示功能和视网膜追踪技术，为用户浏览商品提供前所未有的用户体验。

鉴于电子商务生态服务圈对于拉动地区经济增长、产业升级和改善民生的重要意义，排名靠前的综合型电子商务企业应进一步开放自身平台和资源，与服务和内容提供商深度合作，逐步向生态型企业。

5.7 中关村电子商务创新发展模式分析

本章节主要分析中关村地区经济和技术条件较为成熟的电子商务发展模式，并试图推动电子商务发展所采取的政策倾斜提供参考依据。

5.7.1 中关村产业带发展模式引领B2B电子商务产业发展

产业带是指在特定区域内集聚生产设备、原材料、面辅料、设计、货运等各类以生产为中心的上下游企业，建立紧密的经济技术协作圈。产业带电子商务模式旨在推动趋于传统产业的电子商务化发展，是指地方政府主导，以线下传统产业带或专业市场为基础，构建在第三方电子商务平台上的在线生态圈。电子商务产业带首先依托于地方政府重点扶持的优势产业，借力政府优惠政策，进行资源整合，推动本土企业组团聚力，打造地域优势产业名片；其次引进电子商务产业链的核心节点企业，依托电子商务产业的信息资源，构建地域特色的优势品牌集聚区，区域产业打造高效的网络交易、流通平台；然后，以平台为核心拓展电子商务服务产业（为电子商务平台提供印刷包装、摄影美工等服务的企业）的范围和数量，打造区域性的电子商务生态服务圈；最终依托于生态服务圈成熟的服务体系，提高电子商务渗透率，完成整个区域产业电子商务化的升级改造。

电子商务产业带模式最早出现在2012年，催生产业带的动因有三点：一是国内电子商务经济体的快速兴起；二是国际经济局势压迫中国制造和传统产业集群亟待转型；三是企业信息化的发展推动B2B交易的在线化。2012年9月，阿里巴巴启动第一个产业带试点，2013年全年阿里产业带已达到142个，交易规模同比增长318%，截至2014年底阿里产业带将超过200个。2013年6月已经酝酿一年的慧聪产业带平台的正式上线，截至2014年8月，其产业带数量已超过50个。电子商务产业带已经成为传统制造业成长的重要驱动力。

在线产业带主要有4个主体，分别是电子商务平台、第三方服务商、地方政府、地方企业。其中，地方政府提供政策、场地、资金等方面的支持，享受税收增加、地方产业升级等收益；电子商务平台提供运营平台、站内流量、技术支持等，提升站内流量、成交额等；第三方服务商提供物流、支付、运营等功能性服务，产生利润；地方企业通过入驻产业带，打开销售渠道并进行电子商务化改造，详情如图5-11所示。

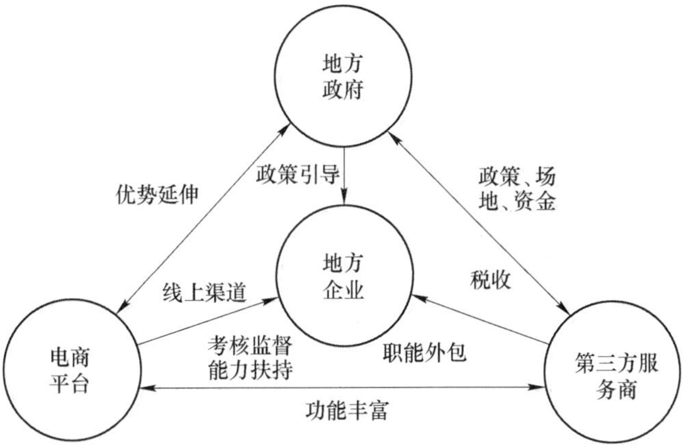

图5-11 产业带模式结构图

电子商务产业带呈现如下趋势：

（1）在线产业带数量增速将趋缓，但交易规模继续快速扩张。

（2）来自网络零售商的订单快速增长。

（3）B2B服务业更加完善，趋于专业化。

地方政府应加强对在线产业带的政策扶持，推动传统制造业入驻电子商务产业带，加快转型。同时发达地区地府应推动平台服务商进一步开放平台资源，以生态化的思路运营产业带。

5.7.2 传统产业、行业及企业电子商务化加速发展

随着我国经济的持续发展、网络运行基础条件的不断改善、网民数量的快速增加，我国电子商务应用快速发展，正由简单的电子交易向电子商务生态圈化转变。在电子商务的实践领域，电子商务规模急剧扩大，电子商务模式不断创新、分工不断细化，已经分解成

电子商务交易、电子商务服务和电子商务环境几个联系紧密、相互依存的新业态。电子商务模式的持续创新和新业态的衍生证明电子商务生态正在加速形成。电子商务的生态化将加快促进传统经济活动向互联网时代过渡。

5.7.2.1　基于产业集群构建完整电子商务服务体系

电子商务服务业是伴随电子商务的发展、基于信息技术衍生出的为电子商务活动提供服务的各行业的集合，是构成电子商务系统的一个重要组成部分和一种新兴服务行业体系，是促进电子商务应用的基础和促进电子商务创新和发展重要支撑性基础力量。

电子商务服务业面向企业和个人，以硬件、软件和网络为基础，提供全面而有针对性的电子商务支持服务，主要包括电子商务基础支撑服务业、信息技术系统服务业、电子商务衍生服务业及三个部分。电子商务服务业是以电子商务平台为核心、以支撑服务为基础，整合多种衍生服务的生态体系。中关村电子商务服务业的类型及代表企业见表5-9。

表5-9　中关村电子商务服务业的类型及代表企业

基础支撑服务业	交易平台	京东商城、当当网、慧聪、敦煌网
	物流服务	宅急送、“四通一达”、EMS
	金融服务	四大国有银行、京东金融、百度金融
	第三方认证	中国质量认证中心、中诚信、诚信通
	支付服务	拉卡拉、易宝支付、支付宝
	信息安全	奇虎360、金山毒霸、国富安
信息技术系统服务业	基础软硬件	MIUI、方正国际、联想、华硕
	信息系统	用友软件、金蝶
	大数据	星图数据、亿赞普、微软
	云计算	京东云、阿里云
	网络通信	移动、联通、华为、方正宽带
电子商务衍生服务业	广告传媒	新浪、搜狐、雅虎、中视传媒
	摄影美工	聚福天下、秀路文化、鼎盛九州
	人力资源	网梯科技、网商动力
	呼叫中心	华琪软通、天润、商能、融天科技
	运营外包	VIP私人定制、云拍档、绿百顺
	科研院所	中国电子商务研究中心
	管理咨询	易观国际、亿邦动力网

5.7.2.2　电子商务服务业推动传统行业电子商务化进程模式

传统行业电子商务化是商务信息化、智能化发展到一定阶段的必然结果，传统企业进行电子商务化改造是大势所趋。我国传统行业正处在电子商务化的起步阶段，由于电子商务服务业发展程度不同，东部电子商务化程度较高，中西部地区则较低。一个地区电子商务服务业的发展程度直接决定了当地传统行业电子商务化的进展程度。尤其是对于数量众多的中小企业而言，自营电子商务成本高昂，难以承担。成熟、完善的电子商务服务体系对推动传统行业电子商务化进程至关重要。

传统品牌商具有品牌知名度和通畅的供货渠道，但缺乏电子商务技术、运营经验、电子商务人才等。品牌商自营网上商城，成本高，缺乏成熟的电子商务运营团队和管理经验。因此，传统品牌商专心做好最擅长的商品设计和生产，将网络前端营销、品牌管理，后端IT信息处理、CRM、供应链等技术与服务支持外包给专业的电子商务服务商是最优的分工模式。

随着电子商务产业不断向纵深发展，其将成为传统企业的必备外部服务提供者。

5.7.2.3 综合型电子商务企业资源开放，构建电子商务生态服务圈

电子商务交易平台、物流、支付、软件、代运营等服务商共同组成电子商务服务生态，为产品和内容提供商带来丰富的信息、知识和客户等资源，有力地促进了整个体系服务水平的提升和服务领域的扩展，使得生态系统中商业业态走向多样化，并不断深化企业之间之间生态联系。

电子商务服务正在从简单的中介向平台服务为主转变，从撮合交易为主向营造交易环境和提供增值服务转变，电子商务服务平台的作用日益突出。特别是随着中小企业电子商务应用意识和需求快速成长，中小企业电子商务服务平台快速发展，电子商务服务业加速向电子商务平台聚合。电子商务服务促进传统企业电子商务应用、电子商务应用拉动电子商务平台，电子商务平台、电子商务服务业和传统企业三者之间的良性互动关系已经形成。

5.7.2.4 京津冀一体化背景下的传统批发市场转型

习近平主席在听取2014年2月的京津冀协同发展专题汇报时，明确指出"推进京津冀协同发展，要立足各自比较优势、立足现代产业分工要求、立足区域优势互补原则、立足合作共赢理念，以京津冀城市群建设为载体、以优化区域分工和产业布局为重点、以资源要素空间统筹规划利用为主线、以构建长效体制机制为抓手，从广度和深度上加快发展。"北京目前正面临着城市功能过于宽泛，城市建设过于臃肿，导致人口膨胀、交通拥挤、环境恶化、社会治安隐患增加一系列问题。北京是政治、文化、国际交往和科技创新中心，将北京劳动密集型和资源密集型产业或者产业链中低端的环节向天津、河北转移，则是解决北京市城市过大这一问题的有效解决办法，也能带动津冀两地的产业发展。

由于产业低端、人流量大、交通拥挤、占据土地等问题，使得新发地、大红门、动物园、木樨园、雅宝路等批发市场已经不适应北京建设世界城市的发展需求。2014年3月，西城区已同河北省发改委有关部门沟通研究，初步确定动物园批发市场向河北搬迁，而新发地、大红门等批发市场是否搬迁，则尚未确定。传统批发市场的转移要立足于京津冀协同发展，电子商务化转型升级。以动物园服装批发市场为例，服装产品批发的完整产业链包括贸易、展示、物流、营销、品牌建设等多个环节。服装批发市场转型升级应将仓储物流、线下交易转移出北京，同时通过网络媒体和电子商务的方式将贸易和展示环节从线下转移到线上，缩减其占据的空间和从业人员。北京电子商务服务业发达，批发市场与电子商务平台合作可以妥善地解决其转型升级的问题。动物园这种批发市场应被缩减成一座电子商务写字楼，其他环节则被转移到河北、天津等地。

批发市场产业转移应有计划地逐步展开：首先应推动批发市场内的信息化建设和统一管理，如建立统一结算中心和批发市场数据库及信息管理系统；其次应引入第三方物流企业，推进批发市场内商家的物流外包，如建立公共仓储、物流配送平台等；其三应建立批发市场电子商务服务平台，通过自建网站或者集体入驻第三方平台的方式推动市场内商家

开展电子商务业务，完成电子商务化升级改造工作；最后，应在河北、天津建立相应的物流园区，将市场内的仓储、产品展示、运输配送等职能统一外迁，将原地址商户迁入电子商务特色楼宇中。

5.7.3　自主品牌电子商务模式发展亟待创新

利用电子商务开拓市场或者转型升级是自主品牌传统产业发展的有效途径。自主品牌开展电子商务以简单的从线上引流的方式为主，是一种初级的电子商务模式，难以适应目前互联网经济的发展。网络零售线上渠道成阿里体系和京东腾讯体系两大寡头竞争格局，存在集中度过高的问题。自主网络品牌自建平台存在资金和管理上的困难，完全依赖这两大体系既导致同质化竞争又在产业链中缺乏话语权。传统企业开展电子商务还需要防止线上业务打乱自身线下业务体系的问题。由于线下销售的供应链更长，附加服务更多，线下线上价格难以统一。很多企业采取的方式是线上线下渠道销售不同品类商品，这种割裂自身线上线下市场的模式是不利于其远期的电子商务化发展的。

对于决策者，自主品牌电子商务的发展既可以改善民生又提升了产业的附加值，引导其健康发展：首先要打通渠道，避免大型电子商务平台营运商垄断市场，同时减少自主品牌开通线上渠道的成本；其次是要加强对于对本地产业的监管，建立良好的区域品牌与口碑。

随着电商产业的迅猛发展，网络零售的同质化竞争日趋严重，靠折扣吸引来的用户对品牌并不忠诚，同时价格竞争对成本的压迫还造成了商品品质和服务的下降。一批不满足于廉价商品的自主网络品牌电子商务企业正在崛起，他们承载着新技术、新理念，结合广告传媒、实体店面、线下活动、网络社交等多种营销模式的在垂直领域精细化运营的。小米手机、雕爷牛腩、黄太吉、锤子手机都是这一类企业的代表，其商务模式上的主要特征归结如下：

（1）品牌区识别度强。这一类品牌通常会针对某一特定细分市场和用户群体，其产品的定位精准而且稳定。

（2）社交化营销。利用网络社区、社交媒体、线下活动等方式发布话题、新闻事件，与用户交流互动，构造文化氛围；采用“饥饿营销”、“口碑营销”等互联网化的营销方式激发消费者的购买欲望，通过网络媒体、社区、电商平台、移动端应用等从线上向线下引流。

（3）深度服务。通过用户定制、互动反馈、网络社交、大数据分析等方式获取用户需求，并据此改进产品和服务；利用物联网、云计算、大数据等新技术增强产品展示、消费、支付等方面的便捷性、娱乐性。

（4）敏捷性供应链。产品会频繁地更新，生产采取小批量，多频次的供应策略，仓库存货量较小。

这些营销手段和服务方式，总结起来就是“以用户需求为中心”。电子商务使得这些企业从把自己的产品和服务卖出去转变成针对消费者的需要，提供产品和服务，其核心是非标准化和用户反馈。

案例 5-1：玛萨玛索的品牌建设建设

玛萨玛索（Masa Maso）是北京九合尚品科技有限公司旗下的男士高档服饰品牌。2008 年 9 月玛萨玛索正式运营，2013 年 3 月玛萨玛索完成 C 轮融资，数额达数千万美元。

6年来，玛萨玛索凭借其精准的产品定位、深度服务和快速反应的供应链成为全国成长最快、最具代表性的网络男装品牌之一。

玛萨玛索具有精准而稳定的产品定位，品牌识别度强。玛萨玛索同时对欧洲的流行趋势和我国消费者的需求保持关注，并构建了自己产品设计体系。玛萨玛索70%的应季产品是原创的，其设计团队经常去米兰时装秀、意大利时装展等世界一流的时装展采风。玛萨玛索还通过用户点击，浏览、收藏、购买等数据对国内用户进行分析以改进产品。其次，玛萨玛索对于服装品质的保持严格地把控，不靠压缩面料、做工的成本参与价格竞争。

深度服务使得玛萨玛索拥有稳定的用户群体。比起开发新用户，玛萨玛索更加关注维护老用户。为了对老用户进行深度服务，玛萨玛索从用户沟通、精准营销、物流配送多个方面着手整合资源，提升服务品质和客户体验。玛萨玛索在微信、微博等多个社交媒体中都开设了公众号，适时利用"放鸽子"、"光复单身"营销事件营造社交氛围。为了与用户开展深度沟通，玛萨玛索还开辟了专门的会员绿色通道营造归属感。在精准营销方面，玛萨玛索通过数据，分析不同层级的用户需求，再进行针对性的电子邮件营销。提升用户体验方面，玛萨玛索通过数据分析和用户反馈，进行的三级页面改造，使单一品类商品的转化率提升20%。玛萨玛索还曾将所有引发退换货的因素，集中列出，逐一优化。在快递方面，玛萨玛索也会选用优良的包装，并且与服务品质最好的物流公司合作。玛萨玛索的用户复购率达到70%，同类型电子商务企业中最高的。

在供应链方面，玛萨玛索选择了快速反应的策略。敏捷性供应链最大的弊端在于分摊到单价商品上的物流成本较高，最大的优势在于压缩库存。在传统的服装行业，供应链流程长、环节繁琐、从生产到销售时间跨度在三个月到半年。由于产销比过低，库存占压资金，提升成本，于是服装行业的毛利率不得不高位运行，有的甚至能达到80%，企业净利率微薄。电子商务最大限度缩短了用户与生产的距离，最快时间掌握用户需求。玛萨玛索尝试在大数据系统和人为预测的基础上实现多批少量的生产。小订单的模式虽然单件的平均生产成本稍高一些。但是资金占用率低，库存量也会大大降低。玛萨玛索的平均采购频率一年在12次以上，订单规模只相当传统企业的十分之一。玛萨玛索的库存系统不断监视每个单品的库存量和出货速率，根据每天的销售情况来控制生产速率。系统会根据用户行为、产品销售进度以及其生产周期随时发布及时调整生产和销售策略。现在，玛萨玛索产销比达到了85%，而行业平均水平仅在50%左右。库存减少，资金使用效率提升，降低企业的成本，使得玛萨玛索的零售价仅有传统渠道的三分之一。该系统还大大提升了玛萨玛索的数字化仓储月库存的自动化程度。玛萨玛索的拣货员拿到拣货单后不是订单摘果式拣货，而是将十个订单经过汇总，统一把货都拣到推车中。系统会自动提醒或量少于30%的商品补货，并告诉补货员补货数量。玛萨玛索仓储和快递整体运营成本10%左右。

在销售渠道方面，玛萨玛索即有自建商城，也在京东、淘宝、唯品会等电子商务平台开展合作。利用互联网的渠道，压缩了传统线下供应链的加价率，提高了性价比。2010年5月，玛萨玛索在北京世贸天阶开设第一家线下体验店，并在两年之后关闭。究其原因，实体店虽然做到了盈亏平衡，但是实体店对线上零售的转化率较低，交互度也比较低，背离了玛萨玛索从线下向线上引流的初衷。

案例5-2：黄太吉煎饼的O2O深度营销与服务

黄太吉是位于北京建外SOHO西区的一家20平方米的煎饼铺，2013年8月，黄太吉估值达到四千万元。与餐饮行业不同，黄太吉利用了几乎所有社会化媒体平台营销，包括微博、大众点评和还有微信、陌陌等即时通讯工具。

为了吸引用户和提高用户黏性，黄太吉一直致力于制造文化氛围和分享环境。首先，黄太吉利用微信、微博等媒体来制造新闻事件或者话题来引发大家的关注和讨论。作为一种吸引流量的手段，这些话题迅速地在社交网络上扩散，引发网友的讨论。黄太吉积极地与用户交流互动，建立了稳定的核心用户群体；其次，黄太吉利用精心设计的摆设、标语激发消费者兴趣，以此鼓励消费者发布微博分享就餐经验，让消费者在无意中宣传和推广黄太吉。这些创意和分享的元素使得黄太吉在微博上迅速传播开来；其三，为了建立一个分享的环境和氛围，黄太吉提供免费无线上网服务，用户可把用餐经验快速地分享出去。

在产品改进方面，黄太吉通过微博与消费者互动，收集用户的反馈信息改进和调整产品。黄太吉还推出了一些品尝、试吃的活动，比如“金榜蹄名”活动让用户试吃其猪蹄产品3~5天，根据食客反馈来调整口味。

在市场营销方面，黄太吉推出了限量限时、提前预订等类似饥饿营销的方式，在官微上还发起“最大订单”的竞赛，既增强了消费者的参与性，又促进了销售。在其宣传媒介上，黄太吉还利用了跟LBS结合的微信、陌陌等即时通讯工具，来订餐和推送促销信息。黄太吉在自身的推广过程中，还通过北京电视台的BTV美食地图节目，将影响力扩散到全社会。

在个性深度服务方面，黄太吉为用户提供停车方案，告诉用户门店附近可用停车场；在“双十一”为单身用户提供油条买一送一的优惠；在六一儿童节，黄太吉服务员扮成各种童话人物向用户赠送煎饼果子；黄太吉和温莎等KTV的官微互动，允许用户将黄太吉产品带进KTV享用。

黄太吉的经营状况良好，单店月收入旺季近100万元，淡季约60万元。2014年黄太吉计划把店面增加到20家，并开发出两条新的产品线，分别是潮流火锅店“大黄疯”和卤味外卖平台“来得快”。

黄太吉利用电子商务向纵深服务发展方式，见表5-10。

表5-10 黄太吉利用电子商务向纵深服务发展的方式

O2O	领域	方式
线上	社交媒体	通过微博提供话题供大家讨论
		开通微信、陌陌、大众点评等社交媒体与用户互动
	传统媒体	BTV美食地图节目
	产品优化	产品测试、网上评论
	LBS	订餐和推送促销信息
线下	产品定位	中高端、白领消费者
	质量控制	仅直营，不加盟
		“金榜蹄名”等试吃活动改进产品
	市场营销	限量限时、提前预定
		“最大订单”的竞赛

续表 5-10

O2O	领域	方　式
线下	店内设施	WIFI
		有趣的细节设计
		具有流行元素的广告语
	增值服务	奔驰送餐
		停车攻略
		KTV 外卖
		光棍节、儿童节的赠品和线下活动
	文化氛围	带有附着力的话题
		关于外星人和史前文明的演讲

黄太吉通过网络向垂直纵深发展可以概括为：

(1) 建立线上线下的多渠道社交方式。

(2) 面向主要用户，塑造服务环境和文化氛围。

(3) 在经营过程中，综合利用各种新技术、新工具（特别是移动端和 LBS）。

(4) 积极与用户互动改进和调整产品和服务。

(5) 以用户为中心，着力方便用户，提升用户体验。

(6) 采用精品战略，制造稀缺效应。

传统产业利用电子商务转型升级以实现电子商务化是信息化和互联网发展的必然结果。电子商务是随着互联网技术、社会的发展及业态的改变，消费者在互联网平台拥有了更大的话语权，在与商家的博弈中，占据主导地位，也就促使了消费市场由原来以企业为中心过渡到以用户需求为中心的新趋势，也就自然的推动传统线下实体商业模式必须适应以互联网用户需求为中心的延伸及产业的正常升级。从供应链的角度上来讲，新兴电子商务渠道与传统渠道相比，可以以更低的成本、更好的质量、更快的速度来满足客户的需求。电子商务化的运营模式逐渐替代传统运营模式是历史的必然。

消费者接受信息的方式是多渠道多样化的，线上线下存在较大的交集，而企业为了给客户提供从线上线下一体化的服务，最大化整合线上线下的资源和降低成本、提升竞争能力，打通线上线下用户信息，实现大数据的共享，为客户提供最便利的服务，最好的体验，最快捷的支付。同时利用线上的电商反向推动企业供应链的优化和管理，打造敏捷供应链，实现企业规模化及产业的升级，也必然促使企业必须打通线上线下 O2O 一体化融合。随着电商特别是移动电商技术深入发展，线上线下加速融合，渠道扁平化趋势和电商对线下市场的持续挤压，必然会倒逼并强力推动线下零售商务的电子化进程，加快传统企业电商化改造，线下加速融入电商市场，并推动 O2O 业态的发展，推动供应链、价值链、产业链及渠道、营销格局发生变化。

传统企业因无法及时适应和满足消费者的需求及主流消费模式的转变，导致其市场份额大幅被电子商务抢占，这一局面进而倒逼传统的商贸流通业通过互联网及 IT 技术结合线下的实体资源进行电子商务化改造。线下的实物体验、休闲、娱乐、餐饮等的需求及对于面对面直接社交的需求是线上所不可替代的，只有二者进行结合才是最符合现代商业发展形态的。因此，线上线下将通过不断的磨合和互补，达到“均衡”的状态，并将作为完整的客户服务体系长期存在。

案例 5-3：联想的电子商务发展历程

联想成立于 1984 年。1999 年联想发布了针对其全国分销商的电子商务系统。2008 年 3 月联想发起了“中国电子商务服务联盟”，并宣布从智力支持、产品服务和伙伴协作三方面支持中小企业电子商务的发展；同年 7 月又联合阿里巴巴、英特尔宣布进一步推进中小企业电子商务发展的“助力中国”计划。2010 年，联想第一次用移动互联的模式解决传统店面的问题。2011 年 11 月，联想发布电子商务诚信体系。2013 年 11 月联想电商接入微信生态圈。联想建设电子商务经历了三个阶段：首先是建设企业核心业务信息管理系统和电子商务网站；其次是协助其供应商和分销商接入联想的电子商务系统，并共同构建了客户关系管理、供应链管理和产品研发管理三大系统；最后，联想开始入驻综合型电子商务生态圈。

联想的客户关系管理系统（CRM）构筑了客户信息数据库，建立了各不相同，又与每一个用户保持一致的界面。通过 CRM 产生的每次访问（包括 Web、电话和现场）都会被记录下来，用以分析它的使用需求和访问习惯，以便于个性化地定制产品和网页：企业不同部门的人对用户的拜访也被记录下来，用以了解用户全面的需求和心理；客户的咨询服务会被自动转接到相关人员，而且此人能够立即获取已购设备的用户以前的服务和维修记录，便于向客户解答；同时系统会分析该用户需求和偏好，帮助客服人员提供有针对性的服务。联想的供应链管理系统（SCM）使得代理商可以通过 Web 了解到当前产品的供货周期、订单的执行情况、资金状况，而联想则可以及时了解各代理商的库存、销售情况，并进行统计分析。联想还利用 SCM 中的部分模块（I-order、I-credit、I-payment）为其他企业提供服务，推出了联想电子商务系统 APP。在产品研发管理（PDM）平台上，所有参与设计的人员都可以共享设计文档与信息，共同完成产品的开发设计工作。这一平台使得联想的用户和合作伙伴可以参与到产品研发的各个环节中，使产品从设计的早期就可以充分融合用户需求。产品的设计信息还会进入生产制造系统，与供应链上的采购、生产、销售、商务等各个环节连接起来，缩短新产品从设计到上市的周期。电子商务系统的实施，使得供应链能够协调一致，并且使得从设计到用户之间的沟通更加顺畅了。

上述方式只能对合作伙伴和少量核心用户的信息管理有效，无法涉及那些不具备信息化能力的县乡镇级别的店面以及绝大部分终端用户，移动互联网是解决这一问题的合适方案。通过与微信的合作，联想可以便捷地完成用户注册这一流程。联想每销售一台商品，都会在腾讯的服务器上得到一个二维码，其中包含了店面的编码、地理位置、机器编码等信息，用户可以用微信扫描这个二维码，完成注册。这个注册行为将线下的客户转变成了线上用户，将用户的信息与联想的数据库建立了链接。联想还在微信上建立了店面，如果客户对联想的其他产品有兴趣，系统会根据之前的关系，自动导引到线上商城。此外，联想还允许其经销商和员工开微信店，参与营销。联想要实现信息流、物流、资金流的一体化，微信是一个非常重要的媒介，因为微信不仅可以连接用户的信息，也方便与用户互动。联想至今已经积累的一亿多用户，通过微信完成社交化的升级是将用户转变为实际购买者的良好方式。

2014 年第 1 季度联想营收 104 亿元，同比增长 18%，其中我国智能手机市场份额 12.5%，位居第一，乐商店的总下载量近 83 亿次，茄子快传用户数过 1.8 亿，乐安全用户数过 1.1 亿。

案例 5-4：王府井百货的网上商城

早在 2007 年，王府井百货就开始探索线上业务，目前王府井百货计划向电子商务业务投资 1.02 亿元。截至 2013 年 6 月，王府井电商日均访客量 7000~8000，截至 2013 年底王府井电商日均 2000~3000 单，客单价 500 元，单量仅相当于一个大型的淘宝店铺。王府井商城推出的商品品类包括化妆品、服装及其配件、珠宝和日用品。模式以自营模式为主，价格较比京东、天猫等电子商务平台高，提供订单满 199 元免运费（京东满 59 元免运费、天猫免运费限价也在几十元左右）。在 IT 建设上，王府井百货主要与 SAP 以及 IBM 进行合作。在仓储方面，王府井网上商城自建了一万平方米的信息化仓储系统。王府井网上商城与其线下门店是割裂的，其本质是一个百货商场投资了一个电子商务项目，而不是传统企业的电子商务化。相比传统电子商务平台，王府井电商并没有比较优势。

在移动互联网方面，2013 年 10 月王府井 APP 正式上线，包括逛逛、导航、吃喝、玩乐、今日限时优惠、会员、泊车等 7 大板块。2014 年 3 月王府井百货实体店开通微信支付功能，2014 年 4 月王府井百货开通店内 WiFi，这一系列线上线下一体化的策略使得王府井百货向电子商务化迈进了一大步。但是仅仅利用 LBS 工具和在网上销售还是不够，王府井百货缺乏 O2O 带来的便捷购物环境和社交媒体带来的与用户间的互动。进而言之是缺乏一种聚敛强黏性用户的文化氛围和消费环境，缺乏通过消费者改进自身的意识，缺乏线上线下一体化程度，缺乏互联网化的营销手段。具体改进建议如下：

（1）设立专门部门经营网络社区，制造新闻事件、话题，并与用户保持互动，通过社交网络、线下活动等方式搜集用户反馈，并予以改进。

（2）提升门店内餐饮、娱乐等生活服务类产业的比例，以方便用户社交、提升用户体验和延长用户逗留时间为中心改进门店的设施和布局。

（3）增强线上线下相互引流能力，增加门店为线上用户提供线下服务的职能（试衣间、修理、退换货等），充分利用移动智能移动终端和互联网技术，提供便捷的购物环境和精准的信息推送。

（4）积极借鉴和利用微信红包、饥饿营销等互联网化的营销手段。

5.7.4 快递及物流终端配送综合服务创新模式分析

面向电子商务的快件物流及物流终端综合服务创新是推动电子商务产业发展的重要手段。目前由于用户时间不固定而造成的多次重复投递，物流网络资源的松散状况导致的快递配送效率低下等物流终端问题强烈地制约着快递物流的发展。目前解决这一问题的物流终端综合服务模式主要有三种：

（1）快递企业与物业的合作模式。快递公司通过与小区物业进行合作，其在小区物业内设立了“物业快递代办点”，小区物业提供上门派件服务和代为业主投递快递。这种模式通常只涉及收件和取件，不涉及支付、寄件等环节。

（2）建设社区自提柜（物流塔）模式。快递公司通过在小区周边安放智能货柜，使得用户可以通过密码、二维码等方式自己在智能货柜中取件。这种方式节省了大量的人力资源，但是由于目前国内智能货柜技术和服务尚不成熟，还存在运行费用高昂、技术故障、资源浪费等问题。

(3) 连锁超市（或者社区便利店等）与快递企业的合作模式。快递公司与连锁超市进行合作，将超市作为物流配送点，提供快件收发、自取等服务。由于连锁超市本身有POS系统，合作还能支持网上支付和线下支付。这种模式除了完成快递业务以外，还能实现上游企业拓展零售业务所需的用户体验功能和从线上向线下引流的目的。美国的第一大连锁超市沃尔玛正在尝试这种模式。

以上三种服务模式都在一定程度上解决了快递物流终端配送的问题，但是要想进一步提升快件物流的配送效率，终端综合服务还需要通过利用物流智能化终端设备，整合协调商业资源，构建物流信息化配送节点等方式融合物流、信息流与金融流，形成快件实时投放、刷卡支付、安全存放、适时提取“一站式”的服务体系，甚至实现线上线下相互引流，网订店取，线上反馈线下服务等功能，实现电子商务网上商城与线下实体店的一体化。

拉卡拉、顺丰优选、京东快递等企业都正在围绕快递物流终端创新服务模式。

5.8　案例解读

5.8.1　京东的零售“生态圈”布局

京东生态圈由京东商城、京东云、京东物流和京东金融四大板块组成，全面涵盖零售购物、生活服务、互联网金融以及云计算和大数据等IT服务。该生态圈推出的网上商城、POP平台、网银在线、京东宙斯、京东白条、京东通信、京东云鼎、京东快递等工具和资源，为京东自营供应商、第三方供应商、自主创业者、消费者提供优质服务，满足各方所需，形成良性互动，并不断吸纳新成员，使生态圈繁荣发展。

5.8.1.1　电子商务板块

2003年京东开始网上售卖现下存货；2004年京东多媒体网电子商务网站上线，京东业务重心向电商转变，开始以B2C模式在网上经营；2007年该网站正式更名为京东商城，前期商品主要集中在3C和家电产品，随着交易额不断增长（每年300%增长），于2008年开始增加类目并逐步开放平台。京东生态圈的布局开始于京东商城POP平台的建立和开放，自此第三方卖家可以进驻京东商城，获得京东商城规范的经营环境、庞大的客户资源、VIP推广的服务、优质的仓储和物流服务、进销存管理明细以及“京东帮”运营服务商的个性化电子商务产品及服务；消费者可以通过京东商城的开放平台购买到更加丰富的商品。POP平台开放后，陆续加入“京东团购”、“品牌直销”、“迷你挑”和“服装城”等频道，加入“虚拟产品”等分类。截至2013年底，京东POP开放平台共吸引2万家优质商家，涉足13个大类，700万种商品，实现年交易额1100亿元。

同时，京东还开展了移动电商、O2O、C2C、跨境电商等其他模式的电商业务。

(1) 移动电商方面：京东商城自2011年全面布局移动互联网，推出了覆盖iPhone、Android、iPad、Symbian、Windows Phone、KJava等平台客户端软件，上线了iPhone团购、电子书客户端，除了传统网页入口功能，还在移动客户端中陆续加入“条码购”、“语音购”、“拍照购”等功能，配合“一键购物”、手机支付等特色服务，极大改善了用户在移动终端搜寻、浏览和购买商品的体验。京东还借助基于3C厂商上游的资源优势，积极推进客户端软件捆绑合作，已经在多家著名手机品牌预装了京东商城移动客户端软件。2012年2月，京东商城发布国内第一个基于智能电视的电子商务客户端软件，率先进驻电视平台，京东商城集团与海信、TCL等电视厂商以及欢网科技，纬创资通合作，开发推出基于安卓平台的智能电视客户端，部分机型创新地利用电视遥控器数字键进行定位速选，用户通过智能电视可完成浏览商品、下单、查询订单、查看晒单、浏览商品评价等一系列购物操作，在家里能便捷地体验和享受网络购物的乐趣。2014年京东通过与腾讯股份合作获得了微信和手机QQ客户端一级入口资格及其他平台支持，迅速扩大京东商城在移动互联网上的规模。2014年5月，京东精选入驻微信平台一级入口“发现”，2014年6月手机QQ京东购物入口上线，用户可以在“QQ钱包”中进入“京东购物”页面。

（2）O2O方面：京东于2010年12月23日上线京东团购，主打实物团购，也涉餐饮美食、娱乐休闲活动等生活类团购。2012年5月，京东团购开放，与拉手、嘀嗒、窝窝、满座等团购网站达成协议，四家网站以“保底利润+分成”的模式入驻京东团购，成为首批入驻京东团购的第三方独立团购网站。这次合作有助于双方降低运营成本，在渠道和用户资源方面达到优势共享。2013年8月，京东将生活服务类团购改为京东自营；2013年12月京东团购改名京东惠，并以巨资买断形式进入生活服务领域，为开展本地生活服务类O2O做准备；随后京东于2013年11月尝试与线下实体店展开合作，与太原连锁品牌“唐久便利连锁店”进行线下合作，唐久便利店在京东商城开设售卖专区，用户下单后后台系统会自动匹配与用户所填地址最近的便利店进行送货。

（3）C2C方面：京东集团于2014年5月设立子公司拍拍网，正式进军C2C领域，拍拍网原隶属腾讯，积淀下十几万卖家和一整套成熟的产品技术体系。拍拍网对于京东的生态起到补充作用，通过布局C2C，整个京东集团的用户从目前占比较大的都市白领延展至大中专院校学生和四五线城市。同时，大量长尾特色商品、农副产品、生鲜和海外购商品等通过C2C平台可以丰富目前京东的商品品类。针对目前C2C领域“假货横行”、“广告费用高昂”、“竞争过度”等弊端，拍拍网在发展中将充分保障中小卖家的权益，确立了核心的两条原则：“坚决杜绝假货”和“更公平的流量分配体系”，调整商品搜索的排名规则，大幅降低销量权重，加入社交评价，用户好友评价的商品会在搜索中更靠前；同时加入商铺、商品服务评分权重，确保商家长期保持良好商品质量和服务水平。2014年，京东与上海、哈尔滨、温州、西安等15座城市的一万家便利店达成战略合作，包括快客、好邻居、良友、美宜佳等，为其提供的服务包括系统改造和对接、线上引流和线下品类拓展、渠道拓宽以及物流配送四个方面。在系统改造和对接方面，京东与ERP软件服务商SAP、IBM等签订战略合作协议，为线下实体店改造信息系统、商品系统、供应链系统、服务系统、支付系统以及会员体系，使线下实体店能够和京东进行全方位对接；在线上引流和线下品类拓展方面，京东搭建了PC/移动端O2O平台，线上为商家引入大量外部流量资源，同时通过开放京东采购体系的方式帮助零售业拓展线下品类；在渠道拓宽方面，京东与社交、地图、搜索、本地生活服务等主流平台深度战略合作，构建基于LBS的独立O2O频道与移动APP，引导客户完成全渠道购物，为门店提供基于LBS的大数据分析，帮助商家展开线下营销；在物流配送方面，京东构建了全国三级网络配送体系（已完成）、同城配送体系（已完成）和本地配送物流点对点配送体系，为商家提供一小时须送达、定时达、15min 极速达和上门体验服务等标准服务，以及保温（高温、低温）物流和逆向物流等增值服务。

（4）跨境电子商务方面：京东计划 2014 年内在俄罗斯和东南亚地区建立仓储体系，重点发展当地跨境电商业务。2014 年 3 月，网银在线获批跨境支付牌照，目前，京东正在探索一种“一般贸易+自营电商”为主的新型贸易模式，这种模式通过“大额贸易”的形式实现产品进出口，并在境外设立实体运营公司开展电商业务，实现本地化电商服务本地居民。同时建立本地化客服中心，提供本地退换货服务，与目前小额订单出口不同，大额贸易不仅出口成本较低，手续也相对简便。

京东商城积极开放平台，并在移动电子商务、O2O、C2C 和跨境电子商务等领域全面发展，京已吸引了大量商家进驻，形成的规模效应拉低了京东的运营成本，庞大的用户群和平台优势构成了生态圈的有利土壤，京东业务版图得以迅速向其他服务市场拓展与延伸。

5.8.1.2 物流板块

（1）三大物流体系。2007 年 7 月，京东建成北京、上海、广州三大物流体系，总物流面积超过 5 万平方米，同年 10 月份，启动移动 POS 上门刷卡服务，成为提供该服务的首家中国电子商务公司。

（2）自建“上海圆迈快递公司”。2009 年初，京东获得 2100 万美元融资，将 70%的资金投入物流建设，在上海投资 2000 万元人民币成立了“上海圆迈快递公司”，并陆续在天津、南京、苏州、杭州、深圳、沈阳、宁波等 26 座城市建立了自有配送站，北京、上海、广州三地共 3 万平方米的仓库扩大至 6 万~8 万平方米，仓储吞吐量得以提高，流水线及高科技作业设备也得到引进。

（3）物流服务升级。2010 年初，京东获得第三轮超过 1.5 亿美元融资，将 50%的资金用于仓储、配送、售后等服务能力的提升，同年 4 月，京东商城在北京等主要城市推出“211 限时达”配送服务，在全国实现“售后 100 分”服务承诺，推出“全国上门取件”、“先行赔付”、7×24 小时客服电话等专业服务。京东商城的服务系统稳步升级。

（4）京东物流服务的开放。2010 年底，京东物流服务随 POP 平台开放，第三方商家也可以使用京东物流来为其服务。

（5）亚洲一号奠基。2012 年 4 月，京东商城“亚洲一号”上海项目（一期）奠基仪式举行，在北京、广州、武汉等地也陆续启动“亚洲一号”项目建设，作为“亚洲一号”首发城市的上海项目（一期）总占地面积 120 亩（1 亩 = 666.67 平方米），总建筑面积超过 10 万平方米，项目将采用自动存取系统（AS/RS）、自动输送设备、高速自动分拣系统等自动化设备，打造自动化的电子商务订单处理中心。

（6）自营干线运输车队投入运营。2012 年 6 月，京东商城自营干线运输车队正式投入运营，实现了城市之间运输的自主性，提高了仓与仓之间的运输速度，是京东自建物流战略中的重要举措，从根本上完善了京东物流配送系统，解决了物流配送在运输环节中的各种问题，京东物流在运输能力、运输效率、投递精准性、配送服务等方面均大幅提升。

（7）物流服务二度升级。2012 年 8 月，京东商城正式推出“次日达”特色服务，范围覆盖华北、华东、华南、西南、华中、东北六大区的 150 个主要城市，满足不同消费者个性化配送需求和增强京东用户购物体验。

（8）开放物流服务系统平台。2012 年 11 月，京东向平台商家开放物流服务系统平台，京东物流向平台商家提供 7 项服务，包括 5 小时逆向上门取件、开放快递服务系统平台、第三方运单监控、账目核对、运输成本分析，2000 坐席的客户呼叫中心平台和专属商家顾问等。

（9）物流配送系统升级。2013 年 1 月，京东商城完成物流配送系统升级，代号为“青龙”的京东全新物流配送系统全面完成，该系统的完成助推了京东物流配送服务的顺利开放。京东“青龙”物流配送系统通过构建更为合理的业务流程，建造了更为高效的信息管理系统，实现了海量信息的处理能力，有效提升了配送人员的工作效率，不仅支持京东自营配送站和自提点的配送业务，还支持对外承接物流配送业务，有效扩大了京东现有物流平台的服务类型和范围。实现了配送站点收货、验货、配送员收货、配送等正向操作功能，实现了上门取件、上门换新等逆向功能；可以为消费者提供上门退换货服务，为第三方商家提供 5 小时逆向上门取件、货到付款等服务。同时，信息化、集成化、模块化设计原则的实现，也让京东建立起完整的、面向客户的管理应用新模式，使相互关联的业务模块高度集成，使自动化业务处理代替人工操作方式，该系统可拆分、组合的模块化设计，对未来多元化的发展和“物流云”业务的推出形成有力支撑。

（10）物流服务三度升级。2013 年 5 月，京东推出“一日四送”、“夜间配”和“极速达”等配送服务。同时，沈阳“亚洲一号”开工，截至 5 月份，京东在全国建设有 6 大物流中心，分别是北京、上海、广州、程度、武汉、沈阳，其中进展最快的是上海“亚洲一号”。

（11）物流业务展示及配送咨询服务。2013 年 8 月，京东正式上线物流服务的官方网站，向第三方商家及合作伙伴提供京东全方位物流业务展示及配送咨询服务。京东物流官网提供了物流政策介绍、配送网点查询、运费计算、合作加盟等信息外，并为第三方卖家及供应商开通了可直接登录京东青龙系统的端口，帮助合作伙伴进一步优化物流渠道，提升配送效率。

据京东 2014 年 4 月招股书显示，京东已建成 86 个仓库（总面积 150 万平方米）、分布于 495 个城市的 1620 个配送站和 214 个自提点，并拥有 24412 位快递员、11145 位保管员和 5832 位客服。

物流基础建设逐步完善，已建立起规模较成熟的仓储、物流、售后体系，特别是上海的“亚洲一号”项目，该项目建成的仓库是目前国内电商领域中面积最大、最智能化的仓库之一；物流服务不断升级，形成了 211 限时达、极速达、次日达、一日四送、夜间配等行业标杆物流服务；搭建良好的桥梁，与供应链上商家的信息系统进行对接，获得了较为理想的开放效果，为京东带来盈利的同时，使商家对京东高附加值的服务产生黏性。

5.8.1.3 金融板块

（1）收购网银在线。2012 年 10 月，京东商城完成对国内电子支付提供商网银在线的收购，摆脱了交易数据的泄漏隐患，加速了京东平台与物流、采购、第三方商户、买家之间的现金流转，缓解了资金压力。网银在线在后续京东申请小额贷款牌照以及与中行、工行等银行达成合作中起到了关键作用。

（2）上线供应链金融。2012 年 11 月，京东商城供应链金融服务平台打造完成，该平台结合京东商城供应商评价体系、结算系统、票据处理系统、网上银行和银企互联等电子渠道，为供应商提供融资和投资服务。融资服务包括：订单融资、入库单融资、应收账款融资、委托贷款融资。供应商向京东提出融资申请后，经京东核准递交银行，然后由银行（中国银行、建设银行等金融机构给予超过50亿元授信）放款，或者京东以自有资金为供应商提供融资。投资服务包括：协同投资信托计划、资产包转移计划等。例如，供应商通过京东“资产包转移”的投资业务可以将应收账款质押给银行融资，银行可以将此应收账款以理财产品的方式转售给京东或其他供应商来获得理财收益。京东供应链金融为供应商提前备货提供了强大的资金保障。

（3）设立小额贷款公司。2013年9月，京东在上海嘉定区向当地金融办提交了设立小额贷款公司的申请，并获得通过。小额贷款公司的服务对象主要是京东集团的自营供应商以及开放平台上的第三方卖家。

（4）供应链金融服务升级。2013年12月，京东正式上线了“京保贝”3分钟融资到账业务，该业务通过对京东平台丰富的采购、销售、财务等数据进行高度集成和处理来完成自动化的审批和风险控制，京东上万家供应商可凭采购、销售等数据快速获得融资，无需任何担保和抵押，有效提高了企业营运资金周转速度。京保贝上线首月放贷总额超过10亿元，并保持30%~50%月度复合增长率。

（5）获得基金销售支付结算牌照。2013年12月，京东旗下网银在线公司获得证监会颁发的基金销售支付结算牌照，并开始承接京东支付业务。

（6）上线个人用户信用支付产品。2014年2月，京东上线“京东白条”业务，该业务是互联网金融中第一个面向个人用户的信用支付业务。大众消费者和网购用户通过该业务可以享受“先消费、后付款”的信用赊购服务，京东在线实时评估客户信用，“白条”用户最高可获得15000元信用额度，并可选择最长30天延期付款，或者3~12个月分期付款等两种不同消费付款方式。

（7）上线个人用户的资产增值服务-小金库。2014年3月，小金库上线，京东小金库是京东金融集团为个人用户打造的个人资产增值服务，用户把资金转入京东小金库即线上购买基金公司的货币基金等理财产品，京东小金库首批引入货币基金产品为嘉实“活钱包”与鹏华“增值宝”，京东小金库内的资金可随时提现或用于京东商城内购物等个人消费活动。

（8）个人账户体系的完整闭环。2014年3月，网银钱包上线。网银钱包是基于网银在线的支付业务，在整个京东金融产业链中，网银钱包处于居中的位置，打通了上游的供应链金融和下游的消费金融，未来京东用户的购物付款、消费信贷、投资理财等业务都将整合在网银钱包里，从电商到金融，京东个人账户体系将形成完整闭环。

京东金融正逐步与生态圈其他环节相融合。对于消费者而言，京东金融产品融入购物的各个环节中，既有消费金融产品“京东白条”，也有理财产品“京东小金库”；对于供应商而言，京东供应链金融平台给予了供应商便捷的投融资服务。由于京东金融服务的获取需要消费者和供应商历史数据或相关凭证进行抵押担保，使有该服务需求的商家和消费者对京东产生了高度的黏性。

5.8.1.4　云平台板块

京东云包含JOS平台、云鼎、云擎、云峰、云汇、电商云和云存储等解决方案和云平台服务。京东云为商家开放了京东广告、营销、销售、仓储、配送等各环节系统的接口和数据分析功能，为开发者提供了各种便捷的开发工具和交流平台。

（1）JOS 开放服务。京东 JOS 开放服务上线于 2012 年 5 月，该服务是对京东信息系统的全面开放，开放范围包括类目、商品、库存、订单、配送等。该服务展示了京东电商云战略方面的布局以及京东开放战略的进一步深化，JOS 开放服务可以实现商家信息系统和京东系统的无缝对接，可以帮助商家进行店铺、销售、流量等方面的数据分析，业务数据的随时查看，以及各个联营环节的量化评估和考核。JOS 还面向独立开发者进行了开放，京东独立开设了开发者社区，涵盖开发文档、技术支持、产品展示交易区、需求论坛等内容，开发者可以便捷的看到应用需求和掌握商机。该服务的推出深化了以京东商城为核心的产业链生态系统，使京东可以更多、更好、更快地满足产业链对应用的需求，提升了产业链应用规模、水平、效率以及客户满意度。

（2）云存储服务“JBOX”。京东的云存储服务“JBOX”上线于 2012 年 7 月，该服务为京东商城电子书用户和金牌以上用户提供 5G 在线存储空间，用户可在其中购买电子书、上传音乐和文档等，该服务有利于京东电子书业务的发展和增强用户黏性。

（3）云计算研发基地。2013 年 1 月，京东商城在京正式启动云计算研发基地，并与人民大学成立“京东商城—中国人民大学”电子商务实验室，着力电子商务大数据的分析合作。

（4）云服务解决方案丰富。2013 年 6 月，京东推出京东云鼎、京东云擎、京东云汇三个解决方案。京东云鼎是电商应用云托管平台，可以为京东卖家、合作 ISV 以及其他合作伙伴提供电商应用的托管运行环境和京东电商数据开放服务；京东云擎是应用开发云平台，可以为中小软件开发者提供应用开发与托管、应用组件和运维服务；京东云汇是电商云参与者的一个社区互动平台，可为开发者提供交流学习、问题解答、代码托管等服务。这三个解决方案面向京东卖家、物流合作方、电商服务商以及个人开发者，为其提供京东系统开放接口、服务交易市场、电商应用云托管平台、应用开发云平台、社区生态环境等电商云服务，打通了电商云服务链条。

（5）京东云峰。2013 年 7 月，京东推出围绕移动应用客户端开发的全流程、闭环云解决方案——京东云峰，京东云峰可以为广大移动应用开发者提供各种便捷的应用开发云工具，将开发者的个人工具和工作平台移至云端，通过提供云推送、短域名、云分析、云测试等产品与服务，帮助广大开发者专注于业务开发和完善，提高开发效率和应用成功率，降低初始成本。

（6）“电商云”解决方案。2014 年 1 月，京东发布了“电商云”解决方案，该解决方案为传统零售企业、品牌商提供服务，内容包括三项：一是自有品牌商城，该解决方案可以帮企业建立自己的 Web 商城和移动 App 商城；二是多平台运营服务，该解决方案可以帮助商家统一管理多电商平台的订单与仓储配送；三是全网营销体系，该解决方案可以帮助商家整合全网营销资源。通过“电商云”，零售企业和品牌商可以建立自有品牌的电子商城和进行一站式多电商平台的统一管理与运营。

京东云将京东的信息系统与商家信息系统实现开放与对接，提供了多终端的商城方案、跨平台的订单和仓储配送管理以及全网营销资源；为合作 ISV 和个人开发者等提供了良好的开发环境，吸引第三方来帮助京东开发应用满足商家和用户多元化的需求。京东云的建立标志着京东产业链联营平台的进一步开放和成熟，加速了京东产业链管理水平的提升和规模效应的扩散，促进了整个京东生态圈的高速发展。

5.8.1.5 总结

京东生态圈布局的显著特征是：通过建立电子商务、物流、金融和数据服务四大平台，吸引了大批多品类供应商、辅助产品制造商、专业化基础设施供应商、金融机构、咨询培训服务商、研究开发服务商、标准制定机构的共同参与；构建了庞大的电子商务生态群落；形成了低运营成本、高用户流量、价格控制便利、社交系统独立、资源整合丰富的综合性竞争优势；满足市场在更大范围、更宽领域、更高层次的消费要求，和商家、消费者共同维系良性稳固的长久关系。为我国特别是中关村电子商务产业发展提供了较为成熟的电子商务生态圈模式参考。

从宏观政策来看，需要依据生态圈的不同发展阶段来促进其繁荣发展，对处于开拓阶段的生态圈，要调研了解各个种群的需求，探索有特殊生存力的新电子商务生态圈，促使它诞生并初具规模；对于处于扩展阶段的生态圈，要引导其推出各种有价值的产品和服务，扩充生态圈覆盖范围；对于处于协调阶段的生态圈，要通过完善规则，监管协调系统内各成员的关系，使系统向健康和谐的方向发展；对于进化阶段的生态圈，要为其寻找各种可能的出路，颠覆原来的网络技术、交易模式、盈利规则、消费方式，使其进化成一个全新的系统。

从行业发展来看，当当网、凡客诚品等中关村电子商务成长型企业，可以根据自身发展实际学习借鉴“京东生态圈”运营模式，通过自建或吸纳金融机构、软件服务商等第三方成员，在物流体系的打造、支付形式的整合、数据系统之间的深度对接、社交系统的构建等方面，推出更多契合市场需求的特色服务，满足供应商、消费者等越来越高的要求，形成强有力的黏性；电子商务的毛利率较低，电子商务平台作为电商生态圈核心企业，需要加大技术投入，为第三方企业入驻搭建好平台，通过整合系统成员力量和快速灵活组合资源，降低运营成本，并开拓市场，创造新消费点，逐渐在未来的竞争中越走越宽。

5.8.2 产业带模式

产业带模式引领国内 B2B 电子商务发展进程，推动了城市产业聚集区建设。

2012 年 B2B 行业网站年均营收为 1052.5 万元，年增速 9.7%，首次跌至个位数，从侧面显示出 2012 年 B2B 行业网站发展出现颓势；B2B 企业开始了新的探索，寻找新的转型方向，在该背景下 B2B 电子商务产业涌现出一大批产业带项目建设实施落地。

中国慧聪产业带是慧聪“服务买家”宗旨下推出的新型服务模式。它聚合慧聪网优质商家和货源，为卖家提供优质货源地资源、帮助卖家提升竞争力。同时，与政府部门合作，共同推进区域内企业的全面电商化，提升城市产业聚集水平，提高区域经济示范辐射能力。

5.8.2.1 产业带概述

传统产业带的形成是区域经济发展的一个显著特征。在产业带形成初期，企业区位行为受环境条件的影响，表现为向某一优势区位集中，进而发展成若干城市工业集中区。企业在运营过程中又由中心向外沿轴线扩散，这两种空间过程既相互推动又相互制约，便形成了产业带。产业带是一条带状的链条产业集中区域，是相关或相同产业的基地，在此区域内可以形成产业集聚效应，更好的壮大产业，资源也能更有效地利用和配置。

在线产业带是一种全新的电子商务生态现象，是传统产业带和专业市场在互联网上的一种映射和延伸。它汇集了生产厂家、渠道商、分销商、消费者、政府、第三方服务商等多种角色，帮助买家直达原产地优质货源，帮助卖家降低竞争成本，提升竞争力。

对于城市或地区的经济发展而言，产业带可以强化城市或地区的比较优势，突出特色块状经济，加快产业发展速度；有利于政府设立产业政策导向，推进产业集聚，培育具有竞争力的产业集群；促进资源整合集聚，提高资源集约利用水平；有利于产业创新强化，产业、科研、设计等合理布局，加快民营企业的创新发展；有利于产业共性关键技术研究；强化资源集约利用，转变经济增长方式，提高土地、能源利用效率，提高经济增长质量。

5.8.2.2 中关村 B2B 重点企业慧聪网建设产业带的整体情况

慧聪产业带项目将线上产业带与传统产业带进行了结合与创新，通过建设网上平台展示及交易中心、举办交易会和展销会、建设产业园等，实现线上线下联动，让虚拟交易和实体交易充分互补互动，打通行业中买方和卖方资源的透明度，利于双方实现对接，为B2B 的发展提供良性可能。同时，以生态化的思路运营产业带，集聚融合产业和各种生产要素，加快产业带升级，助力特色产业带全面电商化。

A 慧聪家电产业带在广东顺德市建设情况

以慧聪推动顺德家电产业带建设为例。广东顺德是我国家电之都，我国工业设计中心。慧聪网与顺德区人民政府本着促进家电产业转型升级，运用电子商务、工业设计等多种手段提升家电产业及产品国际竞争力的目标，于 2011 年开始就建设、运营“顺德慧聪中国家电电子商务产业园”展开磋商，即慧聪顺德家电城，并于 2012 年 6 月签订合作意向。

展开的合作内容主要有：一是慧聪家电产业进驻慧聪的线上产业带平台，由慧聪为顺德家电产业量身定制页面，凸显顺德家电行业的特色和优势，集中灌入站内流量，定期策划举办针对顺德家电产业带的营销专场活动；二是定期举办交易会和博览会，吸引国内外家电厂家、卖家、买家、工业设计等商家参展，通过举办大赛、讲座、论坛等联动家电上下游，加强家电交易、工业设计和电子商务领域的资源整合，形成优势互补；三是建设慧聪顺德家电城，集家电产业中心、产业综合体、国家级展会、电子商务四位一体，建立金融服务中心、通信中心、担保、法律、营销服务平台等各项配套设施，实现园区内部循环和上下游产业链无缝对接，全天候支持企业发展。

经过两年发展，三项合作都已取得良好进展：

首先，慧聪线上产业带平台于 2013 年 7 月上线，将顺德家电产业带列为特色产业带，并在 2014 年 3 月实现网上 3D 展览，交易会展品不仅可以在线下进行实体展示，还能够线上直观展示，市民只需点击鼠标，就可以进入网上绿色通道了解展会盛况。

其次，在交易会和博览会方面，慧聪在顺德已成功举办两次大型交易会和博览会。2013 年 8 月举办了“中国慧聪（顺德）家电交易会/中国顺德国际家电博览会”、“中国（顺德）工业设计博览会”三展合一展会。此次展会引入工业设计、电子商务等元素，整合家电企业需求，形成了一个可以循环促进的产业链，吸引了美的、万家乐、万和等近 1000 家家电厂家，六维设计、德国 designaffair 设计、荷兰橙创设计等 100 多家中外知名设计机构和 100 多家电子商务企业参展，全球共有 6 万多专业买家和观众到现场采购，成为亚洲最大的家电交易设计展。2014 年 3 月，慧聪举办的“中国顺德春季家电展暨中国慧聪家电交易会”吸引了近 1200 家家电品牌参与，展出家电新品近 2. 4 万件。专业观众到会人次达 10 万人次，带来约 60 亿元的交易额。

最后，慧聪顺德家电城的建设工作也取得了良好进展。慧聪于 2013 年 2 月拍得家电城用地，于 2013 年 4 月奠基家电城，家电城的展示中心于 2014 年 1 月对外开放，整个一期工程将于 2015 年年底投入使用，美的、海信科龙、TCL、格兰仕、万家乐等行业龙头企业已经确定进驻。

B　慧聪家电产业带对顺德城市建设和产业发展的影响

慧聪产业带项目对顺德家电产业聚集和发展起到了举足轻重的作用；

首先，其线上专属页面的打造、3D 展会的推出，以及线下展会的举办，推动了虚拟交易和实体交易的互补互动、推动了设计与制造的融合、电子商务平台分销商需求和制造的融合，提升了家电制造企业在上游消费者需求和下游研发设计中的掌控能力，缩短分销渠道，提高制造企业利润，带动了顺德家电产业及相关产业的发展，提升了顺德在国内外家电领域的影响力。

其次，慧聪顺德家电城建设项目一期工程完成后，对整个城市的意义和作用将更加凸显，顺德家电产业集聚和辐射带动作用将更加显著，金融、担保等相关产业将向家电产业集聚，从而推动整个家电相关产业发展和电子商务化。该家电城的建设预计为顺德带来超过 1000 家家电品牌企业和超过 500 家家电企业的销售营销总部入驻，年交易额将达 1000 亿元；家电城正常运作 2~3 年后，每年将迎来 40 万~50 万的人流；本地人才结构也将产生很大改变，可吸引近 5000 名高端人才进入，加上周边配套产业等这个家电城将引来约 1 万名企业营销、管理人才；城市配套服务设施将繁荣发展，慧聪顺德家电城已经招商引入大型 KTV、餐饮等游乐休闲项目，碧桂园中心的休闲生活设施也一应俱全，确定入驻的美的为其研究院建设了高级人才公寓。

5. 8. 2. 3　慧聪产业带在城市区域经济发展中的意义和作用

（1）转变地方经济增长方式。转变地方经济增长方式的重点是提升服务业增加值占比，从而实现地方经济的“转方式、调结构”。慧聪产业带不仅能够帮助制造企业实现升级转型，还催生了一大批 B2B 第三方服务商的诞生和成长，如代运营、培训、店铺装修、金融等，加速传统服务业向现代服务业转变。

（2）带动城市配套设施的建设和人才的集聚。产业带通过带动当地产业发展，为当地带来大量人流，餐饮、居民楼、KTV 等城市配套服务设施也将繁荣发展，相关产业的集聚和对周边的辐射作用，也会吸引营销、管理等方面的高端人才，改变本地人才结构。

（3）促进优势资源整合。促进金融、担保等相关产业商家向产业带集聚，实现优势资源互补，包括线上线下资源互补、产业资源互补等，帮助卖家提升竞争力，带动相关产业繁荣发展。

（4）促进制造企业升级转型。制造企业在价值链上更专注于生产，对下游消费者需求和上游研发设计缺乏掌控能力，位于“微笑曲线”的最低点，利润较低，慧聪产业带通过帮助这些企业集体上网和线下展示，使制造企业快速获取消费者信息，压缩中间渠道，以较低成本提升自有品牌，实现转型升级。

（5）帮助凸显地方特色。在产业带项目中，慧聪以当地产业特色为依托，根据政府具体需求，为当地产业带量身定做具有地方特色的个性化子站点，凸显优质产业，吸引买家，增加买家信任度，更容易达成交易。

（6）提升当地企业网销能力。慧聪定期组织电商专家为产业带客户进行网销培训，提升产业带当地企业网销能力，包括商铺维护技能以及在线交易能力，加快了当地整体电商化进程。

5.8.2.4 慧聪产业带发展经验与启示

综上分析：慧聪产业带项目落地到企业，符合企业先看样后决策的采购习惯，实现了较高的参与度。慧聪网产业带将实体店与电商平台充分结合，以 O2O 模式吸引周边产业汇集，促进优势资源互补和地区企业全面电商化，为买家提供优质货源地资源，帮助卖家提升竞争力和交易额，金融、担保、电商培训商等服务商也可以在更为广阔集中的市场繁荣发展，形成了完整的电商生态链，提升了城市产业聚集的水平，提高了区域经济示范辐射能力。

从宏观政策来看，需要积极促成 B2B 企业与地方政府合作，发挥社会组织的纽带作用，为政企合作搭建桥梁，以座谈会等形式面对面的交流和咨询，了解当地企业需求，签订战略合作协议，帮助解决各地企业的实际问题。鼓励地方政府集聚优势产业，借助产业带这样的项目，为当地企业拓展销路，并引导创新要素向企业集聚，加快企业技术集成创新，带动地方经济全面发展。

从 B2B 行业发展来看，2014 年 B2B 线下发展关注度将可能超过线上，线上线下联动的项目将会越来越多，政策的扶持、B2B 运营商行业根据地的建立、B2B 区域代理的发展渴望、当地企业走出去的刚性需求等诸多因素合集一处支撑线上线下联动的发展。其实现途径将包括轻路径和重路径，轻路径中，B2B 运营商承诺以某地为核心，建立优势产业带，政府引导企业参与并将企业转移到一个专门园区内，向企业提供一定的优惠，向 B2B 运营商网络提供补贴。同时 B2B 运营商和当地代理商一起向当地企业提供培训，协助企业建站、投放关键词、运营等。重路径是由 B2B 运营商在园区建设中投入资金，在项目建成的运营中持有一定比例，获得地产增值收益。

5.8.2.5 行业协会组织在 B2B 产业带项目建设中的作用

行业协会和中介组织在 B2B 产业带项目建设中是政府和地方企业之间的桥梁和纽带，通过产业咨询、座谈会、成员大会等形式，可以有效促成 B2B 平台与地方政府和地方企业的合作，推广 B2B 平台成果，促进 B2B 行业整体快速、健康、持续发展。同时有利于凝聚地方优秀企业，利用平台成果加快产业发展和转型升级，繁荣地方经济，提升区域经济辐射带动作用。如 2013~2014 年，中关村电子商务与现代物流产业联盟带领成员重点企事业单位走进江苏南通、河南洛阳、山东临沂、河北秦皇岛和湖北十堰等地区，促进联盟会员单位联手地方政府和相关企业签订合作协议，为地方传统行业进军电子商务市场搭建平台，力促电子商务企业开拓业务领域，力推传统企业应用电子商务工程，促进了更多贸易服务实现签约落地。

从推动 B2B 产业带建设方面来看，联盟在中关村各委办局、南通市人民政府的大力支持下成功完成了以下工作：2013 年 12 月 13 日，中关村电子商务与现代物流产业联盟“企业南通行”相关活动顺利举行，南通市人民政府与慧聪网签约，慧聪南通家纺产业带落地，共同促进南通市家纺产业全面电子商务化。还以“双推”交易会的形式，展示了慧聪在帮助传统企业开拓业务领域的成绩和推动传统企业应用电子商务的解决方案，家纺企业就企业需求和相关问题与慧聪网进行了交流与沟通，增强了双方的信任，有利于产业带项目的推进；2014 年 5 月 30 日，十堰市代表团访问联盟秘书处，双方就京堰两地对口协作工作展开第三次对接洽谈，在联盟的协调帮助下，十堰市人民政府与慧聪公司签约慧聪十堰市汽车零配件产业带，将十堰市汽车配件在线上推广和销售，拓展销路和进一步提升十堰市汽车配件的知名度。

6 促进中关村电子商务产业发展政策建议

从过去十多年电子商务的发展和政府管理来看，我国对电子商务的监管总体上是成功的。作为一种创新，对电子商务来说既有契机也有挑战，政府的管理实践需要进行相应变革，才能更好地发挥这一创新对经济社会发展的巨大推动作用。对此，本章通过解读国内外电子商务产业发展相关政策，整理出若干具体的在中关村电子商务产业发展环境和政策扶持方面具有可行性的参考建议。

6.1 当前制约电子商务产业发展的障碍性因素

近年来，随着信息技术的进步和互联网的普及，我国电子商务持续快速发展，在繁荣国内市场、扩大居民消费、降低物流成本、提高流通效率等方面发挥着日益重要的作用。同时，我国电子商务发展整体应用水平比较低，交易环境有待改善，电子商务信息披露、资金支付和商品交付等行为还有待规范，电子商务产业发展仍然面临一些亟待解决的“瓶颈”问题。主要表现在。

（1）传统行业借助电子商务转型升级需要政府平台扶持。传统行业进入电子商务市场遇到诸多问题：一是市场营销能力的提升，在电子商务环境中，如何深度理解客户行为，提高客户黏度；二是物流体系的建设与整合，以及在小批量、多批次和逆向物流等复杂物流配送问题的应对；三是合适的多渠道策略，如何避免网络与传统渠道之间的竞争和冲突，实现利益最大化；四是线上线下的整合，即如何有效整合资源及实现业务上的联动；五是电子商务带来的IT建设和运维新需求，如何实现信息整合和跨平台的协作。

（2）电商物流配送下沉能力滞后。在电子商务迅猛发展的同时，物流作为电子商务重要环节获得了长足发展，相比于国外，国内物流配送具有准确率高、速度快的特点，但不能完全满足电子商务的发展需求。从行业应用角度看，物流成为生鲜农副行业、家具行业、白酒行业、汽车行业等行业电子商务发展短板；从电子商务配送服务水平看，现阶段物流配送不能很好解决最后1千米的配送问题；从物流配送覆盖范围看，电子商务逐渐从一、二线城市下沉到三、四线城市，但这些地区特别是经济不发达地区，物流运营成本高，配送站点少，物流水平低，严重制约电子商务发展。

（3）电子商务安全、诚信问题严重。病毒入侵、黑客攻击、信息抵赖、信息假冒等问题给企业带来巨大损失：2012年3月，当当网账户集体被盗；2012年5月，1号店员工泄露客户信息；2013年3月，支付宝漏洞致信息泄露；2013年11月，腾讯QQ群关系数据泄露。这些事件致使用户遭受巨大经济损失，并且严重影响电子商务平台的正常运营。另外，卖家虚假营销、售卖假货、欺瞒顾客等不良行为，如聚美优品、当当网、亚马逊、1号店等知名电商平台第三方商家奢侈品售假事件，暴露出平台对入驻商家监管不足，对产品质量把关不严等运营管理漏洞。

（4）城市电子商务产业发展规模化、区域化发展有待加强。一是相关法律法规不够完善。我国电子商务产业园区目前尚处于交易型电子商务企业服务为主的阶段，但随着对电子商务的深入发展，将更多地应用于融资、信息交流、信用体系、企业生产管理等方面，这就需要一套完善健全的法律制度来引导电子商务产业园的发展；二是产业结构不合理。随着电子商务产业园区的经济作用体现，我国各地电子产业园区建设增长快速。但是各园区所处的地域、产业结构以及经济发展程度均不相同，而园区建设必须考虑长远的发展，不同的园区要发展符合本地区特色的电子商务产业，发挥好地方特色产业集群的优势，根据自身条件将园区发展目标定位为市级还是区域总部乃至全国总部，取得行业领先优势。

（5）移动电子商务入口布局尚不完善。移动电子商务渠道较为单一，主要集中在搜索（站内搜索和通用搜索）、二维码和移动社交这三类，由于移动电子商务的发展仍处于初级阶段，各类技术和模式还未成熟，造成了支付安全、购物体验等问题。各渠道流量及转化率并不理想，并且移动电商的投诉率呈上升趋势，有待依托大数据、移动图像识别和移动支付等技术，构建集合精准营销、展示和搜索等功能的诚信、安全、便捷的渠道。

（6）电子商务产业人才缺口较大。相关数据显示未来 5 年，我国 3100 多万家中小企业将有超过半数企业涉足电子商务，专业性人才缺口巨大。电子商务人才问题核心矛盾主要表现在：一是行业快速发展与人才供应不足的矛盾，大量传统企业转型电商引起人才争夺，并且电商属新型产业，人才存量不足，高校人才培养输出无法满足企业需求；二是电商企业微薄的利润与高额的人力资源成本的矛盾，电商企业此起彼伏的价格战、流量争夺战使企业利润不断下降。另外，人才稀缺，薪酬成本高，频繁的招聘和新员工培训、过高的流失率，形成人才资源成本过高的现状；三是电商行业快速更新的知识结构与传统人才培训模式的矛盾。四是跨界人才稀缺。

6.2　中关村电子商务产业政策需求分析和梳理

6.2.1　支持新技术、新产品在电子商务产业中的应用

（1）支持大数据、下一代互联网等新技术在电子商务行业中的应用，推进电商 O2O 平台建设及配送渠道的进一步下沉。

鼓励中关村电子商务龙头企业建设技术研发中心和创新服务中心。支持电子商务交易、信用管理、供应链管理、信息安全等关键技术研发和应用，开展电子商务技术展示和服务体验；支持高校、科研院所和重点企业研究大数据和下一代互联网等关键技术；支持集新型智能终端、软件、内容、运营服务为一体的信息平台；支持龙头企业大力推广电子商务云产品，加大对中小企业的定制开发和培训宣传力度；支持多渠道融合的云计算解决方案研发，实现信息整合和跨平台合作；支持建立物流信息综合服务平台，提升物流配送信息化水平，建设基于移动定位、物联网等技术的现代化物流配送的第四方服务平台，发展冷链物流、跨境物流、物流信息服务、物流综合管理等高端物流服务；支持电商物流企业渠道在二、三线城市和乡村下沉；支持网络购物龙头企业和社区合作，开展网购配送“最后一公里”的服务试点，构建以社区为节点、覆盖全市的物流配送网络。

（2）支持电子商务龙头企业带动产业集群，建设电子商务生态服务圈。提高“十百千工程”中对于开放平台型电子商务和电子商务生态服务圈核心企业的支持力度。推动电子商务生态服务圈的建设，支持龙头企业带动中小型电子商务服务企业集群发展应用示范

项目。鼓励B2B电子商务平台建设具有行业特色的全流程B2B垂直电子商务平台应用示范，支持B2B电子商务平台与各地市开展合作，为地方传统行业转型升级提供“一站式”解决方案。鼓励、引导传统商贸流通企业通过自建、合资、合作等方式开展网络零售，探索应用新模式、放大示范效应农村流通体系促进工程。

（3）推动电子商务产业创新，支持新技术的研发与新模式应用示范。支持大数据、智能移动终端和LBS关键技术在电子商务领域的研发和应用示范项目。《关于加快培育大数据产业集群推动产业转型升级的意见》增加大数据在电子商务行业中的应用示范及解决方案的支持，推动电子商务商业模式创新。建立针对成立不满三年的小微创新性电子商务企业建立专项基金和孵化机制，增加“示范区天使投资和创业投资支持资金”、“中关村国家自主创新示范区大学科技园及科技企业孵化器发展支持资金”、“中关村国家自主创新示范区战略性新兴产业中小企业创新资金”、对创新型小微电子商务企业的支持力度。增加《中关村国家自主创新示范区战略性新兴产业项目》“移动互联网项目”和“空间信息关键技术和产业化以及应用示范”两部分中支持对电子商务领域的技术研发和应用示范的内容。在《中关村国家自主创新示范区新技术新产品（服务）应用推广专项基金》中重点扶持电子商务系统及物流装备的应用和推广。

6.2.2 电子商务影响和改变了人们生活

在财政支持及税收方面，要大力支持企业围绕首都经济社会发展需求实施电子商务产业重大示范和服务项目，紧紧围绕北京市“政治、文化、国际交往和科技创新中心”定位，以实际需求为导向，以“中关村国家自主创新示范区”现行政策体系为主要支持手段，以公共平台搭建，促进传统工业、农产品、生活服务类企业、传统行业电商应用，推进电子商务服务业技术研发和推广、税收优惠政策等为重点，梳理需求如下：

（1）推动市级电商交易公共入口平台搭建，优化网络购物环境，提升中关村电商产业集群效应和竞争力。支持中关村企业、产业联盟、行业协会及中介组织搭建提升行业整体服务水平的市场化和专业性支撑平台，围绕京东商城、当当网、慧聪、敦煌、拉卡拉等重点企业建设电子商务公共入口平台，以及地市合作、知识产权和标准库等公共服务平台，支持产业联盟和行业协会组织凝聚企业搭建公共技术平台，建设研究机构和物流、金融等公共信息平台。建议纳入《中关村现代服务业试点项目支持资金》、《中关村国家资助创新示范区产业技术研究院支持资金》支持范围。

鼓励支持传统商贸连锁企业、农产品批发市场及农业产业化龙头企业（含专业合作社），依托现有渠道，开展“网上订购、网下配送”业务，重点关注和鼓励企业自建电子商务平台。

（2）加大财政资金扶持范围，推进工业、农产品等传统行业的电子商务升级改造，促进社区及生活服务类电商相关产业发展。支持大型工业企业利用电子商务增强与产业链下游企业的协同能力；支持传统工业企业将研发设计、生产制造和经营管理等业务与电子商务相结合；支持有条件的大型工业企业搭建电子商务平台向行业电子商务平台转化。引导传统工业企业提高网上集中采购水平，建设采购平台；支持电子商务平台企业为行业用户提供网上联合采购服务；支持农产品流通领域电子商务平台的建设和应用，建立跨区域农产品市场供给与需求信息的沟通渠道；支持批发市场、商贸中心、物流调度中心和商品集散地为依托的电子商务服务体系建设；支持金融、会展、文化、教育、票务、娱乐、影视、游戏等领域开展数字内容电子商务服务；支持养老、医疗、家政、缴费、就业、交通信息等民生领域开展面向公众的电子商务服务；支持社区商业电子商务平台建设，支持以社区为核心、家庭为服务对象、日常消费品为销售主体的社区电子商务服务体系建设，引导社区商业企业与平台对接，开展网上零售服务；支持传统商贸企业在电子商务交易市场的分流压力下转型升级，布局线下店、自建电商网站、入驻电商平台，移动端销售等零售渠道；支持传统购物中心转型升级，以提升消费体验为中心，增加生活服务业的经营比重，将门店互联网化、移动化，与电商平台合作实现 O2O 体验购物经济的转型。

推进移动支付、公交购票、公共事业缴费和超市购物等移动电子商务应用的示范和普及推广。支持移动电子商务在农业生产流通、企业管理、安全生产、环保监控、物流和旅游服务等方面的试点应用；支持中关村企业与院校、中介机构等加强合作，拓展基于新一代移动通信、物联网等新技术的移动电子商务应用，加强移动电子商务技术与装备的研发力度；支持移动智能终端、智能卡和芯片、读卡机具和安全管理等关键共性技术的自主研发，推动 NFC、M2M 等技术标准的制定和应用。

（3）税收环境政策。

1）支持电子发票的推广和应用示范。引导电子商务企业成为电子发票试点单位；支持电子发票关键技术应用，以及相关设施和管理体系建设；支持可报销电子发票和会计档案电子化的推行，实现发票全流程的电子化；支持电子发票系统安全认证技术研发和推广。

2）对新培育的电子商务及物流等高成长中小微企业在税收方面给予一定优惠和减免。

6.2.3　电子商务企业发展环境的进一步优化

为促进北京市全力建成发展环境最优、服务和规范经营水平最高的电子商务应用首善之区，针对优化物流配送体系、完善网络安全布局、健全法制保障、推进市场良性合作、规范移动支付环境、加大诚信监管力度、完善统计调查体系、突出中介组织作用等方面，还需探索营造相关利好环境。梳理需求如下：

（1）发挥政府监管作用，规范特殊行业电商运营机制。建立特殊商品电子商务试点工程，逐步放宽特殊行业电商的行政管制；建立交易和流通过程的检测和监控机制及运营流程规范；建立试点，逐步开放处方药的网络销售资质，加强医药销售渠道、物流系统和产品流向的监管；制定网销生鲜农产品品质检测和可追溯系统应用标准，强化流通追溯体系实效；建立城市社区便利店农产品电子商务促进工程；建立试点，逐步开放网络教育和在线培训证书发放资质。通过减税政策，支持智慧家居、节能与新能源汽车等高科技和节能环保型民生产品的网络销售，促进传统产业战略转型。

（2）优化电子商务物流配送体系，放宽“最后一公里”配送相关政策。1）贯彻落实《北京市人民政府关于促进电子商务健康发展的意见》，结合北京市物流规划，鼓励建设现代化、集约型公共电子商务专业园区和配送基地；鼓励发展基于移动定位、物联网等技术的现代化物流配送服务；支持建立北京交通运输物流公共信息平台，搭建北京市城市道路配送信息系统，加强对城市货运保障“绿色车队”的支撑服务；支持北京市电子商务企业、物流配送企业、连锁超市和社区服务组织建立社区终端共同配送服务网络；鼓励相关企业利用云计算和大数据技术提升增值服务能力和辐射带动能力，对提供如限时达、送装同步等差异化创新物流服务的企业予以政策支持；支持建立“京津冀”物流信息综合服务平台，提升跨区域物流配送信息化水平。2）放宽“最后一公里（1千米）”配送相关政策，针对电子商务企业自建物流配送点工商登记注册、公共自提点选址、物流配送车辆限行和备案管理、物流配送车辆型号限制等问题，予以适当放宽政策；鼓励符合条件的地方或单位积极开展相关基础设施建设。3）贯彻落实《快递服务规范与安全管理办法》，加快宣传验视制度，规范快递行业收发市场，维护企民权益。

（3）高标准推进信息基础设施建设，高要求保障网络信息安全。1）贯彻落实《北京市人民政府关于印发宽带北京行动计划（2013~2015年）的通知》（京政发〔2013〕16号）精神，落实光纤到户国家标准，市政设施、公路、铁路、机场、地铁等公共设施以及政府机关、企事业单位和公共机构等所属公共设施要向宽带网络设施建设开放，规范宽带市场竞争行为；支持推进第四代移动通信网络建设，组织实施TD-LTE产业化及应用示范工程；鼓励推进下一代互联网规模商用，健全下一代互联网公共服务平台；支持企业大数据基础设施改组；推进下一代广播电视网规模建设；扩大WiFi无线网络全城覆盖范围。2）贯彻落实工信部《关于加强电信和互联网行业网络安全工作的指导意见》，推动安全投入加大、安全立法进程；高要求建立北京市网络安全审查机制，加强政企对电商物流产业重要信息数据的安全控制；同步跟进大数据发展中网络安全防范体系的强化构建。

（4）健全法制保障，加大诚信监管力度。1）针对电子商务交易、信用、物流、供应链协同、融资服务等环节开展法规制度研究，围绕网络消费者权益保护、网络个人隐私信息保护、网络企业商业秘密保护、电子合同管理、电子商务市场监管、网络信用信息管理与服务等电子商务发展关键领域，研究制订相关规范性文件，统筹建立北京市消费者属地维权机制，开展公平比价、集中维权、法制宣传等消费者保护活动，依法保护交易双方权益、规范经营行为。2）以“十百千工程”和“瞪羚计划”工程为依托，加强与电商物流企业、金融机构和税务等相关部门的信息共享，建立健全网络市场长效监管机制。进一步规范网络商品经营者和网络服务经营者的行为准则，鼓励以诚信为核心的行业自律、鼓励网络交易平台经营者为交易当事人提供公平公正的信用评估服务，健全信用评价体系和信用披露制度；严格管制电子化购物凭证或服务单据，制订对网上虚假信息、广告、商品和欺诈等行为的惩治条例。3）逐步加强电子商务监管的国际交流，工商行政管理部门还应更多地借鉴世界各国的先进经验，积极参与国际对话和磋商，在构建和完善一个国际社会能够普遍接受的电子商务框架的努力中，更好地保护消费者合法权益的过程中发挥自己的影响和作用。

（5）构建安全高效的电子商务金融服务体系，着重规范移动支付环境。1）鼓励金融机构和支付服务机构共同搭建安全、兼容、快捷的在线支付平台，满足电子商务活动中多元化、个性化的支付需求；支持发展面向全国的支付服务品牌；推广金融IC卡的行业应用和融合；按照在线支付业务市场准入制度强化规范管理；加强防范支付风险，推进支付平台与信用体系对接，确保在线支付安全。2）着重规范短信支付、移动互联网支付、NFC近场支付等移动支付环境，推进数字证书跨地区、跨行业互认兼容；鼓励支持金融机构和安全技术企业共同推进风险信息共享、风险事件联动处置和安全产品研发。

（6）完善统计调查体系。建立电子商务统计监测体系和统计监测网络；建立信息发布制度，及时准确反映北京市电子商务产业链各部门发展规模、结构变化、发展水平、发展趋势和发展瓶颈；建立中关村信用信息数据库，收录北京市电子商务企业和全国用户信用记录。

（7）突出专家和中介组织作用，发挥中关村智力优势。1）扩大并发挥电子商务专家委员会作用，鼓励校企专家积极参与电子商务行业论坛、产业促进会、知识展会等活动；鼓励行业协会、联盟等中介组织开展国内外交流，学习发达国家和先进地区的成功经验。2）给予中介组织足够空间发挥在行业自律、营造诚信环境、政企协调、牵线合作、项目服务等方面的作用；进一步规范中介组织发展支持资金和产业技术联盟资助资金的管理，促进中介组织及其核心成员健康发展。

6.2.4 完善电子商务人才培养机制

针对当前中关村电商行业普遍存在的政企间信息不对称、企业人才缺失、行业人力资源运行成本过高、专业人才培训体系不完善等突出问题，着眼于缓解人才缺口，探索建立与中关村电商产业发展相匹配的舆论氛围和人才良性发展体系，为电商产业发展提供有力的智力支撑。梳理需求如下：

（1）发挥政府牵头作用，普及电子商务基础知识，建立完善人才激励机制。扩大信息覆盖面，政府有关部门要通过设立公共媒体专栏专页、电子商务宣传日、公共服务体验店等多种形式，广泛向公众宣传包括网络交易知识、网络诚信经营情况、网络风险防范知识在内的电子商务基础知识。制订实施《中关村电子商务产业“十三五”人才发展规划》。搭建交流平台，举办具有中关村特色的电子商务专题会展，特别是引导年轻人群关心、关注和参与电子商务的发展。举办或搭建京津冀一体化电商协作发展论坛、跨境电商人才交流研讨会等国际国内电子商务信息、技术和人才交流合作平台。完善高端电子商务人才引进机制，重点支持电子商务产业园（区）人才队伍建设。对企业留用的高端人才，在留京指标、子女就学、配偶工作等方面提供便利条件。鼓励支持企业建立人才激励机制和跨区域电商产业聚集区人才培训基地，促进电子商务专业人才健康成长和合理流动。对聘用本科以上员工人数达到一定比例的企业予以相关税费减免。

（2）支持企业发挥示范作用，保持人才队伍稳定，引导公众正确使用互联网。组织推广领军企业人力资源管理模式。在中关村现代服务业现有支持政策框架内，设立电商人才培养专项资金，引导鼓励中关村电商企业，特别是骨干龙头企业建设电商大学，组织开展技术人员培训班、外出学习考察、赴知名学术机构学习深造。督促企业在提供服务过程中告知或明确相关操作办法，提高公众对产品、服务的知晓度。引导督促企业承担更多社会责任。在“3.15”消费者权益保护日、安全生产活动月、文明单位创建、希望工程等活动中，引导督促电商类企业通过多种方式扩大其参与社会公益活动的覆盖面，加大宣传力度，直面消费者，接受社会监督，主动邀请媒体监督，在规范企业自身建设的同时引导消费者正确运用互联网。

（3）支持社会组织发挥辅助作用，增强公众对电子商务的信任度和风险防范意识，积极推动和完善电子商务人才服务机制。以中关村电子商务与现代物流产业联盟等社会组织为纽带，推动建立行业公约；适时举办中关村优秀电商企业联展；精心布置中关村展示中心电子商务展台，不断提升“中关村电商”社会信任度，普及消费者风险防范意识。组建并充实中关村电商专家库，充分发挥其“智库”作用，为政府政策制订、企业经营提供智力支持；以相关高校和学术机构为平台，面向企业、创业者、在校学生开办电商专业培训；组织技术力量搭建公益性中关村电商与物流信息平台，拓展中关村电子商务行业品牌展示、信息交流和对外宣传渠道。

（4）支持高校建设电子商务创业孵化器，为在校优秀人才提供实践基地，鼓励大学生开展创业事业。组织各高校建设大学生创业园区，引进重点电商物流企业进园办公，一来为在校学生提供便利的实践机会，二来为大学生创业者提供丰富的资源和经验。从融资、开业、税收、创业培训、创业指导等方面为园区内电子商务创业学生提供政策优惠和便利条件。对创业规模达到一定成就的创业团队和创业园予以资金奖励。

6.3　促进中关村电子商务发展的具体建议措施

6.3.1　政府引导和合理布局和发展电商物流城市配送体系

政府引导和合理规划电商物流空间布局，支持结合商业中心、大型社区、产业园区等建设布局电商物流服务网点，规划建设快件自取设施，提升社区网络配送能力，解决电商物流配送“最后一公里”难题；高效的物流体系和高质的物流服务是充分发挥电子商务优势的重要支撑。北京市电商物流的发展现呈现民生物流需求激增、城镇化凸显物流商机、京津冀区域物流布局逐步优化、市场环境利好国际物流、电商物流跨界组合步伐加快的态势。

同时，电子商务和物流企业实际业务运行普遍存在以下主要需求：降低物流运营费用、优化和扩大城市物流节点、改善车辆通行环境、突破“最后一公里”瓶颈、降低物流牌照流程成本等。

因此，为较好贯彻落实《物流业发展中长期规划（2014~2020年）》和《北京市关于落实促进物流业健康发展政策措施的实施意见》，以末端配送体系、物流运输能力、公共物流体系、物流资格牌照为重点，建议如下：

（1）加快城市终端物流配送体系建设。主要问题：北京市中末端配送基础设施相对滞后、管理体系缺乏，诸多社区、学校、商业办公区等人口密集度较高场所附近长期堆聚配送小车、快递物件随地摆放。此类现象不但影响市容市貌、妨碍城市交通，而且反映出物流“最后一公里（1千米）”配送仍需提高。

已有方案：加拿大、美国等地邮政规定禁止投递到门，转而支持公共落地配、自提柜等基础设施建设，以削减企业末端配送经营成本；中国邮政在浙江省31个县市投入使用1116个智能储物柜；各省市积极布局自提柜建设，如成都速递易、上海收件宝、福州友宝、北京递兴泊AEM自助快递柜等。

建议：1）支持电商物流企业或第三方企业建设末端智能配送基础设施。例如，允许通过审核的企业在便利店、社区物业、地铁口等地自建或合建智能自提柜；2）鼓励企业与社区、学校合建公共取送站，开展“网订站取（送）”。可减少配送人员等候时间、企业对配送人员的需求量、降低企业物流成本，提高“最后一公里”配送效率。

（2）进一步提升城市物流运输能力。主要问题：1）根据北京市《关于对部分机动车采取交通管理措施降低污染物排放的通告》中相关条例规定：每天6时至23时，本市载货汽车的禁行范围扩大为五环路（不含）以内道路；五环路主路禁止核定载质量8吨以上载货汽车通行的时间调整为每天6时至23时；每天6时至24时，外省、区、市载货汽车的禁行范围扩大为六环路（不含）以内道路。北京市货运量中一半以上的货物在四环路以内流动。这些极大限制了北京市城市物流运输效率、迫使企业采用进城货物换装小型车辆，既增加了企业运输成本，又不利于缓解市内交通拥堵；2）车牌摇号、市内交通单双限号等规定加重企业运力开支和物流用车难度；3）高速公路车辆通行费偏高，增加物流成本使得电商企业难以突破低毛利率的发展瓶颈。

已有方案：沪深、京广、京沪铁路面向申通、顺丰、京东开通快递专列，1）降低公路运输压力和成本；2）加快运输速率；宁夏银川市明确和细化了机动和非机动快递车辆便利通行的优惠政策；四川省发布《关于对正常装载合法运输车辆通行费实行优惠的通知》（川交发〔2014〕1号），鼓励货运企业调整改善车型结构，对货车总质量未超过公路承载能力认定标准的“正常装载车辆”实行车辆通行费优惠（按货车计质量收费基本费率70%计算收取车辆通行费），可有效减轻正常装载合法运输车辆的负担。

建议：1）鼓励电商物流部门和物流企业使用政府规定的具有标准规格的重型、轻型、新能源和市内小型封闭式厢式货车。例如，对政府标准化车辆予以特殊牌照、企业已有车辆经审查合格后也可申请特殊牌照，对拥有特殊牌照的车辆予以进出城不限时、不限号的绿色通行证或放宽限时、限号规定。以此减轻企业运力负担和用车难度，提高城市物流车辆管理效率。2）加大对公路乱收费、乱罚款的清理整顿力度，完善ETC收费系统建设，予以车辆通行费优惠。以此降低运输成本，加快在途车辆运输效率，保障和维护运输车辆合法权益。3）进一步完善城市公共物流体系。主要问题：北京市在物流网络建设、物流节点与物流通道的有机结合等工作上取得了长足的进步。但低成本、高效率、绿色化的城市公共物流体系建设仍旧欠缺。例如，物流基地公共服务性不强，城内物流二级节点多为企业自营物流中心和配送中心、公共服务意识薄弱，城内末端配送节点繁杂冗余、多家企业配送点重复覆盖，仓储用地征租限制多、入驻条件高、地址选择较偏远，企业运货车辆城内停靠难、装卸耗时长。使得城市配送路线迂回重复，不利于城市物流效率的提高以及企业物流成本的降低和物流服务的提升。

已有方案：2013年2月6日，交通运输部等七部门联合下发《关于加强和改进城市配送管理工作的意见》（交运发〔2013〕138号），提出加大公用型城市配送节点建设扶持力度，鼓励现有或规划货运枢纽站场升级转型，服务城市配送发展；上海市、新疆自治区均联合商务部、财政部等相关部门在现代服务业综合试点工作中启动实施城市共同配送试点。

建议：1）市内规划货运车辆装卸专用停车位。改善车辆停车难、装卸耗时长的问题。2）适当放宽物流征地政策。如增加以政府牵头的城市公共物流基地/二级节点建设，或鼓励支持电商物流企业合建公共配送基地/中心，对征用地回报率高的电商物流企业予以长期租金优惠措施。改善运输路线迂回，提高企业对已征用地的使用效益，避免征地浪费。3）鼓励电商物流企业与社区、便利店、学校、办公楼等合建末端共同配送站。减少配送站重复建设，提高配送站使用效率，便于综合管理。

（4）提高物流资格牌照审核效率，物流配送站点不办理登记注册。主要问题：首先，大多数企业表示申请物流分支机构牌照的耗时平均为3~6个月，审批流程繁琐效率低、审批时间成本及损失高；其次，近期国家邮政局起草的《快递条例草案》中规定快递员实行全员注册制，该项将会提高快递从业人员就业门槛、增加企业用人成本、易出现用工紧张的情况。

建议：减少并缩短企业申请分支机构的审批程序和时长，引入“保证金制度”，对信誉优良的企业开辟绿色申请通道。提高申请工作效率，减少申请过程中发生的不必要成本。

物流配送站点不办理登记注册方面：

1）示范区内电子商务企业采用B2C网络商城业态模式经营的，其自建配送点（含自提点）可以不办理登记注册，但业务范围仅限于向本企业网购商品的消费者提供配送（或自提）服务，不对外承揽货物配送、仓储及快递业务，且不提供其他业务。

2）B2C电子商务企业自设物流公司的，其自建配送点可以不办理登记注册，但业务范围仅限于本公司承揽的货物配送、仓储及快递业务的配送点，不对外承揽货物配送、仓储及快递业务，且不提供其他业务。

3）前述电子商务企业自建的配送点（含自提点）由企业在其经营网站上向社会公示，接受社会监督，并向专门机构备案，该机构定期将电子商务企业自建的配送点（含自提点）备案情况向市工商局进行反馈。

6.3.2 推动中关村电子商务生态服务圈建设

中关村电子商务整体产业链的结构总体完善，在技术、人才、资金和市场规模等方面具有比较优势，尤其在交易平台、物流配送、信息技术和金融支付四个关键节点引领全国电子商务产业的发展。推动建设电子商务生态服务圈，有利于促进推广中关村科技、商业创新成果的应用，有利于发挥市场在资源配置中的决定性作用，是产业龙头企业特别是广大中小企业的迫切需要。

京东商城、顺丰优选、拉卡拉、小米科技等企业均开始整合供应链上下游资源，以自身为核心构建生态服务圈，着力提升产业实力，不断改善民生。其对社会资源优化配置的功能，既促进电子商务产业快速良性发展，又降低了传统行业电子商务化升级改造的门槛。

主要问题：(1）各生态圈之间缺乏交集。单个生态圈所涉及的环节较少，没有形成产业闭环，难以发挥中关村电子商务产业链整体的科技、金融和人才优势；(2）标准化体系建设尚不完善。企业内部标准、联盟内部标准居多，缺乏适用性更广泛的标准体系，跨界合作和生态圈融合扩张的难度大。

已有方案：(1)《“十百千工程”专项资金管理办法》、《中关村国家自主创新示范区战略性新兴产业项目》、《中关村国家自主创新示范区新技术新产品（服务）应用推广专项基金》、《中关村现代服务业试点项目》等专项均有涉及支持电子商务科技研发和应用示范的内容；(2）海淀园设立有《园区标准化工程专项资金》；(3）全国多个省市（江苏吴江、安徽界首等）均有对当地企业开展电子商务予以租金减免，对电子商务市场达到一定市场份额予以一次性现金奖励，对外地电子商务企业在当地建设平台或者扶持当地企业上线运营予以财政补贴的政策。

建议：(1) 通过相关专项资金和应用示范类项目支持产业链多节点合作应用示范，交叉技术研发和"一站式"解决方案。鼓励龙头企业联合产业链其他节点企业合作创新，促进资源整合利用；鼓励强强联合进行包含交易、物流、信息技术和金融支付四大领域的多核心企业合作应用示范和科技创新；重点支持多企业联合构建生态服务圈，产业链闭环和生态圈融合类项目。(2) 利用各园区标准化工程专项资金，通过政府购买服务、资助补贴等方式，支持电商技术机构、行业协会、龙头企业研究、制订和应用电商技术标准和商务标准，并积极推动将推广应用成熟的标准列入相关法律法规。(3) 鼓励中关村电商企业与地方传统行业开展跨区域合作。对于为地方传统行业提供"电子商务一站式解决方案"并与地方政府或产业园区签署相关协议的合作项目予以财政补贴。

6.3.3　电子商务产业支撑京津冀一体化协同发展

京津冀协同发展大背景下，根据首都发展定位和产业发展实际，统筹调整对应的产业转移，为实现首都核心功能腾出发展空间。

主要问题：北京市内新发地、动物园、木樨园等大型商贸和物流集散中心存在科技含量低，占用土地面积大，造成核心城区拥堵等问题，有向外转移的必要。同时，应避免在京民生服务的空心化。

建议：以电子商务化升级改造的方式保留其商贸职能，有序开展商贸集散中心的物流产业向津冀转移工作。(1) 建立统一结算中心及信息管理体系。推动批发市场内的信息化和统一管理，并逐步建设批发市场电子商务服务平台，开展管理咨询、电子商务运营代理、人才培训等服务。(2) 推动市场内商家开展电子商务业务。对于线上交易量首次达到一定规模的企业，予以一次性的财政补贴。(3) 推动落实京津冀三地物流园区合作协议。将原批发市场仓储物流迁入津冀两地的对口物流园区（如天津武清、滨海新区物流园区等），在原址建设电子商务特色楼宇，对先完成搬迁转移的企业予以土地租金补贴。

6.3.4　推动政策在中关村示范区电子商务产业中的先行先试

随着中关村电子商务产业的蓬勃发展，推广应用电子发票、拓展医药电子商务范围、拓展互联网金融领域、营改增试行后降低物流企业税负等已成为广大电商与物流企业的迫切需要。

6.3.4.1　推进电子发票试点应用

主要问题：(1) 无法开具单位/企业抬头。给政府、企事业单位的采购和报销核准，特别是给广大消费者维权带来困难；(2) 电子发票标准不统一。试点的电子发票都是各地（北京、上海、浙江等）自行建立平台和规范，各个平台尚未互联互通，给电子发票的接收带来困难；(3) 现行电子发票存储在数据库，客户可自行下载，存在虚开、多开发票的隐患。

已有方案：2012 年 5 月，国家发改委发布《关于组织开展国家电子商务示范城市电子商务试点专项的通知》，第一项为网络（电子）发票应用试点；2013 年 6 月，北京市国税局等四部门发布《关于电子发票应用试点若干事项的公告》，开展电子发票应用试点；2013 年 10 月，北京市商委发布《关于扩大电子发票应用试点范围若干事项的公告》，扩大电子发票应用试点范围；2014 年 9 月，广州市常务会议审议通过了《广州市关于推进电子发票试点工作的意见》，对电子发票的使用、如何辨真伪、推广等问题作了详细规定。

建议：（1）明确赋予电子发票在报销、核准、消费者权益保护方面的法律效力；（2）加快推进电子发票在全国范围内形成统一的业务和技术标准；（3）明确和完善开具电子发票的资格认定、发票生成、数据传递等工作流程；（4）支持已成为电子发票试点的单位推广可报销电子发票和会计档案电子化，加速发票全流程的电子化；（5）支持税务部门确定的服务机构和电子商务企业共建电子发票系统和相关电子发票管理与服务平台；（6）引导鼓励消费者选择开具电子发票。

6.3.4.2 建立处方药销售资质开放标准

主要问题：（1）第三方交易经营平台审批放宽，药品质量安全难以保证；（2）执业药师缺口巨大，在线提供药事服务效率降低；（3）网上售药与医保对接难；（4）专业医疗器械零售企业无资格获得《互联网药品交易服务资格证》。

已有方案：2014 年 5 月，国家食品药品监督管理总局公布《互联网食品药品经营监督管理办法（征求意见稿）》，对互联网药品经营业务进行重新分类和界定、拟降低经营准入门槛并放开处方药的电商销售；2014 年 9 月，商务部、国家发改委、财政部、人力资源与社会保障部、卫计委和国家食品药品监管总局联合发布《关于落实 2014 年度医改重点任务提升药品流通服务水平和效率工作的通知》，强调要采取多种形式推进医药分开。

建议：（1）利用条形码或二维码，方便消费者辨识真伪。除加强药品质量安全监测外，医药电商还可与软件公司合作，对合格的药品加印条形码与二维码，方便消费者扫描，并与编码中心的软件数据库链接比较，验出药品的真实性；（2）大力培养执业药师，要求出示资格证书，方便消费者查询核对；（3）将药品与医保卡号挂钩，实现网上售药与医保的对接；（4）建立执业药师在线药事服务制度，建立药品经营主体资格审查、药品信息发布审核、储存和运输管理等制度，建立药品不良反应报告、药品协助召回、应急处理等制度。

6.3.4.3 引导电商企业拓展互联网金融业务

主要问题：（1）缺乏互联网金融企业正规审核机制。相关企业不具备稳定的存款准备金及完备的抗风险体系；（2）互联网金融企业规模小，在盈利能力及信用方面没有竞争力，难以获得资金支持；（3）互联网金融企业面临诚信问题。

已有方案：目前，《互联网保险业务监管暂行办法》正在行业内部征求意见，有望出台针对互联网金融领域的监管政策。2014 年 5 月，广东互联网金融协会发布《广东互联网金融协会自律公约》，要求各企业提高自身平台的风险控制能力，共同创建互联网金融诚实守信、公平公正的商业环境。

建议：（1）加强监管互联网金融所造成的风险，完善互联网金融方面的法律，明确互联网金融与非法融资、非法吸收公共存款的界限，确保消费者使用网上金融产品的信息不被泄露，由国家制订统一的互联网金融企业资质审核标准，网贷平台都要实行实名注册制；（2）鼓励技术创新，通过现有的互联网平台大数据等建立个人公司信用评价体系；（3）支持电子商务企业与银行合作开展互联网金融业务，帮助产业链上下游企业筹集资金，缓解融资难；（4）支持电子商务企业在科技、会展、教育、娱乐、影视、游戏等领域拓展与应用互联网金融，提升其对电子商务平台、实体业务的支撑作用。

6.3.4.4 降低“营改增”后的物流企业税负

按现行政策，在之前增值税 17%标准税率和 13%低税率基础上，新增 11%和 6%两档低税率，其中，与物流企业有关的交通运输服务按照 11%的税率、物流辅助服务按照 6%的税率征收增值税。

主要问题：

（1）货物运输业务税负大幅增加。从事装卸搬运服务和货物运输服务的物流企业税率从 3%的营业税税率调整为 11%的增值税税率，而可抵扣的项目较少，主要为购置运输工具和燃油、修理费所含的进项税。同时由于运输工具购置成本高、使用年限长，多数大中型企业未来几年或更长时间不会有大额资产购置。因此实际可抵扣的固定资产所含进项税较少，将导致试点后企业实际税负大幅增加。在货物运输业务中，燃油、修理费等可抵扣进项税的成本在总成本中所占比重不足 40%，即使全部可以取得增值税专用发票并进行进项税额抵扣，实际负担率也会显著增加。此外，人力成本、路桥费、房屋租金、保险费等主要成本均不在抵扣范围，增加了企业税负。

（2）物流业务各环节税率不统一。现行营业税制度将物流业务划分为交通运输业与服务业两类税目，运输、装卸、搬运税率为 3%，仓储、配送、代理等税率为 5%。物流业务各环节税目不统一、税率不相同、发票不一致，是多年来困扰物流业发展的瓶颈。然而在“营改增的试点方案”中依旧对物流业设置了“交通运输服务”和“物流辅助服务”两类应税服务项目，交通运输服务按照 11%的税率，物流辅助服务按照 6%的税率征收增值税。在实际经营中，各物流业务上下关联，很难区分运输服务与物流辅助服务，增加了税收征管工作的难度。

（3）增值税发票征管问题。物流企业与传统生产制造企业的业务模式和客户类型差异较大，有些物流企业（如货物运输代理服务、代理报关服务、仓储服务和装卸搬运服务等）开票金额小、频率高、数量大，物流企业在发票的购买、开具、比对等方面工作量较大，既增加了企业人力成本，又给增值税发票征管工作带来不便。

建议：

（1）将货物运输服务从交通运输服务中剥离，纳入物流辅助服务，采用 6%的税率。建议明确设立“物流综合服务”统一税目，与物流相关的各环节业务执行统一的税目和税率，以适应物流业一体化运作的需要。

（2）适当增加进项税抵扣项。对于占有物流企业较大成本比例的过路过桥费、保险费、房屋租金等纳入进项税抵扣范围。对于一些相对固定而实务中难以取得增值税专用发票的支出按照行业平均水平测算应抵减比例，将这些项目的支出作为减计收入处理，计算销项税额。同时，对于近 5 年内购置的存量机器设备和运输工具，允许每年计提的折旧额中包含的进项税额核定为可抵扣进项税额；对于其他存量应抵扣物资，参照 1994 年增值税改革时对已有存货的进项税额抵扣的方法处理。

（3）设计使用物流业专用增值税发票。可借鉴以往定额发票的经验设计出物流行业增值税专用定额发票，并允许作为增值税抵扣凭证，以适应物流企业经营网点多，发票额度小、用量大的特点。建议设置专门的物流业税种，确定物流行业税收标准，切实降低物流业税负。

参考文献

[1]《中国商业年鉴》编辑委员会．中国商业年鉴［M］．北京：中国商业年鉴出版社，2012.
[2]《北京海淀年鉴》编纂委员会．北京海淀年鉴［M］．北京：中央文献出版社，2011.
[3] 陆新之．电子商务创世纪［M］．北京：中信出版社，2013.
[4] 京东研发体系．京东技术解密［M］．北京：电子工业出版社，2015.
[5] 王飞跃．新兴电子商务 关键字竞价基础理论与计算实验［M］．北京：清华大学出版社，2013.
[6] 杨德礼．新兴电子商务 商务智能方法与服务知识管理［M］．北京：清华大学出版社，2013.
[7] 陈剑．新兴电子商务 定价、多渠道协调与供应链优化［M］．北京：清华大学出版社，2013.
[8] 来有为，戴建军，田杰棠．中国电子商务的发展趋势与政策创新［M］．北京：中国发展出版社，2014.
[9] 中关村科技园区管理委员会．中关村产业发展报告 2013［R］．中关村科技园区管理委员会，2014.
[10] 李在奎，颜国秀，维贾伊·塞蒂．电子商务典型案例—亚洲篇［M］．北京：机械工业出版社，2009.
[11] 陈进主．大宗商品电子商务［M］．北京：化学工业出版社，2013.
[12] 陈国青，王刊良，郭迅华．新兴电子商务 参与者行为［M］．北京：清华大学出版社，2013.
[13] 洪勇，张永美，彭万峰．电子商务模式案例［M］．北京：经济管理出版社，2013.
[14] 荆继武．新兴电子商务 安全体系与电子认证技术［M］．北京：清华大学出版社，2013.
[15] 上海市商务委员会编．2012 上海市电子商务报告［R］．北京：世界图书出版公司，2013.
[16] 李春伟，帅百华．中国电子商务企业发展报告 2013［R］．北京：中国发展出版社，2013.
[17] 中华人民共和国商务部．中国电子商务报告 2012［R］．北京：清华大学出版社，2013.
[18] 桂学文．经济发展新动力 电子商务的作用机制与效果测度［M］．北京：科学出版社，2013.
[19] 孙前进．全国电子商务体系“十一五”发展规划与建设［M］．北京：中国财富出版社，2013.
[20] 汪向东，梁春晓．“新三农”与电子商务［M］．北京：中国农业科学技术出版社，2014.
[21] 牟静．典型行业电子商务应用与创新案例研究［M］．北京：经济日报出版社，2014.
[22] 陈益材．赢在电子商务 网络营销创意与实战［M］．北京：机械工业出版社，2014.
[23] 艾瑞学院．蜕变 传统企业如何向电子商务转型［M］．北京：清华大学出版社，2012.
[24] 覃征．移动电子商务［M］．北京：清华大学出版社，2012.
[25] 周桂林．基于社区认同的电子商务信任模型［M］．哈尔滨：黑龙江大学出版社，2012.
[26] 苏萌，柏林森，周涛．个性化 商业的未来［M］．北京：机械工业出版社，2012.
[27] 荆林波，梁春晓．中国电子商务服务业发展报告 No. 1［R］．北京：社会科学文献出版社，2011.
[28] 洪涛．电子商务盈利模式案例［M］．北京：经济管理出版社，2011.
[29] 占锦川．农产品电子商务［M］．北京：电子工业出版社，2010.
[30] 郑适．中国 B2B 电子商务的发展与障碍［M］．北京：中国经济出版社，2010.

双峰检